汲古選書 76

春秋學用語集 補編

岩本憲司 著

はじめに

昨今、田中麻紗巳氏の『春秋穀梁傳楊士勛疏』（汲古書院）、そして、野間文史氏の『春秋左傳正義譯注』（明德出版社）と、疏・正義の現代日本語譯が相次いで出版された。經學研究の基礎資料である疏・正義がこのような形で普及されることは、まことに斯界の慶事であり、兩氏の御努力には、心から敬意を表したい。ただし、問題はなかみである。筆者は先に、件の〈用語集〉の形式をかりて、田中氏の譯の疑問點を指摘しておいた（拙著『春秋學用語集　五編』汲古書院、二〇一六年）。本書は、これにひきつづいて、野間氏の譯の疑問點を指摘したものである。したがって、項目は一應たてているが、段落分けの指標以上の意味はあまりない。なお、附錄の『經義述聞』の拙譯は、文字通りの附錄である。

目　次

春秋學用語集　補編

【章句】

〈春秋左氏傳序〉の疏に引く『漢書』劉歆傳に「初左氏傳多古字古言　學者傳訓詁而已　及歆治左氏引傳文以釋經　轉相發明　由是章句義理備焉」とあるのを、野間氏は、〝はじめ《左氏傳》には古字・古言が多かったため、學者は訓詁を傳えるにすぎなかったが、歆が《左氏傳》を修得したときには、傳文を引いて經文を解釋したので、（經と傳が）つぎつぎとたがいに發明しあい、これによって章句の正しいすじみちが備わったのである〟〔第一冊、一八頁下〕と譯している。つまり、「章句義理」を、先行の小竹武夫氏〔『漢書㊥』筑摩書房、七五頁下〕と全く同様に、〝章句の正しいすじみち〟と譯しているわけだが、おかしい〔〝章句の正しいすじみち〟とは、おそらく、〝文章の正しい意味〟ということであろう〕。筆者ならば、〝章句と義理〟と讀む。この「章句」という言葉は、普通、『後漢書』韓韶傳に「少能辯理而不爲章句學」とあり、同桓譚傳に「博學多通　偏習五經　皆詁訓大義　不爲章句」〔注「章句謂離章辨句　委曲枝派也」〕とあるように、「理」や「義」と對比され、あまり良い意味には使われないが、ここの「章句」は、中性的な用法で、〝文の句切り方〟といったほどの意味であろう〔ちなみに、『漢書』藝文志等にときどき見える〈〜章句〉という書名も、特に悪い意味で使われているわけではあるまい〕。だとすると、「義理」も、それほど重いものではなくて、〝意味〟といったほどの意と考えられる。これを要するに、「章句義理備焉」とは、〝形式〔文の句切り〕と內容〔文の意味〕とがととのった〟ということである。

ついでながら、〈春秋左氏傳序〉の疏に引く莊公二十六年の杜注に「此年經傳各自言其事者　或策書雖存　而簡牘散落　不究其本末　故傳不復申解」とあるのを、野間氏は、〝此の年の經・傳の各おの自ら其の事を言ふは、或は策書存すと雖も、簡牘は散落し、其の本末を究めず。故に傳は復た申ねて解かず″〔第一冊、三四頁上〕と訓讀しているが、まちがいである。「申解」は、″解説する″の意味の連文であって、″申〔かさ〕ねて解く″とは決して讀めない。ちなみに、當該箇所では、野間氏も″故に傳は復た申解せず″〔第二冊、一八五頁上〕と、正しく〔?・〕讀んでいる。なお、疏の下文に「此又申說無經之傳有利益之意」とある。

もう一つ。〈春秋左氏傳序〉の疏に「其言與此小異　是杜足其實二字使成文也」とあるのを、野間氏は、″その文章がこの序とやや異なるのは、杜預が「其實」の二字を足して作文したことである″〔第一冊、三五頁下〕と譯しているが、ここの「成文」は、日本語でいう″作文する″とは、意味が違う。文脈をたどり、すぐ上に「使」の字があることを考え合わせれば、″文を完成させる″と譯すべきであろう。つまり、「其實」があった方が、文の意味がよりはっきりする、ということである。

【正文】

〈春秋左氏傳序〉の疏に「以無正文　故言蓋爲疑辭也」とあるのを、野間氏は、″明記した文獻が無いので、「蓋し」と言って、疑問の言葉としたのである″〔第一冊、三八頁上〕と譯している。意譯としては、別にまちがっていないが、言葉に卽していうと、「正文」は、″明記した文獻″の意ではない。「文」は、隱公九年の左氏傳文「十一月甲寅鄭人大敗戎師」の杜注に「此皆春秋時事　雖經無正文　所謂必廣記而備言之」とあるように、文章の意である。それならば、「正文」とは、どういう意味か。野間氏の指摘どおり、「正文」は、「明文」とほぼ同等である〔『五經正義研究論攷』研文出版、二六一頁〕から、「正文」とは、〝正確な、つまり、そのとおりの文章〟ということになろう〔「明文」は、〝明確な、つまり、はっきりした文章〟である〕。かくて、「無正文」は、〝そのとおりの文章が（どこにも）無い〟と譯せる。なお、「正文」には、注解に對する〝本文〟の意もあるようだが、ここにはあてはまらないであろう。

ところで、野間氏の當該書には、他にも疑問點が多い。以下、その一端を指摘することにする。まずは、〈春秋左氏傳序〉の疏に「孔子之時　道不見用　既知被屈　冀範將來」とあるのを、野間氏は、〝孔子の生きた時代は、道徳が用いられず、（孔子自身も）退けられるであろうことを豫知したので、將來に模範を示そうとしたのである〟〔第一冊、四一頁上〕と譯しているが、おかしい。〝道徳〟は、用いたり用いなかったりするものだろうか。ここは、おそらく、『史記』太史公自序の「余聞董生曰　周道衰廢　孔子爲魯司寇　諸侯害之　大夫壅之　孔子知言之不用　道之不行也　是非二百四十二年之中　以爲天下儀表」にもとづいたものであろうから、「道」とは、〝周の道〟あるいは、もう少し廣く、〝三王の道〟をいう〔自序の下文に「夫春秋　上明三王之道」とある〕。

次に、〈春秋左氏傳序〉の疏に「尋其蹤緒　心是跡非」とあるのを、野間氏は、〝その行爲のあとさきを考えてみるに、晉の文公の意圖は是であるが、（結果的に諸侯が王を召びよせたという）事績は非である〟〔第一冊、四一頁下〕と譯しているが、このうち、「蹤緒」を〝あとさき〟と譯しているところがおかしい。「蹤」が〝あと〟で、「緒」が〝さき〟ということなのであろうか。實は、「蹤緒」は、〝あとかた〟あるいは〝てがかり〟といった意味の連文である。

次に、〈春秋左氏傳序〉の疏に「史有文質　謂居官之人　辭有詳略　謂書策之文」とあるのを、野間氏は、〝「史に文質有り」とは、史官になった人（の好み）を言い、「辭に詳略有り」とは、書策の文章のことである〟〔第一冊、四二頁下〕と譯しているが、〝（の好み）〟が餘計である。ここは、「史」と「辭」とを、そして、「人」と「文」とを對比させているのであり、骨組だけを示せば、〝「史」とは人をいい、「辭」とは文をいう〟ということである。

次に、〈春秋左氏傳序〉の疏に「以喩傳之廣記備言　亦欲浸潤經文　使義理通洽」とあるのを、野間氏は、〝傳文の「廣く記して備さに言」うことを、經文を浸し潤して、義理をあまねくゆきわたらせようとすることに喩えた〟〔第一冊、四八頁上〕と譯しているが、論理をなしていない。ここの論理は、正しくは、〝それによって、〈傳が廣く記して備さに言うのもまた、經を浸し潤して義理をあまねくゆきわたらせようとしてである〉ということを喩えたのである〟ということである。

次に、〈春秋左氏傳序〉の疏に「然凡是周公之禮經」とあるのを、野間氏は、〝以上のことからすれば、「凡」例は周公の禮經である〟〔第一冊、四九頁上〕と譯している、つまり、「然」を順接とし、ここを上文のしめくくりと解しているが、上文は凡例のことを述べているわけではないから、おかしい。正しくは、「然」を逆接とし、ここを下文につなげ、その發端と解さなければならない。つまり、〝ところが、凡例は周公の禮經であるはずなのに（今『周禮』を調べてみても、ついぞ凡例は見當たらない）〟とつながってゆくのである。

最後に、〈春秋左氏傳序〉の疏に「亦有略其經之所無　直釋經之所有」とあるのを、野間氏は、〝また、經文に無いものは省略して、直接經文に有るものを解釋するものがある〟〔第一冊、四九頁下〕と譯しているが、日本語としておかしい。正しくは、〝また、經文に無いものは省略して、ただ經文に有るものだけを解釋することがある〟と譯すべきであろう。ちなみに、疏の下文に「所以略其礿祀　獨舉郊雩」とあり、また、「是舊凡多者　唯舉經文也」とある。

【微顯闡幽】

〈春秋左氏傳序〉の「微顯闡幽」について、疏に「微其顯事　闡其幽理」とあり、また「經文顯者　作傳本其纖微」とあり、また「丘明作傳　其有微經之顯」とあって、いずれもみな、「微顯」を〝顯を微にす〟と讀んでいることがわかる。そこで、野間氏は、これらにもとづいて、「微顯闡幽」を、〝其の顯〔あきらか〕なるを微〔かすか〕にし幽なるを闡〔あきらか〕にし〟〔第一冊、五二頁上〕と訓讀している。疏に從って〈序〉を讀む限り、特に問題があるわけではないが、實は、疏の解釋は、穿鑿が過ぎ、舉げられている具體例が、どうして〝顯を微にす〟に當たるのか、よくわからない〔つまり、〝微にす〟の内實がよくわからない〕。この「微顯闡幽」は、本來、『易』繫辭下の文であり、韓康伯の注に「微以之顯　幽以之闡」とあり、疏に「以禮言之　則云微顯也　以理言之　則云闡幽　其義一也」とあって、これによれば、「微顯」は、「顯微」の倒置形で、〝微を顯にす〟と讀むことになる。だから、〈序〉も、〝微妙なものをはっきりさせ、ひそんでいるものをあらわにする〟と解するべきかも知れず、筆者には、こちらの方がシンプルで、ずっと合理的に思える〔せっかくはっきりしているものをわざわざかくすというのは、不合理である。序の下文にも「若夫制作之文　所以章往考來　情見乎辭　言高則旨遠　辭約則義微　此理之常非隱之也」とあるではないか」。ちなみに、昭公三十一年の左氏傳文に「春秋之稱　微而顯」とあり、杜注に「文微而義著」とある。

ところで、野間氏の當該書には、他にも疑問點が多い。以下、その一端を指摘することにする。まずは、〈春秋左氏傳序〉の疏に「此蓋春秋新意　其言揔上通變例與不別書也」とあるのを、野間氏は、〝「此れ蓋し《春秋》の新意ならん」とは、上の「變例」と、別に「書せざるもの」とを通じてまとめて述べたものである〟〔第一冊、五七頁上〕と譯している。日本語として何となく意味がわかるものの、原文に卽應していない。今、卽應させて讀めば、〝「此れ蓋し《春秋》の新意ならん」とは、上をまとめた言葉で、「變例」と「不別書」とに共通する〟ということになるであろう。ただし、「別」の意味が、筆者にはどうしてもわからない〔餘分としか思えない〕。博雅の教示を乞う。

次に、〈春秋左氏傳序〉の疏に「二百四十二年　謂獲麟以前也　以後經則魯史舊文　傳終說前事　辭無褒貶　故不數之也」とあるのを、野間氏は、〝「二百四十二年」とは、獲麟より以前、これ以後の經文は魯史の舊文であり、この傳文は〔獲麟より〕以前の事柄の結末を述べているが、この文章には褒貶は無いので、これは數えない〟〔第一冊、六四頁上〕と譯しているが、論理がはっきりしない。正確には、〝そこの傳文は、以前の事柄の結末を述べているだけで、言葉に褒貶は無いので〟ということであろう。

次に、〈春秋左氏傳序〉の疏に引く〈釋例終篇〉に「先儒或強爲之說　或沒而不說　疑在闕文　誠難以意理推之」とあるのを、野間氏は、〝これについて先儒の或るものは強いて說を爲そうとする者があり、捨てて説かない場合もあり、闕文の疑いが有る場合も有って、まことに憶測の理屈で推測することは難しい〟〔第一冊、七〇頁上〕と譯しているが、論理がはっきりしない。正確には、〝先儒の中には、強いて説を爲そうとする者もあり、また、捨てて説かない者もあって、闕文の疑いがある場合は、理屈で推測するのがまことに難かしい〟ということであろう。ちなみに、序の上文に「於丘明之傳有所不通　皆沒而不說」とある。

最後に、〈春秋左氏傳序〉に「分經之年與傳之年相附」とあるのを、野間氏は、〝經の年と傳の年とを分けて相附け〟〔第一冊、七一頁上〕と訓讀しているが、「分」と「附」とは、相反する意味であるから、極めて奇妙である。おそらく、ここは、〝經の年を分けて、傳の年（を分けたもの）とくっつけ〟と讀むべきものであろう。つまり、本來なら、「分經之年與分傳之年相附」とあるべきところを、下の「分」の字が省略された、ということである。なお、疏には「杜分年相附」とあるだけだから、この序を疏がどう讀んでいたかは、よくわからない。

【孤經】

〈春秋左氏傳序〉の疏に「孤經不及例者　聚於終篇」とあるのを、野間氏は、〝經文に關連しなくて例とするに及ばないものは、〈終篇〉に集めた〟〔第一冊、七二頁上〕と譯しているが、不可解である。「孤經」が、どうして、〝經文に關連しない〟という意味になるのだろうか。そういえば、『大漢和』も、ここを引いて、〝經書の文が途切れてゐて、義例も十分でないもの〟という奇妙な説明をしている。正しくは、「孤經」とは、〝孤立した單一の經文〟というに過ぎない〔一般に、同様の經文が複數あって始めて、所謂「例」が成立する〕。

ついでながら、〈春秋左氏傳序〉の疏に「其四十部次第　從隱卽位爲首　先有其事　則先次之」とあるのを、野間氏は、〝その「四十部」の次第は、隱公の〈卽位〉を最初とし、先にその事柄があれば、これを〈卽位〉の次にした〟〔第一冊、七二頁上〕と譯しているが、おかしい。この「次」は、〝つぎ〟ではなくて、〝ならべる〟〝おく〟の意である。したがって、ここは、〝先におこった事柄は先におくということになる。ちなみに、疏の下文に「次終篇之前」とあり、これについては、野間氏も、〝この二篇を〈終篇〉の前に置き〟と、正しく譯している。

もう一つ。〈春秋左氏傳序〉の疏に「更假問荅以明之」とあるのを、野間氏は、〝再び問いを借りて、これに答えるという形をとって、明らかにしていく〟〔第一冊、七三頁上〕と譯している。別にまちがいではないが、筆者なら、〝再び問答の形を借りて、明らかにしていく〟と讀む。なお、ここで「再」というのは、上文の「假稱或問而荅以釋之」を承けてのことだが、そちらの方も、野間氏は、〝假りに「或る人が質問した」と稱して、これに答えるという形〔自問自答形式〕で説明したものである〟〔第一冊、六四頁下〕と譯している。これもやはり、筆者なら、〝或る人が質問して〔それに〕答えるという言い方を借りて説明した〟と讀む。

【成文】

〈春秋左氏傳序〉の疏に「是有成文也」とあるのを、野間氏は、〃これが明らかに文章と成ったものである〃〔第一冊、七三頁上〕と譯しているが、おかしい。この「有成文」は、〈序〉の「左傳及穀梁無明文」と（有と無で）對立するものであるから、「成文」と「明文」とは、ほぼ同意のはずである。いま、「成」の字に卽して考えれば、「成文」とは、おそらく、〃ととのった文〃あるいは〃そなわった文〃といったような意味であろう。ちなみに、〈序〉の「仲尼因魯史策書成文」の「成文」とは、些か意味が異なる。なお、【正文】の項を參照。

　ついでながら、〈春秋左氏傳序〉の疏を、野間氏は、「孔子既作此書　麟則爲書來應　言麟爲孔子至也」〔第一冊、一〇〇頁下〕と句讀し、〃孔子がこの書を著作した結果、麟がこの書の爲めに來たり應じたとは、麟が孔子のために到來したことを意味する〃〔第一冊、七三頁上〕と譯しているが、「來應」という言葉は、あまり見かけず、いかにも唐突である。「來」で句切って、「應言麟爲孔子至也」とし、〃孔子がこの書を著作した結果、麟がこの書の爲めに來たのだとすれば、麟は孔子のためにやって來たと言える〃と譯すべきであろう。ちなみに、哀公十四年の公羊傳文に「孔子曰　孰爲來哉　孰爲來哉」とある。

　もう一つ。〈春秋左氏傳序〉の疏に引く何注に「春秋託新王受命於魯」とあるのを、野間氏は、〃《春秋》は新王の、命を魯に受くるに託す〃〔第一冊、七四頁上〕と訓讀しているが、おかしい。命は、天から受けるものであって、魯から受けるはずはない。正しくは、もちろん、〃《春秋》は、新王の受命を魯に託す〃と讀むべきである。つまり、《春秋》の中では、魯が新王として天から受命する、ということである。なお、拙著『春秋學用語集』〔汲古書院〕の【王魯】の項を參照。

【錄紀】

　〈春秋左氏傳序〉の疏に引く〈中候〉を、野間氏は「龍馬銜甲　赤文綠色　甲似龜背　袤廣九尺　上有列宿斗正之度　帝王錄紀興亡之數」〔第一冊、一〇一頁下〕と句讀し、〝龍馬　甲を銜む。赤文綠色なり。甲は龜の背に似て、袤横九尺。上に列宿斗正の度有り。帝王　興亡の數を錄紀す〟〔第一冊、七六頁下〕と訓讀しているが、おかしい。ここは、甲に書かれた内容を説明しているのだから、「列宿斗正之度」と「帝王錄紀」と「興亡之數」とを並列とみて、〝上に列宿斗正の度と帝王の錄紀と興亡の數とが書かれていた〟と讀まなければならない。それならば、「錄紀」とは何か。上に「度」とあり、下に「數」とあるから、「錄紀」も、數量をあらわす言葉であることはまちがいない〔ちなみに、『藝文類聚』卷十一所引の〈尚書中候〉には、「有列星之分　斗政之度　帝王錄紀　興亡之數」とあって、さらに「分」と「度」とにわけられている〕。そこで參考になるのが、『後漢書』方術列傳上〈謝夷吾〉の「推考星度　綜校圖錄」で、これによれば、「錄紀」は、「圖錄」に近い意味であることがわかる。それならば、「圖錄」とは何か。哀公十四年の公羊傳文「反袂拭面　涕沾袍」の何注に「夫子素案圖錄　知庶姓劉季當代周」とあるのを見れば、「圖錄」とは、未來を豫言した讖緯の書であることが明白である。そして、『淮南子』俶眞訓に「洛出丹書　河出錄圖」とあり、同人間訓に「秦皇挾錄圖　見其傳曰　亡秦者　胡也」とあって、「錄圖」の語もあることを見れば、「錄」と「圖」とは、同意であることがわかる。つまり、「錄」は、「圖」と同様に、未來豫言の意である、ということである。さて、それでは、「紀」の方はどうか。「紀」の意味は、『後漢書』鄧惲傳「顯表紀世　圖錄豫設」の注に「表　明也　紀　年也　言天豫設圖錄之書　顯明帝王之年代也」とあるのを見ればわかる。というよりも、この注によれば、如上の煩瑣な考證がなくても、「帝王錄紀」の意味が一氣にわかるのである。つまり、「帝王錄紀」とは、〝豫め決められた帝王の年歳〟といったような意味である。なお、「列宿（之分）」と「斗正之度」が、類似の言葉の繰り返しであることからして、「帝王錄紀」と「興亡之數」も、その可能性が高い。

　ところで、野間氏の當該書には、他にも疑問點が多い。以下、その一端を指摘することにする。まずは、〈春秋左氏傳序〉の疏に「原其此意　知非黜周　故云　此其興周之義也」とあるのを、野間氏は、〝この意味の本源をたずねてみると、周を黜けたものではないから、「此れ其れ周を興すの義」だということが分かる〟〔第一冊、八〇頁下〕と譯しているが、論理に即應していない。正確には、〝この意味の本源をたずねてみると、周を黜けたものではないことが分かるから、「此れ其れ周を興すの義」だと（杜預は）言っているのである〟と譯さなければならない〔「云」を無視しては困る〕。

　次に、〈春秋左氏傳序〉の疏を、野間氏は、「案今左氏之經　仍終孔丘之卒　雖杜氏之注　此經亦存」〔第一冊、一〇三頁下〕と句讀し、〝考えてみるに、今の《左氏》の經文も、やはり「孔丘の卒」に終わっており、杜氏の注釋もまたこの經文を存續させているのに〟〔第一冊、八四頁上〕と譯しているが、〝注釋が經文を存續させている〟というのは、何とも奇妙である〔杜氏本というようなものを想定しているのであろうか?〕。ここは、「注」で切らずに下につづけ、〝この部分の經に關する杜氏の注もまた存在しているのに〟という意味に解するべきではあるまいか。

次に、〈春秋左氏傳序〉の疏を、野間氏は、「言近誣者　心所不悟　非故誣之　故云近誣也」〔第一冊、一〇三頁下〕と句讀した上で、〝「誣ひたるに近し」と言うのは、心にその非を悟らないので、その結果誣いることになるところから、「誣ひたるに近し」と述べたのである〟〔第一冊、八四頁下〕と譯しているが、自身の句讀とも合っておらず、支離滅裂である。ここは、當然、野間氏自身の句讀にしたがって、〝「近誣」と言うのは、自分では氣づいておらず、わざと誣いたわけではないから、（ずばり「誣」とは言わずに）「近誣」と言ったのである〟と譯さなければならない。

次に、原目〈春秋經傳集解隱第一〉の疏に「據今服虔所注　題云隱公左氏傳解誼第一　不題春秋二字」とあるのを、野間氏は、〝いま服虔の注釋で、題して「隱公左氏傳解誼第一」と言うのによれば、「春秋」の二字を題としていない〟〔第一冊、一一一頁上〕と譯しているが、非論理的である。ここは、「題」と「不題」とが對〔つい〕をなしているのだから、〝今の服虔の注釋によると、「隱公左氏傳解誼第一」と題し、「春秋」の二字を題していない〟と譯すべきであろう。

次に、原目〈春秋經傳集解隱第一〉の疏に「經者常也　言事有典法可常遵用也」とあるのを、野間氏は、〝「經」は「常」である。ものごとには典法〔きまり〕が有り、常に遵用することができるという意味〟〔第一冊、一一一頁上〕と譯しているが、おかしい。ここの「可」は、可能ではなくて、義務であろう。つまり、ここは、それこそ、〝ものごとには、常に遵用しなければならない典法がある、という意味〟と譯さなければならない、ということである。

次に、左氏の前傳「孟子卒」の疏に「直見此人是某公之妻　故從夫謚　此謚非婦人之行也」とあるのを、野間氏は、〃それはただ、その人が某公の妻であるからその夫の諡に従ったまでで、この諡はその婦人の行績（の結果）ではない〃〔第一冊、一二〇頁下〕と譯しているが、「見」の字を忘れている。ちゃんと「見」の字を入れて譯せば、〃ただ、その人が某公の妻であることを示したいから、その夫の諡に従ったまでで、この諡はその婦人の行績（の結果）ではない〃となろう。

次に、左氏の前傳「孟子卒」の杜注に「先夫死　不得從夫諡」とあり、疏でもこの文を引用しているが、野間氏は、前者を〃夫に先立ちて死し、夫の諡に従ふを得ず〃〔第一冊、一二〇頁上〕と訓讀し、後者を〃夫の死に先んずれば、夫の諡に従ふを得ず〃〔第一冊、一二〇頁下〕と訓讀している。いったいどちらが正しいのか。引用の少し前に「先夫而死」とあるから、前者であろう。

次に、左氏の前傳「繼室以聲子　生隱公」の疏に「釋言云　媵　送也　言妾送適行　故夫人姪娣亦稱媵也」とあるのを、野間氏は、〃〈釋言〉に「媵は送なり」と述べているのは、妾は適（夫人）の行くのを（一緒に）送っていくので、夫人の姪娣もまた「媵」と稱することを述べたもの〃〔第一冊、一二二頁下〕と譯しているが、〈釋言〉の短い言葉が、これほどの内容を述べているとは、到底思えない。「故」の上で一度句切り、〃〈釋言〉に「媵は送なり」とあるのは、妾が適の行くのを送っていく、という意味であるから、夫人の姪娣もまた「媵」と稱するのである〃と譯すべきであろう〔つまり、適を送っていくという點では、妾も（適の）姪娣も同じである、ということ〕。

次に、左氏の前傳「宋武公生仲子　仲子生而有文在其手　曰爲魯夫人　故仲子歸于我」の疏に「以宋女而作他國之妻　故傳加爲以示異耳」とあるのを、野間氏は、〃宋女でありながら他國の妻となったので、傳は「爲」の字を加えてその異常を示したまでで〟〔第一冊、一二四頁上〕と譯しているが、女性が他國に嫁ぐのがどうして異常なのか、極めて不可解である。はっきりはしないが、ここは、「異」が上の「他」に相當し、「爲」が上の「作」に相當しているのではあるまいか。つまり、この「異」は、「作他國之妻」の言い換えとしての「爲異國之妻」の「異」である、ということである〔要するに、變な日本語「異動」のことであると言えば、わかりやすいかも知れない〕。

次に、左氏の前傳「生桓公而惠公薨」の疏に引く〈釋例〉に「傳云生桓公而惠公薨　指明仲子唯有此男非謂生在薨年也」とあるのを、野間氏は、〝傳に「桓公を生みて惠公薨ず」と述べているのは、仲子にはただこの男子が有るばかりで、その生年が惠公の薨年に在ることを意味するものではない、ということを指し明らかにしたのである〟〔第一冊、一二六頁上〕と譯しているが、文の構造のとらえ方としておかしい。ここは、「指明」が全體をカバーしているのではなくて、「指明」と「非謂」とが對〔つい〕をなしているのではあるまいか。だとすると、正確には、〝傳に「桓公を生みて惠公薨ず」と述べているのは、仲子にはただこの男子が有るばかりであることを指し明らかにしたのであって、その生年が惠公の薨年に在ることを意味するものではない〟と譯すべきであろう。

次に、左氏の前傳「是以隱公立而奉之」の疏に「唯文五年霍伯臼季等卒　注云爲六年蒐於夷傳者　以蒐於夷與此文次相接　故不得言張本也」とあるのを、野間氏は、〝ただ文公五年〈傳〉の「霍伯・臼季等卒す」の注にだけ、「六年の『夷に蒐す』るが爲めの傳なり」と述べているのは、「夷に蒐す」る〈という傳文〉とこれ〈＝文公五年傳〉と文章が相接しているので、「張本」と言うことはできなかったからである〟

〔第一冊、一二六頁下～一二七頁上〕と譯しているが、非論理的である。正確には、〃文公五年（傳）の「霍伯・臼季等卒す」の注に「六年の『夷に蒐す』るが爲めの傳なり」と述べているのだけは、「夷に蒐す」る（という傳文）とこれ〔＝文公五年傳〕と文章が相接しているから、「張本」と言うことが出來なかったのである〃と譯さなければならない。

　最後に、隱公元年「春王正月」の疏に「言王正月者　王者革前代馭天下　必改正朔易服色　以變人視聽」とあるのを、野閒氏は、〃「王正月」と言うのは、王者が前代（の制度）を革めて天下を治めるにあたり、必ず正朔〔こよみ〕を改め、服色〔王の衣服車馬等の色〕を易えて、それによって人々の視聽見聞を變えるものであるからだ〃〔第一冊、一二八頁下〕と譯しているが、〃（の制度）〃は餘計である。細かいことを言うようだが、下の「正朔」や「服色」は制度であるから、上に〃（の制度）〃があると、トートロジーになってしまう。それならば、「革前代」とは、どういう意味か。下文に「殷革夏命」「周革殷命」とあるから、おそらく、〃前代（の命）を革める〃ということであろう〔所謂「革命」である〕。ちなみに、公羊傳文「王正月也」の何注に「王者受命　必徙居處　改正朔　易服色　殊徽號　變犧牲　異器械　明受之於天　不受之於人」とある。

【更始】

　隱公元年「春王正月」の疏に「隱公攝行君事　雖不卽位　而亦改元朝廟　與人更始」とあるのを、野閒氏は、〃隱公は君事を攝行〔代行〕したので、卽位はしなかったものの、やはりまた元を改めて廟に朝見し、人々のために（物事を）更め始めたのである〟〔第一冊、一二九頁下〕と譯しているが、おかしい。「與」は、確かに、〝ために〟と讀む場合もないわけではないが、ここでは不適切であって、普通に〝とともに〟と讀むべきであろう。というのも、『史記』呉王濞列傳に「唯上弃之而與更始」とあり、また、『漢書』宣帝紀に「其赦天下　與士大夫厲精更始」とあり、また、『莊子』盜跖に「與天下更始」とあって、それこそ、「更始」とともに使われる「與」は、いずれもみな〝とともに〟の意だからである。

ところで、野間氏の當該書には、他にも疑問點が多い。以下、その一端を指摘することにする。まずは、隱公元年「春王正月」の疏に「未改之日　必乘前君之年　既改之後　方以元年紀事」とあるのを、野間氏は、〝未だ改めていない日は必ず前君の年に乘っかかり、既に改めた後にはじめて元年の事を記録する〟〔第一冊、一三〇頁上〕と譯しているが、論理的におかしい。〝元年の事〟というものは豫めきまっておらず、元年のところに書かれて始めて、〝元年の事〟となる、からである。つまり、この「以元年紀事」は、〝元年の事として記録する〟と譯さなければならない、ということである。

次に、隱公元年「春王正月」の疏に「杜於左氏之義　雖無此文　而五始之理亦於杜無害」とあるのを、野間氏は、〝杜預は、《左氏》の義にはこの表現が無いけれども、「五始」の原理は、また杜預の考えにも抵觸しないと考える〟〔第一冊、一三三頁下〕と譯しているが、日本語として意味がよくわからない（〝杜預は〜と考える〟という文なのであろうか）。〝杜預の左氏解釋にこのような文言は無いけれども、「五始」の原理は、杜預の考えにも抵觸しない〟と譯すべきではあるまいか。

次に、隱公元年「春王正月」の疏に「即以託王於魯史之改元」とあるのを、野間氏は、そのまま〝もし王を魯史の改元に託するのであれば〟〈第一冊、一三四頁下〉と譯しているが、意味不明である。魯史が改元できるとでもいうのだろうか。それに、託す相手が、具體的な人や國ではなくて、「改元」という抽象物であることも、奇妙である。ここは、阮元の〈校勘記〉に「浦鏜云 史疑作使」とあるのに從って、原文を「卽以託王於魯 使之改元」に改め〈ちなみに、上の劉炫が何休を非難する文の中に「託王改元」とある〉、〝もし王を魯に託し、改元させるのであれば〟と讀まない限り、意味をなさないであろう。なお、野閒氏は、自らの〈校勘記〉で、〝浦鏜說に從う必要はない〟〈第一冊、二一九頁上〉と斷言している。なぜなのか、不可解である。

次に、隱公元年「夏五月鄭伯克段于鄢」の疏に「失兄之教 不肯早爲之所 乃是養成其惡 及其作亂則必欲殺之」とあるのを、野閒氏は、〝兄としての教育を怠り、早くから（弟の）處遇を決めることをあえてしなかったことが、かえって弟に惡行を重ねさせたのであり、弟が反亂を起こすに及んで、必ずこれを殺そうとした〟〈第一冊、一四二頁下〉と譯しているが、「養成其惡」は、〝惡行を重ねさせた〟という意味ではない。「養成」とは、もちろん、〝じょじょに長じさせた〟ということであり、だからこそ、最終的に〝亂を起こすに及ぶ〟のである。

最後に、隱公元年「夏五月鄭伯克段于鄢」の疏に「故稱鄭伯 所以罪鄭伯也」とあるのを、野閒氏は、〝そういうわけで「鄭伯」と稱するのは、鄭伯を罪する理由である〟〈第一冊、一四二頁下〉と譯しているが、論理的に全く逆であって、正しくは、〝「鄭伯」と稱する理由は、鄭伯を罪するからである〟と言わなければならない。ただし、これでは、原文に卽應しない。卽應させるためには、「所以」を、〝理由〟ではなくて、〝手段〟と解すればよい。かくて、ここは、〝だから、「鄭伯」と稱するのは、鄭伯を罪するための手段である〟と譯すことが出來る。

【與聞】

隱公元年「夏五月鄭伯克段于鄢」の疏に引く〈釋例〉に「佞夫稱弟　不聞反謀也」とあるのを、野間氏は、〝佞夫に弟を稱するのは、反亂の謀議を聞かなかったからである〟〔第一冊、一四二頁下〕と譯している。別にまちがいではないが、すぐ下の疏の地の文に「佞夫不與反謀」〔野間氏の譯は〝佞夫は反亂の謀議に加わらなかった〟〕とあるのだから、「聞」は、「與」と同じで、〝あづかる〟の意である、と考えた方がよいのではないだろうか。ちなみに、『論語』學而「必聞其政」の鄭注に「必與聞其國政」とある。なお、この「與聞」は、〝あづかる〟の意の連文で、同子路に「吾其與聞之」とある。また、隱公十一年の左氏傳文に「寡人弗敢與聞」とあり、襄公四年の左氏傳文に「使臣弗敢與聞」とある。

ところで、野間氏の當該書には、他にも疑問點が多い。以下、その一端を指摘することにする。まずは、隱公元年「秋七月天王使宰咺來歸惠公仲子之賵」の疏に引く〈公羊傳〉を、野間氏は、「喪事有賵　賵者蓋以馬　以乘馬束帛　車馬曰賵」〔第一冊、二〇五頁下〕と句讀しながら、〝喪事に賵有り。賵は蓋し馬を以てす。乘馬・束帛・車馬を以てするを賵と曰ふ〟〔第一冊、一四四頁下〕と訓讀しており、兩者がくい違っている。實は、公羊傳文には、これにつづいて、「貨財曰賻　衣被曰襚」とあるから、前者が正しい。つまり、ここは、野間氏自身の句讀にもとづいて、〝喪事に賵有り。賵は蓋し馬を以てし、乘馬・束帛を以てす。車馬を「賵」と曰ふ〟と訓讀しなければならない、ということである。

次に、隱公元年「九月及宋人盟于宿」の疏に「其經擧國名以爲盟地者　國主與在其中　不復序之於列以其可知故也」とあるのを、野間氏は、〝經文に國名を擧げて盟地とする場合、その國の主人は關與してその中にいるので、列に序することはしないのは、そのことが自明だからである〟〔第一冊、一四七頁上〕と譯しているが、〝その國の主人は關與してその中にいるので〟では、論理をなさない。正確には、〝その國の主人は關與してその中にいるのに〟としなければならない。

次に、隱公元年「九月及宋人盟于宿」の疏に「此既是盟　故取盟爲例」とあるのを、野間氏は、〝これが「盟」であるから、盟の例とした〟〔第一冊、一四七頁下〕と譯しているが、おかしい。というのも、この日本語では、〝これ〟が僖公十九年を指すことになる、からである。實は、「此」は、ここ〔隱公元年〕を指すのである。つまり、この文は、〝ここ〔隱公元年〕は盟であるから、〔會ではなくて、同じ〕盟〔僖公十九年〕をもってきて例としたのである〟と譯さなければならない、ということである。

最後に、隱公元年「公子益師卒」の疏に引く〈釋例〉に「卿佐之喪　公不與小斂　則不書日」とあるのを、野間氏は、〝卿佐の葬式に公が小斂に與らなければ、〔葬式の〕日附を書かない〟〔第一冊、一五〇頁下〕と譯しているが、この「日」は、葬式の日附ではない。正しくは、「卒」〔死亡〕の日附である〔そもそも、「葬式」という日本語は、中國古典の世界になじまない〕。

【書日卒】

隠公元年「公子益師卒」の疏に「書日卒」とあるのを、野間氏は、〝日附と「卒」の記事がある〟〔第一冊、一五一頁上〕と譯しているが、奇妙である。というのも、「卒」の記事には日附も含まれるはずだからである。些か讀みにくいが、正確を期すれば、〝日を書して卒いふ〟とでも讀むべきであろう。なお、莊公二年「乙酉宋公馮卒」の穀梁疏にも「書日卒」とあり、これについては、拙著『春秋學用語集五編』〔汲古書院〕の【遺來哲】の項で、田中麻紗巳氏への批判として、既に述べた〔ちなみに、田中氏は、〝卒に日を書す〟と、無理な訓讀をしている。野間氏の訓讀は、〝日と卒とを書す〟であろうか?〕。

ところで、野間氏の當該書には、他にも疑問點が多い。以下、その一端を指摘することにする。まずは、隠公元年の左氏傳文「不書卽位　攝也」の疏に引く〈釋例〉に「魯十二公　國史盡書卽位　仲尼脩之　乃有所不書」とあるのを、野間氏は、〝魯の十二公、すべて國史はその卽位を記録したが、仲尼がこれを脩めるのに際し、はじめてそこで書かなかった〟〔第一冊、一五三頁下〕と譯しているが、「有所」を無視しては困る。正確には、〝仲尼がこれを脩めた結果、（その中で）書かれないものが出てきた〟と譯すべきであろう。

次に、隠公元年の左氏傳文「不書卽位　攝也」の疏に「所有大事　稟王命以行之」とあるのを、野間氏は、〝生じた大事については、王命を稟けて實行した〟〔第一冊、一五四頁上〕と譯し、また「所有大事　皆專命以行」とあるのを、〝生じた大事はすべて自分で實行した〟〔同上〕と譯しているが、〝生じた〟と〝實行した〟とが重複しているようで、奇妙である。ここの「所有」は、普通に〝ありとあらゆる〟と解してはだめなのだろうか。

最後に、隱公元年の左氏傳文「祭仲曰　都城過百雉　國之害也」の疏に「其城不過百雉」とあるのを、野間氏は、〝その都城は百雉に過ぎない〟〔第一冊、一六一頁下〕と譯しているが、おかしい。というのも、日本語の〝〜に過ぎない〟は、〝〜だけである〟といったような意味だからである。「不過〜」は、正しくは、〝〜をこえない〟〝〜以下である〟という意味である。なお、拙著『春秋學用語集五編』〔汲古書院〕に【不過】の項がある。

【城方】

隱公元年の左氏傳文「祭仲曰　都城過百雉　國之害也」の疏に引く〈春官〉典命職の鄭注に「國家　國之所居　謂城方也」とあるのを、野間氏は、〝國家とは國の居する所、城の方なるを謂ふ〟〔第一冊、一六一頁下〕と訓讀しているが、城は方形にきまっているから、奇妙である。實は、鄭注には、これにつづいて、「公之城蓋方九里　宮方九百步　侯伯之城蓋方七里　宮方七百步　子男之城蓋方五里　宮方五百步」とある。この文を參考にすれば、「城方」とは、〝城の面積〔規模〕〟の意であろう。

ついでながら、隱公元年の左氏傳文「如二君　故曰克」の疏に「謂實非二君　儁傑彊盛如似二君　伐而勝之　然後稱克　非謂眞是二君也」とあるのを、野間氏は、〝實際には二君ではないものの、人並み優れて强盛なさまがあたかも二君のようだということ。伐ちてこれに勝ち、その後に「克」と稱しているので、本當に二君だというのではない〟〔第一冊、一六九頁上〕と譯しているが、これでは、「伐而勝之　然後稱克」が宙に浮いてしまう。ここは、「謂〜非謂〜」という構文であるから、〝實際には二君ではないものの、人並み優れて強盛なさまがあたかも二君のようであったため、伐って（ようやく）勝ったから、「克」と稱している、ということであって、本當に二君だということではない〞と譯すべきであろう。ちなみに、莊公十一年の左氏傳文に「得儁曰克」とあり、杜注に「謂若大叔段之比」とある。

もう一つ。隱公元年の左氏傳文「如二君　故曰克」の疏に「及其謀欲襲鄭　禍將逼身　自念友愛之深　遂起切心之恨　由是志在必殺　難言出奔」とあるのを、野間氏は、〝段が謀って鄭を襲撃しようとし、禍いが身に迫ろうとするに及んで、みずから深く親愛の情を思うたが、そのまま痛切なる恨みの氣持ちを起こし、これによって、「志は必殺に在りて、出奔を言ふを難し」としたのである〞〔第一冊、一六九頁下〕と譯しているが、「遂」〝そのまま〟は、順接を示す言葉であるから、〝みずから深く親愛の情を思うたが〟と、逆接のように譯すのは、おかしい。〝（今まで段に對して）なさけをかけすぎたことを自省して〟といったように譯すべきであろう。

【制宜】

隱公元年の左氏傳文「秋七月天王使宰咺來歸惠公仲子之賵　緩　且子氏未薨　故名」の疏に「量時制宜」とあるのを、野間氏は、〝時宜を量〔はか〕り〟〔第一冊、一七五頁上〕と譯している。意譯としては、これでよいのかも知れないが、細かくみると、「制」に相當する言葉が拔け落ちている。上文にも、「遭時設宜」とあり、また、「臨機制變」とあるのだから、もう少し正確に、〝時をはかって〔その時時で〕適切なやり方をきめる〟と譯すべきであろう。

ついでながら、隱公元年の左氏傳文「諸侯五月」の疏に引く〈釋例〉に「故傳見莊之緩　擧成書順以包之」とあるのを、野間氏は、〝そういうわけで傳は莊公の緩を表し、成公の順を書くことによって、薨・葬の制度を包含したのである〟〔第一冊、一七六頁下〕と譯しているが、このうち、〝薨・葬の制度を包含した〟というのが、意味不明である。〈釋例〉の出だしに「魯君薨葬　多不順制」とあり、下の疏の地の文に「然則特發此傳　欲以包羣公之得失」とあるのだから、包含したのは、抽象的な〝制度一般〟ではなくて、具體的な〝魯の十二公の薨・葬〟である。

もう一つ。隱公元年の左氏傳文「同軌畢至」の疏に引く〈釋例〉に「卿共弔葬之禮」とあるのを、野間氏は、〝卿が弔葬の禮を共にする〟〔第一冊、一七七頁上〕と譯しているが、誰と共にするのか、意味不明である。ここの「共」は、「供」に通じ、供奉の意である。

【奔喪】

隱公元年の左氏傳文「同軌畢至」の疏に「是言禮天子之喪　諸侯不親奔也」とあるのを、野間氏は、〝禮制では、天子の喪に諸侯自身が奔葬しないことを述べたものである〟〔第一冊、一七七頁上〕と譯しているが、「奔葬」という言葉は存在しない。「奔」を使いたいなら、「奔喪」であるし、「葬」を使いたいなら、「會葬」か「送葬」である〔ここは、「奔」を使わざるを得ないから、當然「奔喪」である。すぐ上に「天子之喪」とあるではないか〕。なお、「奔喪」の例としては、定公十五年に「邾婁子來奔喪」とある。また、「會葬」の例としては、文公元年に「天王使叔服來會葬」とある。また、「送葬」の例としては、昭公三十年の左氏傳文に「先王之制　諸侯之喪　士弔　大夫送葬」とある。ちなみに、定公十五年の公羊傳文「奔喪　非禮也」の何注に「禮　天子崩　諸侯奔喪會葬」とある。

ところで、野間氏の當該書には、他にも疑問點が多い。以下、その一端を指摘することにする。まずは、隱公元年の左氏傳文「同軌畢至」の疏に「此亦例而不言凡者　序已解訖」とあるのを、野間氏は、〝これも例であるのに、「凡」と言わないのは、《序》（の正義）ですでに解説ずみだからである〟〔第一冊、一七七頁上〕と譯しているが、「言」と「解」との主體が混同されていて、極めて非論理的である。「言」の主體は傳、「解」の主體は疏であるから、論理を正せば、〝これも例であるのに、（傳が）「凡」と言わないことについては、《序》（の正義）ですでに解説ずみである〟となる。

次に、隱公元年の左氏傳文「同軌畢至」の疏に「若以巾車之文　即言與華夏同軌　豈亦能同文也」とあるのを、野間氏は、〝もしもこの〈巾車〉の文を根據に、ただちに華夏と同軌であると言うとするなら、どうして文字もまた同一にすることができようか〟〔第一冊、一七九頁上〕と譯しているが、論理が破綻して、後半が全く逆の意味になってしまっている。その原因は、「豈」を反語と解しているからで、ここの「豈」は、論理を忠實にたどれば、詠嘆と解さなければならない。つまり、後半は、正しくは、〝文字もまた同一にできるということになってしまうだろう〟という意味である。

最後に、隱公元年の左氏傳文「弔生不及哀」の疏に引く『晉書』杜預傳に、昭公十五年の左氏傳文を引いて、「三年之喪　雖貴遂服　禮也　王雖不遂　宴樂以早」とあるのを、野間氏は、〝三年の喪は、貴しと雖も服を遂ぐるは禮なり。王遂げずと雖も、宴樂するは以て早し〟〔第一冊、一八二頁下〕と訓讀している。ケアレスミスだとは思うが、「以」をそのまま「以て」と讀むのは、まちがいである。ここの「以」は、もちろん、「已」に通じて、〝はなはだ〟の意である。ちなみに、今の『晉書』の禮志中には「三年之喪　雖貴遂服　禮也　王雖弗遂　宴樂已早」とあって、「以」を「已」に作っている。

【有蜚】

隱公元年の左氏傳文「有蜚　不爲災　亦不書」の疏に「爾雅所釋　當言蜚一名蠦蜰　說爾雅者言蜚蠦一名蜰　非也」とあるのを、野間氏は、〝《爾雅》を解釋するには、「蜚は一名蠦蜰なり」と言うべきである。《爾雅》の注釋家〔舍人・李巡〕が「蜚蠦は一名蜰なり」と言うのは誤りである〟〔第一冊、一八七頁下〕と譯しているが、この譯こそ誤りである。というのも、野間氏は、上の「釋」・「言」と、下の「說」・「言」とを、混同してしまっている、からである。實は、上の「釋」・「言」の主體は、下の「說」・「言」と違って、《爾雅》そのものなのである。したがって、ここの前半は、正しくは、〝（「蜚蠦蜰」という）《爾雅》の解釋は、蜚は一名蠦蜰なり、という意味である〟と譯さなければならない。

ついでながら、隱公元年の左氏傳文「有蜚　不爲災　亦不書」の疏に「此蟲一名負盤　漢書及此注多作負蠜者」とあるのを、野間氏は、〝この蟲はまたの名を「負盤」と言う。《漢書》やこの注で「負蠜」に作るものが多いのは〟〔第一冊、一八七頁下〕と譯しているが、おかしい。この日本語では、〝《漢書》やこの注には複數の例があって、その中で〟という意味になってしまう。實は、「多」は、漢書やこの注自體を指す。したがって、正確には、〝《漢書》やこの注など、「負蠜」に作るものが多いのは〟と譯さなければばならない。

【何言爾】

隠公二年「十有二月乙卯夫人子氏薨」の疏に引く〈公羊傳〉に「然則何言爾　成公意也」とあるのを、野間氏は、〝然らば則ち何ぞ爾〈しか〉言ふ。公の意を成せばなり〟〈第一冊、一九七頁上〉と訓讀しているが、「言爾」は、〝じかいふ〟とは讀まない。野間氏は、おそらく、「云爾」と勘違いしているのであろう。訓讀では、普通、この「爾」は無視して、〝何ぞ言ふ〟あるいは〝何をか言ふ〟と讀む。なお、似たような表現として、公羊傳文には、「何譏爾」〈隠公二年他〉・「何異爾」〈隠公九年他〉・「何隱爾」〈隠公十一年他〉・「何危爾」〈莊公二十三年他〉・「何善爾」〈莊公三十二年他〉・「何賢爾」〈僖公十七年〉などが頻見する。つまり、この「爾」は、「何」と組んで、「何〜爾」という疑問文を構成する助辭である、ということである〈要するに、「乎」と同じである〉。

【崩之】

隠公三年「三月庚戌天王崩」の疏に引く〈穀梁傳〉に「高曰崩　厚曰崩　尊曰崩　天子之崩　以尊也　以其在民上　故崩之」とあるのを、野間氏は、〝高きを崩と曰ひ、厚きを崩と曰ひ、尊きを崩と曰ふ。天子の崩ずるや、尊を以てす。其の民の上に在るを以て、故に之れを崩とす〟〈第一冊、二二八頁下〉と訓讀しているが、このうち、「天子之崩」を〝天子の崩ずるや〟と讀み、「故崩之」を〝故に之れを崩とす〟

と讀んでいる點が、おかしい。まず、「天子之崩」は、上述の「崩」と稱する三つの場合のどれに相當するか、つまり、名稱の話であるから、〝天子の「崩」といふは〟と讀まなければならない。次に、「故崩之」については、實はこの引用文には拔けているが、穀梁の本文には、「以其在民上」の上に「其崩之何也」とあって、名稱の話ではなくて、そもそも崩御の記事を書いた理由の話であるから、〝故に之れに崩いふ〟と讀まなければならない。なお、この「崩之」のような形は、穀梁傳文に頻見する。例えば、隱公三年に「故隱而卒之」とあり、桓公二年に「故謹而月之」とあり、桓公六年に「故謹而日之」とあり、莊公三年に「故貶而名之」とあり、莊公四年に「故隱而葬之」とあって、「卒之」は、〝これに卒いふ〟と讀んで、〝死亡記事を書く〟の意、「月之」は、〝これに月いふ〟と讀んで、〝月を書く〟の意、「日之」は、〝これに日いふ〟と讀んで、〝日を書く〟の意、「名之」は、〝これに名いふ〟と讀んで、〝名（だけ）を書く〟の意、「葬之」は、〝これに葬いふ〟と讀んで、〝埋葬の記事を書く〟の意である。

ところで、野間氏の當該書には、他にも疑問點が多い。以下、その一端を指摘することにする。まずは、隱公三年「三月庚戌天王崩」の疏を、野間氏は、「此言崩者　魯史裁約爲文　不道當時赴　不言登假也」〔第一冊、一二九六頁上〕と句讀し、〝ここで「崩」と言うのは（なぜかといえば）、魯の史官が省略して表現したのであり、當時の赴告のままに從わず、「登假」とは言わなかったからである〟〔第一冊、一二一八頁下〕と譯しているが、〝「崩」と言うのは〜「登假」とは言わなかったからである〟では、トートロジーである。ここは、「不道當時赴不言登假也」とつづけて讀み、〝ここで「崩」と言うのは、魯の史官が省略して表現したからであって、當時の赴告が「登假」と言わなかったというわけではない〟と譯すべきであろう。

次に、隠公三年「癸未葬宋穆公」の疏に「若以記文無薨　卽疑不以薨告　記稱大夫士赴人之辭　皆云不祿　豈大夫無卒名也」とあるのを、野間氏は、〝もしも《禮記》に「薨」の表現が無いことから、すぐさま「薨」を以て告げなかったかと疑うのなら、（たとえば）《禮記》に大夫・士の（死亡を）人に赴げる辭を稱する際に、すべて「不祿」と言うことになるのであり、どうして大夫に「卒」の名が無いであろうか〟〈第一冊、二三二頁下〉と譯しているが、論理が破綻して、後半が全く逆の意味になってしまっている。その原因は、「豈」を反語と解しているからで、ここの「豈」は、論理を忠實にたどれば、詠嘆と解さなければならない。つまり、後半は、正しくは、〝大夫に「卒」の名が無いということになってしまうだろう〟という意味である〈ちなみに、『禮記』曲禮下に「天子死曰崩　諸侯曰薨　大夫曰卒　士曰不祿　庶人曰死」とある〉。なお、このような「豈」については、【奔喪】の項でも述べている。ちなみに、そこでの例は「若以巾車之文　卽言與華夏同軌　豈亦能同文也」であり、「若〜卽〜豈〜」という構文も、ここと全く同じである。

次に、隠公三年の左氏傳文「不赴於諸侯　不反哭于寢　不祔于姑　故不曰薨　不稱夫人　故不言葬」の阮刻本の疏に「經異常辭　必是闕一事　則變一文」とあるのを、野間氏は、「經異常辭　必是闕二事　則變一文」と改めた上で〈第一冊、〈校勘記〉三二〇頁下〉、〝經文が普通の表現とは異なるのは、必ずや二事を闕いたので一つの表現を變えたのであろう〟〈第一冊、二三六頁上〉と譯しているが、意味不明である。野間氏の説明がないので〈「二事」とは、あるいは、下文の「二事既然」のことなのか?〉、何とも言えないが、筆者には、「一」のままの方が理解しやすい。〝事實を一つ闕けば、表現を一つ變える〟というふうに。

次に、隱公三年の左氏傳文「不赴於諸侯　不反哭于寢　不祔于姑　故不曰薨　不稱夫人　故不言葬」の疏に「此傳故上三事　故下三事」とあるのを、野間氏は、〝この傳文では、上の三事が原因で下の三事となる〟〔第一冊、一三六頁上〕と譯しているが、おかしい。「故」を〝原因〟と解したいのであろうが、原文が「故〜故〜」では、無理である〔上の方の「故」をどうするのか〕。實は、この二つの「故」は、傳文の「故」の字を指す。したがって、ここは、〝この傳文では、「故」の上に三事があり、「故」の下に三事がある〟と譯さなければならない。

最後に、隱公三年の左氏傳文「不書姓　爲公故曰君氏」の疏に引く〈釋例〉に「凡妾子爲君　其母猶爲夫人」とあるのを、野間氏は、〝凡そ妾子、君と爲れば、其の母は猶ほ夫人と爲る〟〔第一冊、一三九頁下〕と訓讀しているが、このうち、〝猶ほ夫人と爲る〟が意味不明である。疏の地の文に「妾子爲君　則其母得爲夫人」とあり、また、隱公元年の公羊の何注に「禮　妾子立　則母得爲夫人」とあるから、「猶」は、あるいは、「得」の誤りかも知れないが、「猶」のままだと、どう解すればよいのか。やや苦しいが、『詩』魏風〈陟岵〉「猶來無止」及び同小雅〈白華〉「之子不猶」の毛傳にいずれも「猶　可也」とあるのが利用できないだろうか。そうすれば、「其母可爲夫人」となって、「其母得爲夫人」に近い。あるいは、〝なほ〜のごとし〟と讀むのも、手かも知れない。ちなみに、下文に「外内之禮皆如夫人矣」とある。

【母以子貴】

隱公三年の左氏傳文「不書姓　爲公故曰君氏」の疏に引く〈釋例〉に「母以子貴」とあるのを、野間氏は、〝母は子の貴きを以て〟〔第一冊、二三九頁下〕と訓讀しているが、まちがいである。ケアレスミスだとは思うが、實は、これは、隱公元年の公羊傳文「子以母貴　母以子貴」の引用であって、正しくは、もちろん、〝母は子を以て貴し〟と讀まなければならない。ちなみに、『漢書』王莽傳上に「春秋之義　母以子貴」とあり、また、『後漢書』梁皇后紀にも「春秋之義　母以子貴」とある。

ついでながら、隱公三年の左氏傳文「衞莊公娶于齊東宮得臣之妹　曰莊姜」の疏に「四時東爲春　萬物生長在東　西爲秋　萬物成就在西」とあるのを、野間氏は、〝四時〔四季〕では東が春、萬物の生長する時期は春にあり、西が秋、萬物の成就する時期は秋に在る〟〔第一冊、二四九頁下〕と譯しているが、おかしい。原文の「東」を〝春〟に、「西」を〝秋〟に、勝手に置き換えている點もさることながら、そもそも論理が正確にとらえられていない。ここは、「東爲春」の理由が「萬物生長在東」、「西爲秋」の理由が「萬物成就在西」、という論理であるから、〝四時のうち、東が春であるのは、萬物は東で生長する、からであり、西が秋であるのは、萬物は西で成就する、からである〟と譯さなければならない。ちなみに、『春秋繁露』五行對に「春主生　夏主長　季夏主養　秋主收　冬主藏」とあり、『白虎通』五行に「東方者陽氣始動　萬物始生（中略）西方者　陰始起　萬物禁止」とある。

【陳姓】

隱公三年の左氏傳文「其娣戴嬀生桓公　莊姜以爲己子」の杜注に「嬀陳姓也」とあるのを、野間氏は、

〝嫣は陳姓なり〟〔第一冊、二五一頁上〕と訓讀しているが、〝嫣は陳の姓なり〟とすべきである〔ちなみに、莊公二十二年の左氏傳文「有嫣之後　將育于姜」の杜注「嫣陳姓　姜齊姓」については、野間氏も、〝嫣は陳の姓、姜は齊の姓なり〟と、正しく讀んでいる。第二冊、一三〇頁下〕。というのも、同じ文型でも、意味が全く異なる一群がある、からである。それは、疏に引かれる〈譜〉によく見られるもので、例えば、隱公元年だけでも、「邾曹姓」とあり、「鄭姬姓」とあり、「紀姜姓」とあって、野間氏は、それぞれ、〝邾は曹姓〟〔第一冊、一三七頁下〕、〝鄭は姬姓〟〔同一四二頁上〕、〝紀は姜姓〟〔同一八六頁下〕と讀んでいる〔意味は、それぞれ、〝曹という姓〟〝姬という姓〟〝姜という姓〟ということである〕。だから、今、「嫣陳姓也」を〝嫣は陳姓なり〟と讀んだのでは、これらの一群と混同されてしまうのである〔つまり、〝嫣は陳という姓〟になってしまう、ということ〕。しかも、すぐ上の傳文「又娶于陳　曰厲嫣　生孝伯　早死」の疏に引く〈譜〉には「(陳) 嫣姓」とあって、事態はよりやっかいである。つまり、「嫣陳姓」に對して、これを轉倒した「陳嫣姓」もあり得、しかも兩者は結局同じ意味である、ということである〔〝嫣は、陳の姓である〟と〝陳は、嫣（という）姓である〟とである〕。

【何事】

隱公三年の左氏傳文「驕奢淫泆　所自邪也」の疏を、野間氏は、「邪是何事　能起四過」〔第一冊、三〇〇頁上〕と句讀し、〝邪はどんな事で、よく四過を起こすことができようか〟〔第一冊、二五二頁上〕と譯しているが、〝どんな事で〟が、それこそどんな意味なのか、よくわからない。この「何事」は、例えば、

『韓非子』内儲說下に「刑餘之人　何事乃敢乞飲長者」とあり、『呂氏春秋』審應覽〈不屈〉に「何事比我於新婦乎」とあるように、「事」に格別な意味はなく、單に〝どうして〜か〟と反問する言葉である。したがって、ここは、「邪是何事能起四過」と、つづけて讀まなければならない。ちなみに、釋大典『文語解』に「何等何物何事ノ語アリミナ何ノ字重ク下ノ字輕シ」とある。

ついでながら、隱公三年の左氏傳文「夫寵而不驕　驕而能降　降而不憾　憾而能眕者鮮矣」の疏に「寵而必驕　降而不憾　言其勢必自然　故言其能不然者少也　驕而不能降　憾而不能眕　言其心難自抑　故言其能然者少也」とあるのを、野間氏は、〝寵愛されれば必ず驕り、へり下れば必ず恨むというのは、その勢いとして必ずそうなるものだから、そうしないでいられる者は少ないという意味。驕りてへり下ることができず、憾んで重んずることができないのは、その心を自ら抑制できないという意味であるから、そうすることができる者は少ないという意味である〟〔第一冊、二五二頁下〕と譯しているが、おかしい。というのも、ここは、前半と後半とで、「言〜故言〜」という型が全く同じなのに、譯文では、それがくい違ってしまっている、からである。〝意味〟という譯語がかさなるのはともかくとして、後半の譯の方が筋が通っているから、これに合わせて、前半を〝寵愛されれば必ず驕り、へり下れば必ず恨むというのは、その勢いとして必ずそうなるという意味であるから、そうしないでいられる者は少ないと言える〟とでも改めるべきであろう。

隱公四年「春王二月莒人伐杞取牟婁」の疏に「淳于始末是杞之所有」とあるのを、野間氏は、〝淳于の扱いは杞の所有するものであり〟〔第一冊、二五六頁下〕と譯しているが、何とも奇妙である〔「始末」が〝扱い〟とは、野間氏は日本語で考えてしまっているのだろうか〕。「始末」は、もちろん、〝終始〟の意であり、したがって、ここは、〝淳于はずっと杞の所有であり〟と譯さなければならない。ちなみに、『晉書』謝安傳に「安雖受朝寄　然東山之志始末不渝　毎形於言色」とある。

ところで、野間氏の當該書には、他にも疑問點が多い。以下、その一端を指摘することにする。まずは、隱公四年「戊申衞州吁弑其君完」の疏に「仲尼改者　傳辨其由　傳所不言　則知無義　正是史官自有詳略故耳」とあるのを、野間氏は、〝そして仲尼が改めた部分については、傳がその事情を説明している。（したがって）傳文で言及しない事柄については、義は無く、（書き方に違いがあるのは）まさしく史官におのずと詳略が有るに過ぎないことが分かる〟〔第一冊、二五九頁下〕と譯しているが、おかしい。「故」の字を忘れているし、そもそも、「知」が最後までかかるわけがない。正しくは、〝仲尼が改めた部分については、傳がその事情を説明している。（したがって）傳文で言及しない事柄については、義が無いことが分かる。（書き方に違いがあるのは）まさしく史官にそれぞれ詳略が有るからである〟と譯すべきである。

次に、隱公四年「戊申衞州吁弑其君完」の疏に「雖承二月之下　未必是二月之日」とあるのを、野間氏は、〝「二月」の下を承けているが、必ずや二月の日ではない〟〔第一冊、二六〇頁上〕と譯しているが、まちがいである。「未必」は、當然、部分否定なのに、上文の「此年二月不得有戊申」の流れから、全部否定と勘違いしたのであろう。ここは、上文とは一應切れていて、別に《春秋》の書法のことを述べているのである。したがって、正しくは、〝「二月」の下を承けているが、（《春秋》の書法上では）二月の日とは限らない〟と譯さなければならない。ちなみに、下文に「此經上有二月　下有夏　得在三月之內」とあり、また、「經有比類」とある。

　次に、隱公四年「秋翬帥師會宋公陳侯蔡人衞人伐鄭」の疏に「所以不然者　凡云我者　皆上有他國之辭　故對他稱我　魯人出會他國　上未有他國之文　不可發首言我人故也」とあるのを、野間氏は、〝そうしないのは（なぜかというと）、およそ「我」と言う場合、すべて上に他國の名が有って、「他」に對して「我」と稱しているが、魯人が出國して他國に會する場合、上文に他國の文字がないので、冒頭から「我人」と表現することができないからである〟（第一冊、二六三頁下）と譯しているが、このうち、〝他國の名〟と〝他國の文字〟がおかしい（特に〝他國の文字〟は、意味をなさない）。「他國之辭」と「他國之文」とは全く同じで、〝他國を示す表現〟の意である。なお、拙著『春秋學用語集』（汲古書院）の【起文】の項を參照。

　次に、隱公四年「九月衞人殺州吁于濮」の疏に引く〈釋例〉に「諸侯篡立　雖以會諸侯爲正　此列國之制也」とあるのを、野間氏は、〝諸侯が篡立した場合、（他の）諸侯に會合するのが正法だとはいうものの、これは列國間の制度である〟（第一冊、二六四頁上）と譯しているが、篡立者が諸侯と會合するのが正法であるはずはないから、まちがいである。この「正」は、所謂「成君」と同じで、〝正式な君〟の意であり、したがって、ここは、〝諸侯が篡立した場合、（他の）諸侯と會することによって正式な君となるが、これは（あくまで）列國間の制度である〟と譯さなければならない。

次に、隠公五年「春公矢魚于棠」の疏に「國君爵位尊重　非蒐狩大事　則不當親行」とあるのを、野開氏は、〝國君の爵位は尊く重いため、蒐・狩のような大事でなければ、自ら實行すべきではない〟〔第一冊、二六九頁上〕と譯しているが、そもそも、國君が魚とりを自ら實行するはずはないから、おかしい。この「行」は、〝おこなう〟ではなくて、〝ゆく〟の意味に解すべきである。ちなみに、下の傳文の疏に「今君觀魚　是爲亂國之政　禍敗之本　故不用使公行也」とあり、そちらの方は、野開氏も、〝今、君が「漁を觀る」ことは、亂國の政治であり、禍敗の本なので、君を行かせないようにするのである〟〔第一冊、二七五頁上〕と、正しく譯している。

次に、隠公五年「九月考仲子之宮　初獻六羽」の杜注「成仲子宮　安其主而祭之」の疏に「注以祭文不見　故辨之云　成仲子宮　安其主而祭之」とあるのを、野開氏は、〝〈注〉には「祭」という表現が無いので、そのことを説明して、「仲子の宮を成し、其の主を安んじて之れを祭る」と述べた〟〔第一冊、二七〇頁上〕と譯しているが、日本語として意味不明である。正しくは、〝〈注〉は、〔經に〕祭を示す表現がないので、「仲子の宮を成し、その主を安んじてこれを祭る」と説明したのである〟と譯さなければならない。

次に、隠公五年「九月考仲子之宮　初獻六羽」の杜注「成仲子宮　安其主而祭之」の疏に「以其與獻羽連文　知考謂祭以成之　非謂始築宮成也」とあるのを、野開氏は、〝「獻」「羽」と文字が連なっていることからすれば、「考」とは祭祀して完成することを意味するのであって、始めて宮廟を築いて完成させる意味ではないことが分かる〟〔第一冊、二七〇頁上〕と譯しているが、文字は連なっていないから、おかしい。ここの「文」は、文字ではなくて、文章の意に解し、〝「考仲子之宮」が「初獻六羽」と、文章としてつながっていることからすれば〟と譯すべきであろう。

次に、隱公五年「九月考仲子之宮　初獻六羽」の杜注「成仲子宮　安其主而祭之」の疏に「爲書六羽故言考宮　言其因考以獻羽也」とあるのを、野間氏は、〝「六羽」と記錄したから「考宮」と言ったもので、つまり「考」によって「獻羽」したことを言う〟〔第一冊、二七〇頁下〕と譯しているが、おかしい。ものごとの順序が逆だからである。正しくは、〝「六羽」を書くために、「考宮」と言ったのであり、つまり、考に因んで羽を獻じた、ということである〟と譯さなければならない。ちなみに、下文に「若不爲羽（中略）不須言考也」とある〔要するに、「考宮」と「獻羽」とはセットになっている、ということ〕。

次に、隱公五年「螟」の杜注「蟲食苗心者」の疏に引く〈陸機疏〉に「舊說　螟蟘蟊賊　一種蟲也　如言寇賊姦宄　內外言之耳」とあるのを、野間氏は、〝舊說では螟・蟘・蟊・賊は一種類の蟲である。「寇賊姦宄」の例のように、內外に分けて述べたまでである〟〔第一冊、二七三頁上〕と譯しているが、「螟蟘蟊賊」は、內外に分けて述べたものではないから、おかしい。正しくは、〝「寇賊姦宄」が、〔一種類なのを〕內外に分けて言ったものである、のと同樣である〟と譯すべきであろう〔つまり、「如」は全體にかかるということ〕。

次に、隱公五年「冬十有二月辛巳公子彄卒」の疏に「弔喪問疾　人道之常」とあるのを、野間氏は、〝喪を弔い病氣を見舞うのは人君の日常のやり方であり〟〔第一冊、二七三頁下〕と譯しているが、おかしい。ここは、人君が話題になっているとしても、「人道之常」に〝人君の日常のやり方〟という意味はない。「人道之常」とは、もちろん、〝人として當然すべきこと〟の意である。

次に、隱公五年の左氏傳文「凡物不足以講大事　其材不足以備器用　則君不舉焉」の疏に「止謂不爲大事而陳此物　故云不足以講大事也」とあり、また、「止謂不爲器用而取此材　故云不足以備器用也」とあるのを、野間氏は、それぞれ、〝(この傳文は)ただ大事のためにではなくて物を陳列することなので、「以て大事を講ずるに足らず」と言うのである〟〔第一冊、二七四頁下〕と譯し、〝ただ器用のためにではなくてその材を取ることなので、「以て器用を備ふるに足らず」と述べたのである〟〔同上〕と譯しているが、おかしい。野間氏は、「謂」の字を譯し忘れたのではなくて、おそらく、敢えて省略したのであろうが、そのため、〝ただ〟が宙に浮いてしまっている〔「止」は「謂」にかかるのに、「謂」を省略すると、かかるところがなくなってしまうのである〕。ここは、やはり、「謂」の字を生かして、〝ただ、大事のためにではなくて物を陳列することを言いたいだけだから、「以て大事を講ずるに足らず」と言ったのである〟と譯すべきであろう〔下文も同樣〕。

最後に、僖公五年の左氏傳文「故春蒐夏苗秋獮冬狩」の疏に「鄭玄解苗田　與此小異　言擇取不孕任者若治苗去不秀實者」とあるのを、野間氏は、〝鄭玄の「苗田」の解釋がここと少し異なる。(すなわち鄭玄注に)「孕任せざる者を擇び取ること、苗を治むるに秀でて實らざるものを去るがごとし」と述べており〟〔第一冊、二七六頁下〕と譯しているが、このうち、鄭玄注の「不秀實者」を〝秀でて實らざるもの〟と訓讀している點が、誤解を招く。というのも、この「不秀實者」は、『論語』子罕の「苗而不秀者有矣夫　秀而不實者有矣夫」〔苗のままで咲かないものもあるし、咲いたままで實らないものもある〕の「不秀者」と「不實者」とを合成したものと思われるが、〝秀でて實らざるもの〟という訓讀は、『論語』の「秀而不實者」の方にこそふさわしい、からである。あまりいいアイデアはないが、〝秀實せざるもの〟あたりなら、誤解を避けることが出來るであろう〔意味は、もちろん、〝咲きもせず實りもしないもの〟ということである〕。

【振訊】

隱公五年の左氏傳文「三年而治兵　入而振旅」の杜注「振　整也」の疏に「振訊是整理之義　故振爲整也」とあるのを、野閒氏は、〝振訊〔ふるう〕は整理の意味なので、「振」を「整」と見なした〟〔第一冊、二七九頁下〕と譯しているが、日本語では、〝ふるう〟と〝整理〟とは意味が全く違うから、とまどう。ただ、ここで問題にしたいのは、野閒氏の譯よりも、むしろ、「振訊是整理之義」という疏の文そのものである。「振」の字を使った整理の意味の連文は他にもあるはずなのに、どうして「振訊」なのか。あまりにも、唐突である。「振訊」とは、どこからやって來た言葉なのか。そこで出所を探すと、莊公八年の公羊傳文「出曰祠兵　入曰振旅」の何注に「將入嫌於廢之　故以振訊士衆言之」とあるのが見つかる。おそらく、疏は、ここから、「振訊」という言葉を持ってきたのであろう。しかも、御丁寧に、何注の原義を變えてである。何注では、明らかに、「振訊」は、〝奮起させる〟〝激勵する〟の意である。かくて、野閒氏の〝ふるう〟は、何休の意にそうもの、〝整理〟は、疏の意〔つまり杜預の意〕にそうものである、と言うことが出來よう。

ところで、野閒氏の當該書には、他にも疑問點が多い。以下、その一端を指摘することにする。まずは、隱公五年の左氏傳文「九月考仲子之宮　將萬焉」の杜注「萬　舞也」の疏に「此傳將萬問羽　卽似萬羽同者　以當此時　萬羽俱作　但將萬而問羽數　非謂羽卽萬也」とあるのを、野閒氏は、〝この傳の「將に萬せんとして、羽を問ふ」とは、「萬」と「羽」とが同じに見えるが、この時にあたって、「萬」・「羽」を同時に行うのである。「將に萬せんとして、羽數を問ふ」とは、「羽」がすなわち「萬」だと言うのではない〟〔第一冊、二八八頁下〕と譯しているが、論理をなしていない。これは、おそらく、野閒氏が、原文の「以」と「但」とを無視したことによるものであろう。今、「以」と「但」とを無視せずに、きちんと論理をたどれば、ここは、〝この傳に「將に萬せんとして羽を問ふ」とあって、まるで「萬」と「羽」とが同じであるように見えるのは、この時、「萬」と「羽」とを兩方とも行なったが、ただ、（たまたま、羽ではなくて）萬の方を行なおうとしたときに羽の數をたずねてしまったからであって、「羽」がとりもなおさず「萬」である、ということではない〟という意味になる。

次に、隱公五年の左氏傳文「諸侯用六」の杜注「六六　三十六人」の疏に「彼傳見晉侯減樂之半以賜魏絳　因歌鍾二肆　遂言女樂二八　爲下半樂張本耳　非以二八爲二佾」とあるのを、野閒氏は、〝かしこの傳は、晉侯が樂の半ばを減らして魏絳に賜與し、「歌鍾二肆」によって、そのまま「女樂二八」と言い、下の「樂を半ばにす」ることとの張本〔伏線〕としたことを意味するのであり、「二八」を二佾としたものではない〟〔第一冊、二八九頁上〕と譯している。この文の構造を「彼傳見〜非以二八爲二佾」としてとらえ、「見」を〝意味する〟と譯している〔つまり、「見」が全體にかかるとしている〕のだろうが、おかしい。この文に於いて、「彼傳」を主語とする動詞的な言葉は、「見」だけではない。「言」も「張」もそうであり、しかも、これらは、「見」と同等である〔つまり、「見」は全體にはかからない〕。したがって、ここは、〝かしこの傳は、晉侯が樂の半ばを減らして魏絳に賜與したことをあらわそうとしたものであり、「歌鍾二肆」につづいて「女樂二八」と言っているのは、下の「半樂」のために本を張ったまでで、「二八」を二佾としたわけではない〟と譯さなければならない。

次に、隱公五年の左氏傳文「於是初獻六羽　始用六佾也」の疏に「若更僭非禮　無容不書　自此之後不書僭用八佾　知他廟僭而不改」とあるのを、野間氏は、〝もしも更に非禮を僭〔おか〕せば、書かないはずが無い。これより以後、僭して八佾を用いていることを書いていないから、他廟でも僭して改めていないことがわかる〟〔第一冊、二九二頁上〕と譯しているが、これでは、論理がはっきりせず、逆ではないかとの疑いも生じ得る。ここは、もう少し正確に、〝もしもあらためて非禮を僭せば、書かないはずは無い。これより以後、僭して八佾を用いたことを書いていないから、他廟では僭したままであらためていないことが分かる〟と譯すべきである〔つまり、もともと非禮であるものは、わざわざ書かない、ということ〕。ちなみに、上文に「他公則仍用八也」とある。

次に、隱公六年「冬宋人取長葛」の疏に「丘明爲傳　例不虛擧經文　獨以秋言此事　明是以秋取　冬乃告也」とあるのを、野間氏は、〝丘明が傳文を著作した際、通例ではわけもなく經文だけを擧げたりはしない。ただ單に「秋」と書いてこの事を言うことからすれば、「秋に取りて、冬に乃ち告げ」たということが分かる〟〔第一冊、三一八頁上〕と譯しているが、おかしい。譯文の〝ただ單に〟が、〝書いて〟にかかっているのか、〝言う〟にかかっているのか、よくわからないが、いずれにせよ、ここの「獨」は、〝ただ單に〟という意味ではない。上の「例」を承けて、〝それなのに〟と、逆接をあらわす言葉である（つまり、〝通例では～である。それなのに～〟とつづいてゆく、ということ）。ちなみに、『史記』趙世家に「世有立功　未嘗絕祀　今吾君獨滅趙宗」とあって、「世」（よよ）が、「例」に相當する。

次に、隱公六年「冬宋人取長葛」の疏に「杜知長葛不繫鄭　非大都以名通者」とあるのを、野間氏は、〝「長葛」を鄭に繫けない理由が、「大都市で名の通じたもの」ではないことが杜預に分かるのは〟（第一冊、三一八頁下）と譯しているが、このうち、「以名通」を〝名の通じたもの〟と譯している點が、「以」の字を無視していて、不正確である。正確には、〝名（だけ）で通ずる〟としなければならない（ちなみに、〝通ずる〟とは、〝（公式に）通用する〟の意である）。なお、拙著『春秋學用語集』（汲古書院）の【以名通】の項を參照。

次に、隱公六年の左氏傳文「春鄭人來渝平　更成也」の疏に「變卽更之義　成則平之訓　故傳解渝平謂之更成」とあるのを、野間氏は、〝「變」とは「更」の意味、「成」とは「平」と訓むので、傳では「渝平」を「更成」と解した〟（第一冊、三一九頁上）と譯しているが、このうち、後半がおかしい。後半の「成則平之訓」は、〝「成」は、「平」の訓み（解義）である〟と讀まなければならない。つまり、前半の言い方にならえば、「平則成之義」〝「平」は「成」の意味である〟というべきところを、「平」と「成」とを轉倒させたため、「義」を「訓」にかえた、ということであって、「義」と「訓」とでは、敍述の方向がちょうど逆になる。

次に、隱公七年「春王三月叔姫歸于紀」の杜注に「至是歸者　待年於父母國　不與嫡倶行　故書」とあるのを、野間氏は、〝是に至りて歸〔とつ〕ぐは、年を父母の國に待ち、嫡と倶には行かず、故に書するなり〟〔第一冊、三二四頁下〕と訓讀しているが、このままでは、〝是に至りて歸ぐは〟を承ける言葉が下に無く、非論理的である。正確には、一度切って、〝是に至りて歸ぐは、年を父母の國に待てばなり。嫡と倶に行かず、故に書するなり〟と讀むべきではあるまいか〔中國文としては、單に、結びが流れているということかも知れないが〕。

最後に、隱公七年の左氏傳文「謂之禮經」の疏に「丘明采合舊語以發明史例」とあるのを、野間氏は、〝丘明が舊語〔古い文章〕を採り合わせ、史策の例を發明したもので〟〔第一冊、三二八頁上〕と譯しているが、「發明」を安直に〝發明する〟と譯すのは、不親切である。この「發明」は、もちろん、日本語の所謂〝發明する〟とは違って、〝明らかにする〟という意味の連文である。

【大雨雪】

隱公七年の左氏傳文「謂之禮經」の疏に「九年唯記當國雨雪之事」とあるのを、野間氏は、〝九年はただこの國の雨雪の事を記録したもので〟〔第一冊、三二八頁下〕と譯しているが、〝雨雪〟という日本語はない〔たとえあっても違う意味である〕から、不親切である。隱公九年「三月癸酉大雨震電　庚辰大雨雪」の疏に「說文云　雨　水従雲下也　然則雨者　天上下水之名　既見雨従天下　自上下者因卽以雨言之　雨螽亦稱爲雨　故下雪稱雨雪也」とあるから、「雨雪」は〝降雪〟と譯すべきであろう。ちなみに、經の

〈釋文〉に「雨雪　于付反」とある。「雨」を、名詞的ではなくて、動詞的に讀め、という指示である。

【地主】

隱公八年「辛亥宿男卒」の疏に「於例盟以國地　則地主與之」とあるのを、野閒氏は、〝例では、「盟」に國名を記錄している場合、その國の君もその盟に關與している〟〔第一冊、三三二頁上〕と譯している。隱公元年「九月及宋人盟于宿」の杜注に「凡盟以國地者　國主亦與盟」とあるから、「地主」を「國主」の意に解したのであろうが、そうすると、下文の「宿君必不親與之」と矛盾してしまう。この矛盾を避けるには、疏の「地主」と注の「國主」とを、別々のものとしなければならない。かくて、「地主」を單獨で考えると、上の「於例盟以國地　則地主與之」につづいて、疏に「元年盟于宿　知宿與盟也」とあるから、「地主」とは、〝開催國〟の意であることがわかる。ちなみに、隱公元年の公羊の何注に「宿不出主名者　主國主名與可知　故省文」とあって、この「主國」が「地主」に相當する。なお、拙著『春秋學用語集續編』〔汲古書院〕の【主名】の項を參照。

【直稱】

隱公八年「九月辛卯公及莒人盟于浮來」の杜注に「莒人微者　不嫌敵公侯　故直稱公」とあるのを、野閒氏は、〝莒人は微者なれば、公・侯に敵するに嫌〔うたがひ〕あらず、故に直〔た〕だ「公」と稱す〟〔第一冊、三三五頁上〕と訓讀しているが、不明確である。訓讀だから、仕方がないのかも知れないが、ここの「直」は、日本語の所謂〝ただ〟ではない。意味的には、疏に「沒公不言」とあるのの反對で、諱まずにずばり言うことだから、〝じかに〟とでも讀むべきではあるまいか。ちなみに、僖公五年「春晉侯殺其世子申生」の公羊傳文に「曷爲直稱晉侯以殺　殺世子母弟直稱君者　甚之也」とある。

ついでながら、隱公八年の左氏傳文「鄭伯請釋泰山之祀而祀周公　以泰山之祊易許田　三月鄭伯使宛來歸祊　不祀泰山」の杜注「成王營王城　有遷都之志」の疏を、野間氏は、「成王營邑於洛　以爲居土之中　貢賦路均　將於洛邑受朝」（第一冊、三八五頁下）と句讀した上で、〝成王が邑を洛邑に造營したのは、ここが居土の中央であり、貢賦を納める距離が等しいので、洛邑において朝貢を受けようと考えたからである〟（第一冊、三三七頁上）と譯しているが、二つの點でおかしい。一點は、〝居土〟で、これがどういう意味なのか、あまり見かけない言葉なので、よくわからない。もう一點は、〝受けようと考えた〟で、日本語にしてしまうとあまり氣にならないかも知れないが、實は、「以爲〜」の「〜」の中に「將」があるのは、表現が重複していて、いささか奇妙なことなのである。あまり自信はないが、ここは、「成王營邑於洛以爲居　土之中　貢賦路均　將於洛邑受朝」と句讀し、〝成王は邑を洛に造營して居所とした。（そこは）全土の中央であり、貢賦を納める距離が等しいので、（その）洛邑で朝を受けようとしたのである〟と譯すべきではあるまいか。ちなみに、『書』召誥序に「成王在豐　欲宅洛邑」とあり、傳に「武王克商　遷九鼎於洛邑　欲以爲都　故成王居焉」とある。また、『史記』周本紀に「曰　此天下之中　四方入貢道里均」とある。

【不淫】

隱公八年の左氏傳文「因生以賜姓」の疏に引く昭公八年の傳に「及胡公不淫　故周賜之姓」とあるのを、野間氏は、〝胡公に及ぶまで淫ならず、故に周之れに姓を賜ふ〟〔第一冊、三四一頁上〕と訓讀しているが、どうも不自然である。特にこれといった證據があるわけではなく、感覺の問題なのかも知れないが、文の流れからして、少なくとも筆者には、「胡公不淫」を一つづきの人名と解し、〝胡公不淫に及ぶ〟と讀んだ方がよいように思える。ちなみに、杜注には、「胡公滿　遂之後也」とあるだけで、「不淫」の解説はない。

ところで、野間氏の當該書には、他にも疑問點が多い。以下、その一端を指摘することにする。まずは、隱公八年の左氏傳文「胙之土而命之氏」の杜注「報之以土　而命氏曰陳」の疏を、野間氏は、「對之以國名以爲之氏」〔第一冊、三八六頁下〕と句讀し、〝國君として封建し、氏を名づける〟〔第一冊、三四一頁下〕と譯しているが、おかしい。正しくは、「封之以國名　以爲之氏」と句讀し、〝國名によって封建し、それを氏とする〟と譯すべきであろう。ちなみに、すぐ下に「諸侯之氏　則國名是也」とある。

次に、隱公八年の左氏傳文「胙之土而命之氏」の杜注「報之以土　而命氏曰陳」の疏に「天下之廣　兆民之衆　非君所賜　皆有族者　人君之賜姓賜族　爲此姓此族之始祖耳　其不賜者　各從父之姓族　非復人人賜也」とあるのを、野間氏は、〝天下は廣大であり、兆民〔萬民〕は衆多であるから、君が賜うところすべてに族が有るというわけではない。人君が姓を賜い族を賜う場合、この姓この族の始祖となるというに過ぎない。その賜わらない場合は、各自が父の族姓に従うもので、人ごとに賜うというのではないのである〟〔第一冊、三四二頁上〕と譯しているが、論理をとらえそこね、支離滅裂になってしまっている。

正しくは、〝天下は廣大であり、兆民は衆多であるから、（とてもではないが）君が賜與しつくせる範圍ではない。（それなのに）みなに族があるのは、人君が姓を賜い族を賜うのは、この姓この族の始祖のためだけであるが、賜わらない者は、各自が父の姓族に従う、からであり、人ごとに〔全員〕に賜うわけではない〟と譯すべきであろう。

次に、隱公八年の左氏傳文「胙之土而命之氏」の杜注「報之以土　而命氏曰陳」の疏に「不賜之者　公之同姓　蓋亦自氏祖字」とあるのを、野開氏は、〝賜わらない場合は、公の同姓は、おそらく各自がその祖を氏といいしたのであろう〟〔第一冊、三四二頁下〕と譯しているが、どういうわけか、「字」を忘れているため、意味不明になってしまっている。もちろん、正しくは、〝その祖の字〔あざな〕を氏とした〟である。ちなみに、下の傳文「諸侯以字」の杜注に「諸侯位卑　不得賜姓　故其臣因氏其王父字也」とある。

次に、隱公八年の左氏傳文「胙之土而命之氏」の杜注「報之以土　而命氏曰陳」の疏を、野開氏は、「此無駭是卿　羽父爲之請族」〔第一冊、三八七頁上〕と正しく句讀しながら、〝この「無駭」の場合は、卿の羽父が彼のために族を請うた〟〔第一冊、三四二頁下〕と、奇妙な譯をつけている。卿であるかどうかは、當人の問題なのであるから、もちろん、〝この「無駭」は卿であって、羽父が彼のために族を請うた〟と譯さなければならない。

最後に、隱公八年の左氏傳文「爲謚　因以爲族」の疏に引く〈釋例〉に「至於鄭祭仲　爲祭封人　後升爲卿　經書祭仲　似生賜族者　檢傳既無同華氏之文　則祭者是仲之舊氏也」とあるのを、野開氏は、〝鄭の祭仲の、祭の封人爲るも、後に升りて卿と爲り、經に「祭仲」と書し、生きながら族を賜はるに似たる

に至りては　傳を檢するに既に華氏に同じきの文無ければ、則ち「祭」は是れ仲の舊氏なり〟〔第一冊、三四五頁下〕と訓讀しているが、おかしい。どうして、「至」を、だらだらと下まで引っぱるのか、理由がわからない。〝〜の場合は〟の意味の「至〜」は、出來るだけ上で切り、下に引っぱらない方が、文としてメリハリがつく。したがって、筆者ならば、ここは、〝鄭の祭仲に至っては、祭の封人爲るを、後に升りて卿と爲り、經に「祭仲」と書すれば、生きながら族を賜はる者に似たるも〟と訓讀したい。

【爰及】

隱公八年の左氏傳文「爲謚　因以爲族」の疏に「其公之曾孫玄孫以外　爰及異姓」とあるのを、野間氏は、〝公の曾孫・玄孫以外、また異姓に及ぶまで〟〔第一冊、三四六頁下〕と譯しているが、〝また〟が餘計である。というのも、『史記』司馬相如傳「爰周郅隆」の〈索隱〉に「爰　於　及也」とあって、「爰及」は、〝およぶ〟の意の連文と考えられる、からである。ちなみに、『史記』太史公自序に「爰及公劉　以尊后稷也」とある。

ついでながら、隱公十一年「秋七月壬午公及齊侯鄭伯入許」の杜注に「與謀曰及」とあるのを、野間氏は、〝ともに謀るを「及」と曰ふ〟〔第一冊、三五九頁上〕と訓讀し、疏に「是公與謀也」とあるのを、〝公が相談に關與したことである〟〔同上〕と譯していて、兩者がくい違っている。これについては、拙著『春秋學用語集續編』〔汲古書院〕の【與謀】の項で詳細に論じたので、今ここでは繰り返さないが、前者が正しい。

【匡救】

隠公十一年「冬十有一月壬辰公薨」の疏に引く〈釋例〉に「蓋匡救將然而將順其已然」とあるのを、野閒氏は、〝思うに將然〈未來〉を匡救〈ただしすくう〉し、その已然〈過去〉に將順しようとするもので〟〈第一冊、三六〇頁下〉と譯しているが、おかしい。この文は、たぶん、『孝經』事君章の「將順其美　匡救其惡」あたりにもとづくものであろうが、實は、「匡救」は、〝ただしすくう〟という意味ではない。成公十八年の左氏傳文「匡乏困　救災患」の杜注に「匡亦救也」とあるから、「匡救」は、〝すくう〟〝たすける〟の意味の連文と考えられる。このことは、僖公二十六年の左氏傳文に「彌縫其闕而匡救其災」とあることからもわかる。というのも、「匡救」と對〈つい〉になっている「彌縫」が〝おぎなう〟の意味の連文だからである。したがって、ここで「匡救」と對をなす「將順」も、野閒氏は譯出していないが、〝したがう〟の意味の連文と解すべきであろう。

ところで、野閒氏の當該書には、他にも疑問點が多い。以下、その一端を指摘することにする。まずは、隠公十一年の左氏傳文「周之宗盟　異姓爲後」の疏に「同宗之盟　則無與異姓」とあるのを、野閒氏は、〝同宗の盟であるなら、異姓が關與することは無い〟〈第一冊、三六三頁上〉と譯しているが、おかしい。細かいことを言うようだが、もし、〝異姓が關與することは無い〟ならば、原文は、「無異姓與」か「異姓無與」のはずで、語順が違う。正確には、〝異姓とともにすることは無い〟と譯すべきであろう。

次に、隠公十一年の左氏傳文「周之宗盟　異姓爲後」の疏に「執其宗盟之文　卽云無與異姓」とあるのを、野間氏は、〝この「宗盟」の文字面をとらえて、「異姓の關與することは無い」と卽斷する〟〔第一冊、三六三頁下〕と譯しているが、ここの「卽」は、時間的なことではなくて、論理的なことを言っているのだから、日本語の所謂〝卽斷〟ではおかしい。正確には、〝文字面をとらえてそのまま〟あるいは、〝文字どおりに〟といったような意味である。なお、〝異姓の關與することは無い〟がおかしいことは、すぐ上で既に述べた。

次に、隱公十一年の左氏傳文「周之宗盟　異姓爲後」の疏に「取重宗之事以喩已也」とあるのを、野間氏は、〝宗を重んじることに取って喩えたものに過ぎない〟〔第一冊、三六四頁上〕と譯している。おそらく、「已也」を〝のみ〟と讀んでいるのだろうが、「也已」ならともかく、「已也」はあまり見かけない。實は、ここの原文は「取重宗之事以喩己也」なのではあるまいか。原文が「已」ではなくて、「己」であるとすれば、ここは、〝宗を重んじることを取って、おのれ〔魯の立場〕を喩えた〟と讀めるのではないだろうか。それならば、なぜ、魯がおのれの立場を說明しなければならないかというと、上の傳文に「賓有禮　主則擇之」とあるように、〝賓客が行なう禮は、主人〔魯〕がきめる〟からである。

次に、隱公十一年の左氏傳文「寡人若朝于薛　不敢與諸任齒」の杜注「齒　列也」の疏を、野間氏は、「人以年齒相次　列以爵位相次　列亦名爲齒　故云齒列也」〔第一冊、三九一頁下〕と句讀し、〝人は年齡によって順序づけるし、列は爵位で順序づける。列もまた齒と名づけるので、「齒は列なり」と述べたもの〟〔第一冊、三六五頁下〕と譯しているが、論理をなしておらず、支離滅裂である。正しくは、「人以年齒相次列　以爵位相次列亦名爲齒　故云齒列也」と句讀し、〝人は年齒の順でならぶので、爵位の順でならぶ場合も「齒」と呼ぶ。だから、〈「齒」は列〔ならぶ〕である〉と言っているのである〟と譯さなければならない。

最後に、隱公十一年の左氏傳文「潁考叔挾輈以走」の疏に「且箠馬而走　非捷歩所及　子都豈復乘車逐之」とあるのを、野間氏は、〝しかも「馬に鞭って走る」のであれば、人が走っても追いつけるものではない。子都がどうして車に乘って追いかけたりしようか〟〔第一冊、三六六頁上〕と譯しているが、論理が破綻して、後半が全く逆の意味になってしまっている。その原因は、「豈」を反語と解しているからで、ここの「豈」は、論理を忠實にたどれば、詠嘆と解さなければならない。つまり、後半は、正しくは、〝子都が車に乘って追いかけたとでも言うのだろうか〟という意味である。なお、このような「豈」に關する野間氏の誤解については、【奔喪】及び【崩之】の項でも述べた。

【悔禍】

隱公十一年の左氏傳文「天其以禮悔禍于許」の杜注に「言天加禮於許而悔禍之」とあるのを、野間氏は、〝言ふこころは、天、禮を許に加へて之れを悔禍す〟〔第一冊、三六九頁下〕と訓讀しているが、いくら訓讀とはいえ、「悔禍之」を〝之れを悔禍す〟と讀んだのでは、意味が全くわからない。ここは、もう少し丁寧に、〝これに禍するを悔ゆ〟と讀むべきであろう。〝許に禍を下したことを後悔する〟という意味である。なお、上の傳文に「天禍許國」とある。

ついでながら、隱公十一年の左氏傳文「鄭伯使卒出豭　行出犬雞　以詛射潁考叔者」の杜注に「百人爲

卒　二十五人爲行　行亦卒之行列　疾射潁考叔者　故令卒及行閒皆詛之」とあるのを、野間氏は、〝百人を「卒」と爲し、二十五人を「行」と爲す。行も亦た卒の行列なり。潁考叔を射る者を疾む、故に卒及び行閒をして皆な之れを詛〔のろ〕はしむ〟〔第一冊、三七四頁下〕と訓讀しているが、このうち、〝卒及び行閒をして〟がおかしい。『商君書』畫策に「行閒之治　連以五」とあるように、「行閒」という言葉は確かに存在するが、ここは、「卒」と「行」とが對〔つい〕になっている、つまり、「閒」は、「行」だけでなく、上の「卒」も承けているのだから、〝卒及び行の閒をして〟と讀まなければならない。なお、「閒」とは、中〔うち〕の意である。ちなみに、疏に「一卒之内已用一豭　又更令一行之閒或用雞或用犬　重祝詛之」とある。

【必須】

桓公元年「春王正月公卽位」の杜注に「改元必須踰年者」とあるのを、野間氏は、〝元を改むること必須〔かなら〕ず年を踰ゆべきは〟〔第一冊、四〇〇頁上〕と訓讀しているが、實に奇妙である。「須」を、〝すべからく〜すべし〟〔〜することが必要である〕の「須」と解したいのだろうが、その場合、〜の部分は、人閒の行爲であることが、それこそ必要である。ところが、ここでは、〜に相當するのは、「踰年」であって、人閒の行爲ではない。今、人閒の行爲と言ったが、實は、「須」自體がそれに相當するのである。つまり、ここの「須」は、〝すべからく〜すべし〟という虛詞ではなくて、〝まつ〟という實詞なのである。かくて、ここは、正しくは、〝改元するには必ず年を踰えるまで待つのは〟という意味になる。

ついでながら、桓公二年「九月入杞」の杜注に「弗地曰入」とあるのを、野間氏は、〝地いはざるを「入」と曰ふ〟〔第一冊、四一〇頁上〕と訓讀しているが、おかしい。この「弗地」は、書法ではなくて事件を言っている、つまり、〝土地を占有しない〟という意味なのであるから、〝地せざる〟とでも讀むべきであろう。なお、この問題については、拙著『春秋學用語集四編』〔汲古書院〕の【弗地】の項で既に詳述している。


【致地】

桓公二年「公及戎盟于唐　冬公至自唐」の杜注に「特相會故致地也」とあるのを、野間氏は、〝ひとり相會するが故に地を致すなり〟〔第一冊、四一〇頁上〕と訓讀しているが、「致地」を〝地を致す〟と讀んだのでは、意味不明である。莊公六年「秋公至自伐衞」の公羊傳文「曷爲或言致會　或言致伐　得意致會　不得意致伐」の何注に「公與一國出會盟　得意致地　不得意不致」とあるから、「致地」は、〝某地からもどったとする〟という意味であることがわかる。したがって、せめて、〝地より致す〟と讀むべきであろう。


【危疑之理】

桓公二年の左氏傳文「君子以督爲有無君之心　而後動於惡」の疏に「唯河陽之狩　趙盾之弑　洩冶之罪

危疑之理　順取聖證　故特稱仲尼以明之」とあるのを、野間氏は、〝ただ河陽の狩獵・趙盾の弑君・泄冶の罪については、道理の所在に疑點があり、聖人〔孔子〕の證言が必要であったため、特に「仲尼」と稱して明らかにしたもので〟〔第一冊、四一一頁上〕と譯している。「危疑之理」は、僖公二十八年の左氏傳文「且明德也」の杜注に見える言葉で、これを〝道理の所在に疑點があり〟と譯すのは、別にまちがいではないが、隨分と意譯である。言葉に忠實に譯せば、〝うたがわしい議論であり〟となろう〔「危疑」は、〝うたがわしい〟の意の連文である〕。ちなみに、公羊の〈何休序〉に「其中多非常異義可怪之論　說者疑惑」とある。なお、拙譯『春秋左氏傳杜預集解上』〔汲古書院〕では、「危疑」が連文であることに氣づかず、〝危うく疑わしいものであるから〟〔三九七頁上〕と、奇妙な譯をつけてしまっている。この場をかりて、お詫びし、訂正したい。

【君子】

桓公二年の左氏傳文「君子以督爲有無君之心　而後動於惡」の疏に「君子者　言其可以居上位子下民有德之美稱也」とあるのを、野間氏は、〝「君子」とは、上位に居り、下民を子〔いつくし〕むことができる者であり、有德者の美稱だという意味である〟〔第一冊、四一一頁上〕と譯しているが、おかしい。「言」がかかるのは、最後までではなくて、「子下民」までである。というのも、ここは、「君子」という言葉を、「君」と「子」とに分解して、その意味を別々に說明しているものだからである。つまり、「君」の說明が「居上位」、「子」の說明が「子下民」である、ということである。したがって、ここは、正確には、〝君子」とは、上位に居り、下民を子〔いつくし〕むことができる、という意味であって、有德者の美稱である〟と譯さなければならない。

【平文】

桓公二年の左氏傳文「會于稷以成宋亂」の疏に「本其會意　從其平文」とあるのを、野間氏は、〟その會合の本來の意圖にもとづけて、平常文に從った〟〔第一冊、四一二頁上〕と譯しているが、まちがいである。下にみえる「公文」が〟公式文〟の意ではない〔ちなみに、野間氏も、これは、正しく〟「公」の表現〟と譯している〕のと同樣に、「平文」は、〟平常文〟の意ではない〔そもそも、〟平常文〟とは何か、意味不明である〕。正しくは、〟平定したという表現〟の意であり、經の「成」の字を指す。なお、拙著『春秋學用語集』〔汲古書院〕の【起文】の項を參照。

【他義】

桓公二年の左氏傳文「會于稷以成宋亂」の疏に「猶曁之與及　更無他義」とあるのを、野間氏は、〟あたかも「曁」と「及」の例と同樣に、全く違いが無いからである〟〔第一冊、四一二頁下〕と譯しているが、まちがいである。「他義」は、〟違う意味〟の意ではなくて、〟格別の意味〟の意である。つまり、〟「曁」と「及」との相違に格別の意味はない〟ということである。ちなみに、同年の傳文「冬公至自唐告于廟也」の疏に引く〈釋例〉に「蓋時史異耳　無他義也」とある。

【宗廟】

桓公二年の左氏傳文「是以清廟茅屋」の疏に引く〈白虎通〉に「王者所以立宗廟何　縁生以事死　敬亡若存　故以宗廟而事之　此孝子之心也　宗者尊也　廟者貌也　象先祖之尊貌」とあるのを、野間氏は、〝王者が宗廟を立てるのはなぜか。生きている者をたよりにして死者に奉仕し、死者を敬うことあたかも生きている者のごとくする。それゆえ廟を宗（たっと）ぶことで奉仕する、これが孝子の心情である。「宗」とは「尊」、「廟」とは「貌」の意味であり、先祖の「尊貌」に象（かたど）ったものである〟（第一冊、四一七頁上）と譯しているが、おかしい。野間氏のように、「宗廟」を〝廟をたっとぶ〟と讀む例を、筆者は寡聞にして知らない。野間氏は、おそらく、下の「宗者尊也」にひきづられたのであろうが、この「尊」は、〝たっとぶ〟ではなくて、〝たっとい〟である。つまり、「宗廟」は、「尊貌」と言い換えることは出來ても、あくまで〝宗廟〟である、ということである（それとも、「尊貌」を〝貌をたっとぶ〟とでも讀むのだろうか）。したがって、「以宗廟而事之」は、〝宗廟によって奉仕する〟という意味になる。ちなみに、『太平御覽』卷第五百三十一所引の〈白虎通〉では、「王者立宗廟何　縁生以事死　敬亡若事存　欲立宗廟而祭之　此孝子之心　所以追繼養也」に作っていて、「宗廟」を〝廟をたっとぶ〟と讀む餘地は全くない。

　ついでながら、桓公二年の左氏傳文「大路越席」の疏に「路訓大也　君之所在　以大爲號　門曰路門　寢曰路寢　車曰路車　故人君之車通以路爲名也」とあるのを、野間氏は、〝「路」の訓みは「大」である。

君の在〔いま〕す場所は「大」と名づけ、門には「路門」と言い、寝室には「路寝」と言い、車には「路車」と言うので、人君の車は、おしなべて「路」を名とするのである〟〔第一冊、四一八頁上〕と譯しているが、「以大爲號」は、〝「大」と名づける〟という意味ではない。内實は、〝「路」と名づける〟ということであって、文字に忠實に譯せば、〝大を意味する言葉で呼ぶ〟となる。つまり、「以大爲號」は、下の「以路爲名」と同等である、ということである。

もう一つ。桓公二年の左氏傳文「袞冕黻珽」の杜注「冕　冠也」の疏に「冠者首服之大名　冕者冠中之別號　故云冕冠也」とあるのを、野間氏は、〝「冠」とは頭にかぶるものの總稱で、「冕」とは冠の中の別名であるから、「冠は冕なり」と述べた〟〔第一冊、四二二頁上〕と譯しているが、「冠は冕なり」は、もちろん、「冕は冠なり」の誤りである。別號〔箇別名〕を大名で説明することはあっても、大名を別號で説明することはないから、これは大きなケアレスミスである。

【殘缺】

桓公二年の左氏傳文「袞冕黻珽」の疏に「但古禮殘缺　未知孰是」とあるのを、野間氏は、〝ただ古禮で殘っているものは缺けており、どの説が正しいのかが分からない〟〔第一冊、四二二頁上〕と譯しているが、明らかにまちがいである。「殘缺」は、もちろん、〝かける〟の意の連文と解さなければならない。ちなみに、『漢書』藝文志に「周室既微　載籍殘缺」とある。なお、同劉歆傳に「孝成皇帝閔學殘文缺稍離其眞」とあるのも、參考になろう。

ところで、野閒氏の當該書には、他にも疑問點が多い。以下、その一端を指摘することにする。まずは、桓公二年の左氏傳文「袞冕黻珽」の疏に「是他服謂之韠　以冕爲主　非冕謂之他」とあるのを、野閒氏は、〝「他の服は之れを韠と謂ふ」とは、冕を主とした言い方で、冕を「他」と言うのではない〟〔第一冊、四二三頁上〕と譯しているが、論理をなしておらず、意味不明である。論理的にするには、「主」と「他」とをきちんと對比させ、「非冕謂之他」を〝冕でないものを「他」と言う〟と譯さなければならない。

次に、桓公二年の左氏傳文「冬公至自唐　告于廟也」の疏に引く〈釋例〉に「桓公之喪至自齊　此則死還告廟而書至者也」とあるのを、野閒氏は、〝「桓公の喪、齊より至る」について、これは死亡して（遺體が）歸り、廟に「至る」を告げたことを書いたもの〟〔第一冊、四四七頁上〕と譯しているが、不正確である。下文に「此則失禮之書至者也」とあり、また、「此則榮還而書至者也」とあり、また、「此則宜告而書至者也」とあって、ここの「此則死還告廟而書至者也」は、これらと全く同型の文なのだから、正確には、〝ここは、死んで歸ったが、廟に告げたから、「至る」を書いたもの〟と譯すべきである。

最後に、桓公二年の左氏傳文「大夫有貳宗」の疏に「以側室爲例　皆是官名　與五宗別」とあるのを、野閒氏は、〝貳宗は側室と同例であるから、すべて官名で、五宗とは別のものである〟〔第一冊、四五三頁上〕と譯しているが、意譯が過ぎる。原文に卽して譯せば、〝側室から類推すれば〟となろう。ちなみに、上の傳文「卿置側室」の杜注に「側室　衆子也　得立此一官」とある。

【期限】

桓公二年の左氏傳文「今晉　甸侯也」の杜注「諸侯而在甸服者」の疏に「大司馬謂之九畿　言其有期限也」とあるのを、野間氏は、〝〈大司馬〉ではこれを「九畿」と言うが、これは期限が有るという意味である〟〔第一冊、四五三頁下〕と譯しているが、日本語の所謂〝期限〟は、時間的概念であるから、おかしい。ここは、空間の話のはずである。そこで、『莊子』則陽「今計物之數　不止於萬　而期曰萬物者　以數之多者號而讀之也」の成玄英疏に「期　限也」とあるのを參考にすれば、「期限」は、〝かぎり〟〝さかい〟の意の連文ではないかと思われる。ところで、『周禮』大司馬の鄭注に「畿猶限也」とあるように、「畿」は「限」の一字で說明できる。それなのに、どうして、わざわざ連文の「期限」にしたのか。おそらく、「畿」が發音上、「期」に通じる、と言いたかったからであろう。

【雖或】

桓公三年「春正月公會齊侯于嬴」の杜注「經之首時必書王　明此厤天王之所班也」の疏に「若春秋之厤必是天王所班　則周之錯失　不關於魯　魯人雖或知之　無由輒得改正」とあるのを、野間氏は、〝もし《春秋》の厤が必ず天王の頒布するものであるなら、周の錯失は魯には無關係であって、魯人が或いはこれを知ったとしても、たやすくこれを改正することができるはずはない〟〔第一冊、四七四頁上〕と譯しているが、三つの點でおかしい。一つめは、〝周の錯失は魯には無關係であって〟で、これではトートロジーになってしまう。正確には、〝周の錯失であって、魯には無關係である〟〔主語は略されている〕と譯すべきであろう。二つめは、〝或いはこれを知ったとしても〟で、實は、「雖或」は、「雖」と同等であって、二文字で〝いへども〟と讀む。ちなみに、『漢書』賈誼傳に「君之寵臣雖或有過　刑戮之辠不加其身者　尊君之故也」とある。三つめは、〝たやすく〟で、別にまちがいではないが、「輒」は、〝そのたびに〟と譯した方が、この言葉のニュアンスがよく出るのではないだろうか。

ついでながら、桓公三年「春正月公會齊侯于嬴」の杜注「經之首時必書王　明此厤天王之所班也」の疏に「若必闕文　止應一事兩事而已」とあるのを、野閒氏は、〝もしも必ず缺文だとするならば、ただ一例か兩例くらいのはずで〟〔第一冊、四七四頁下〕と譯しているが、〝必ず〟とはどういう意味なのであろうか。實は、『論語』顏淵に「必不得已而去　於斯三者何先」とあるように、「必」には、「若」と同じ假定の用法があるから、「若必」の二文字で〝もしも〟なのではあるまいか。

【頒告】

桓公三年「春正月公會齊侯于嬴」の杜注「經之首時必書王　明此厤天王之所班也」の疏に「周禮有頒告朔于邦國都鄙」とあるのを、野閒氏は、〝《周禮》に、「告朔を邦國・都鄙に頒〔わか〕つ」という一文が有り〟〔第一冊、四七四頁下〕と譯しているが、「告朔」は人の行爲であるから、それをわかつというのは、おかしい。《周禮》の注に「鄭司農云　頒讀爲班　班　布也　以十二月朔　布告天下諸侯」とあるのにしたがって、〝朔を邦國・都鄙に頒告す〟〔「朔」は、朔政の意〕と讀むべきであろう。なお、『周禮』の注に「天子頒朔于諸侯」とあり、また、文公十六年の穀梁傳文に「天子告朔于諸侯」とある。つまり、「頒朔」と「告朔」とを合わせて、「頒告朔」と言っている、ということである。

【且字】

桓公四年「夏天王使宰渠伯糾來聘」の疏に引く鄭玄〈箴膏肓〉に「名且字」とあるのを、野間氏は、〝名を言い、字も言った〟〈第一冊、四八九頁下〉と譯しているが、おかしい。「名且字」は、同年の公羊傳文「下大夫也」の何注にも「天子下大夫　繫官氏　名且字」として見えるが、その疏に「渠是名　糾是且字也」とあるように、實は、「且字」で一つの言葉なのである。それでは、「且字」とは何か。宣公十五年「王札子殺召伯毛伯」の公羊傳文「王札子者何　長庶之號也」の何注に「天子之庶兄　札者冠且字也」とあって、これによれば、「且字」とは、冠をつけた時の〝かりのあざな〟であることがわかる。ちなみに、『禮記』曲禮上に「男子二十　冠而字」とあり、同檀弓上に「幼名　冠字　五十以伯仲」とある。なお、段玉裁『經韵樓集』に〈且字攷〉がある。

ついでながら、桓公五年「春正月甲戌己丑陳侯鮑卒」の杜注に「愼疑審事」とあるのを、野間氏は、〝疑を愼み事を審らかにす〟〈第一冊、四九一頁上〉と訓讀している。訓讀だから、致し方ないのかも知れないが、實は、『呂氏春秋』孟冬「審棺槨之厚薄」の高注に「審　愼也」とあり、同音律「審民所終」の高注に「審　愼」とあるように、「審」は〝つつしむ〟の意であるから、「愼疑審事」は互文と考えられる。つまり、「愼疑審事」は、「愼審疑事」と入れ換えられ、〝疑わしき事は愼重に扱う〟の意である、ということである。ちなみに、『漢書』于定國傳に「罪疑從輕　加審愼之心」とある。

もう一つ。桓公五年「秋蔡人衞人陳人從王伐鄭」の杜注に「王自爲伐鄭之主　君臣之辭也」とあるのを、野閒氏は、〃王自ら鄭を伐つの主と爲るは、君臣の辭なり〃〔第一冊、四九三頁下〕と訓讀しているが、前半は、事實認識であり、後半は書法の説明であるから、前半と後半とをイコールで結ぶのは、おかしい。公羊の何注に「天下之君　海内之主　當秉綱撮要　而親自用兵」とあって、杜注の事實認識は、これによっているようだから、他の點でも、杜注は何注によっている可能性が高い。そこで、何注をみるに、「美其得正義也　故以從王征伐錄之」とあって、ここでいう書法とは、「從王」のことである、ということがわかる。また、「不使王者首兵者　本不爲王舉也」とあって、書法としては、事實とは逆に、王者を兵の首領とさせない、ということがわかる〔この點からも、野閒氏の訓讀はおかしい〕。かくて、ここは、正確には、〃（ここは）王が自ら鄭の討伐の主となったのであり、（「從王」というのは）君臣の辭〔君と臣という關係をはっきりさせる表現〕である〃という意味になる。なお、つけ加えると、何注の疏に「若使王者首兵　宜言王以蔡人衞人陳人伐鄭」とある。

【兼黜】

桓公五年「冬州公如曹」の疏に「若地被兼黜　爵亦宜減」とあるのを、野閒氏は、〃もし土地が兼併されて退けられたものなら、爵位もまた減等されるはずである〃〔第一冊、四九四頁下〕と譯しているが、〃兼併されて退けられた〃は、いかにも奇妙である。まず、「黜」だが、襄公十年の左氏傳文「將禦諸侯之師　而黜其車」の杜注に「黜　減損」とあるから、〃へらす〃の意と考えられる。次に、「兼」だが、「謙」に通じると解せば、『逸周書』武稱解「爵位不謙」の孔晁注に「謙　損也」とあるから、やはり、〃へらす〃

の意と考えられる〔「爵位」の語にも注目〕。つまり、「兼黜」は、〝へらす〟の意の連文である、ということである。ちなみに、疏の下文に「地既削小」とある。

【知政】

桓公五年の左氏傳文「王奪鄭伯政　鄭伯不朝」の杜注「奪不使知王政」の疏に「不使鄭伯復知王政」とあるのを、野間氏は、〝もはや鄭伯に王政を知らしめなかったのであり〟〔第一冊、四九七頁上〕と譯しているが、日本語で〝知らしめる〟と言えば、〝告げる〟の意であるから、不親切である。『呂氏春秋』長見「三年而知鄭國之政也」の高注に「知猶爲也」とあり、また、『國語』周語中「若是而知晉國之政　楚越必朝」の韋注に「知政　謂爲政也」とあるのを待つまでもなく、「知政」の「知」は、もちろん、〝なす〟の意である。ちなみに、襄公三十年の左氏傳文に「焉與知政」とある。

ついでながら、桓公五年の左氏傳文「命二拒曰　旝動而鼓」の疏を、野間氏は、「鄭氏之言　自謂治兵之時　出軍所建不廢　戰陳之上　猶自用旃指麾」〔第一冊、五四〇頁上〕と句讀し、〝鄭玄のこの言葉は、もともと治兵〔軍事演習〕の時を言ったものであり、出軍して建てるものは廢止しないで、戰陣の上ではやはり「旃」を用いて指麾する〟〔第一冊、四九九頁上〕と譯しているが、おかしい。正しくは、「鄭氏之言　自謂治兵之時出軍所建　不廢戰陳之上　猶自用旃指麾」と句讀し、〝鄭玄のこの言葉は、もともと治兵〔軍事演習〕の時に出軍が何を建てるかを言ったものであるが、戰陣の上で〔實戰の時に〕も廢止せず、やはり「旃」を用いて指麾する〟と譯すべきであろう。ちなみに、「猶自」は、「猶」とほぼ同等と考えられる。なお、この言葉については、野間氏自身も、その著『十三經注疏の研究』〔研文出版、一〇四頁〕で、「身既成人　猶自垂髦」という昭公九年の疏の文を、例として舉げている。

【不類】

桓公五年の左氏傳文「命二拒曰　旝動而鼓」の疏に「發石非旌旗之比　說文載之㫃部　而以飛石解之爲不類矣」とあるのを、野間氏は、〝また發石は旌旗の類ではない。《說文》がこれを「㫃」部に載せていながら、これを飛石で解釋すると、同類でないものになってしまう〟〔第一冊、四九九頁下〕と譯している。別にまちがいではないが、〝同類ではないものになってしまう〟が、どうもしっくりこない。筆者ならば、「爲不類矣」は、〝範疇違いである〟と譯すところである。ちなみに、襄公十六年の左氏傳文に「齊高厚之詩不類」とあるが、この「不類」は、〝場違い〟の意である。

ところで、野間氏の當該書には、他にも疑問點が多い。以下、その一端を指摘することにする。まずは、桓公五年の左氏傳文「夜鄭伯使祭足勞王　且問左右」の杜注「祭足卽祭仲之字　蓋名仲　字仲足也」の疏に「是辨其名仲之意也」とあるのを、野間氏は、〝その「仲」と名づけた意味を說明したものである〟〔第一冊、五〇一頁上〕と譯しているが、まちがいである。「名仲」は、〝「仲」と名づけた〟という意味ではなくて、〝「仲」を名と解した〟という意味である。明らかに、杜注に「蓋名仲」とあり、また、疏に引く〈釋例〉に「仲亦名也」とあるではないか。

次に、桓公五年の左氏傳文「秋大雩　書不時也」の杜注「十二公傳　唯此年及襄二十六年有兩秋」の疏に「襄二十六年重言秋者　彼注自釋　中閒有初　不言秋　則嫌楚客過在他年」とあるのを、野間氏は、〝襄公二十六年に重ねて「秋」を言うことについては、かしこの注にすでに―中閒に「初」有り。「秋」を言はざれば、則ち楚客の過ぐること他年に在るに嫌〔うたが〕ひあり―と說明している〟〔第一冊、五〇二頁上〕と譯しているが、おかしい。譯文の〝すでに〟に相當する原文がなく、逆に、原文の「自」が譯出されていない、からである〔まさか、「自」を〝すでに〟と譯しているわけではあるまい〕。「自」は、〝そこはそこで〟とか〝ここは別に〟とかいったような意味であろう。

最後に、桓公五年の左氏傳文「凡祀　啓蟄而郊」の疏を、野間氏は、「其餘三者　不可强同其名　雖則不同其法　理亦不異」〔第一冊、五四一頁上〕と句讀し、〝その外の三者は強いて名を同じくさせることはできない。その方法は同じではないのだけれども、道理はやはり異ならない〟〔第一冊、五〇三頁上〕と譯しているが、意味不明である。ここは、「其名」と「其法理」とが、そして、「不同」と「不異」とが、對〔つい〕をなしていると考えられるから、「其餘三者不可强同　其名雖則不同　其法理亦不異」と句讀し、〝その外の三者は、むりに合致させることは出來なかった。（しかしながら）名稱は違っても、その法理〔厤法の推理〕は同じである〟と譯すべきであろう。なお、同疏に引く〈釋例〉に「比古人所名不同　然其法推不得有異」とあるのを、野間氏は、〝古人の名づくる所に比ぶるに同じからず。然れども其の法は、推すに異なること有るを得ず〟〔第一冊、五〇三頁下〕と訓讀しているが、これも、意味不明である。ここの「法推」は、先の「法理」に相當すると考えられるから、〝古人の名づくる所に比ぶるに同じからず。然れども其の法推〔厤法の推理〕は異なること有るを得ず〟と讀むべきであろう。

【共通】

桓公五年の左氏傳文「凡祀　啓蟄而郊」の疏に引く〈釋例〉に「凡十二月而節氣有二十四　共通三百六十六日　分爲四時　閒之以閏月」とあるのを、野閒氏は、〝凡そ十二月にして節氣に二十四有り。共に三百六十六日に通じ、分かちて四時と爲し、之れを閒するに閏月を以てす〟〔第一冊、五〇四頁上〕と訓讀しているが、このうち、〝共に三百六十六日に通じ〟が、意味不明で、何とも奇妙である。『漢書』游俠傳〈原涉〉に「妻子通共受之　以定產業」とあって、「通共」は、〝合わせて〟の意の連文と解することが出來るから、これを倒置した「共通」も、同じであると考えられる。ちなみに、「通統」と「統通」、「共總」と「總共」など、〝合わせて〟の意の連文は數多い。

ついでながら、桓公五年の左氏傳文「凡祀　啓蟄而郊」の疏に「杜君自處晉朝　共遵王說」とあるのを、野閒氏は、〝杜君は晉朝に仕える身であるから、ともに王肅說を遵守し〟〔第一冊、五〇五頁下〕と譯しているが、おかしい。誰とともに遵守するというのか。ここの「共」は「恭」に通じると解さなければならない。つまり、「共遵」は、「恭遵」で、〝したがう〟の意の連文である、ということである。ちなみに、『禮記』樂記に「莊敬恭順　禮之制也」とあって、「莊敬」も連文である。

もう一つ。桓公五年の左氏傳文「龍見而雩」の疏に「見謂合昏見也」とあるのを、野閒氏は、〝「見」とは昏〔くれがた〕に現れるはずだという意味〟〔第一冊、五〇八頁上〕と譯しているが、おかしい。譯文に〝はず〟とあるから、野閒氏は、たぶん、「合」を助辭の「當」と解しているのだろうが、實は、そうではなくて、「合昬」で、〝くれがた〟の意の一つの言葉なのである。ちなみに、杜甫〈往在〉詩に「合昬排鐵騎　清旭散錦⿰馬蒙」とある。

【祝史】

桓公六年の左氏傳文「祝史正辭　信也」の疏に「祝官史官正其言辭　不欺誑鬼神　是其信也」とあるのを、野間氏は、〝祝官や史官が、その言葉を正しく述べ、鬼神を欺かない、これがここで言う「信」である〟〔第一冊、五一六頁下〕と譯している。一見、何の問題もないようだが、實は、話はそう單純ではない。というのも、左氏傳に於いて、「祝史」という言葉は、決っして安定していない、からである。具體例で言うと、昭公二十年の傳文に「君盍誅於祝固史嚚以辭賓」とある場合は、「祝」と「史」とは、別々の官であり、一方、哀公二十五年の傳文に「因祝史揮以侵衛」とある場合は、「祝史」で一つの官である、ということである〔ちなみに、「固」・「嚚」・「揮」は、それぞれ人名である〕。同様に、疏の解釋もゆれていて、ここでは「祝官史官正其言辭」とあって、二つに分けているが、昭公十八年の傳文「郊人助祝史除於國北」の疏には「祝史掌祭祀之官也」とあって、一つにしている。かくて、ここから最低限いえるとすれば、それは、「祝」と「史」にしろ、「祝史」にしろ、いずれもみな、鬼神つまり祭祀にかかわる官である、ということである。だから、ここで、日本語譯として〝史官〟という言葉を使ってもかまわないが、この〝史官〟は、例えば、杜預〈春秋序〉に「周禮有史官　掌邦國四方之事　達四方之志　諸侯亦各有國史」とあるような「史官」ではない、ということに注意しておく必要があろう。なお、戸川芳郎氏の「史官—偶談の餘(5)—」〔漢文教室一一二〕を參照。

ところで、野間氏の當該書には、他にも疑問點が多い。以下、その一端を指摘することにする。まずは、桓公六年の左氏傳文「故奉牲以告曰　博碩肥腯　謂民力之普存也」の疏に「身無疲苦」とあるのを、野間氏は、〝身體に疲勞や苦勞が無い〟〔第一冊、五一九頁上〕と譯しているが、あまりにも安直すぎる。「疲」も「勞」も「苦」も、所詮、同じ意味なのであるから、〝疲勞〟だけで充分であろう。

次に、桓公六年の左氏傳文「故奉牲以告曰　博碩肥腯　謂民力之普存也」の疏に「季梁推出此理　嫌其不實」とあるのを、野間氏は、〝季梁が推してこの道理を取り出したことが、事實ではない疑いがある〟〔第一冊、五二〇頁上〕と譯しているが、何となく奇妙である。日本語の問題なのかも知れないが、この譯を讀むと、季梁がこのような道理を推出したという事實の存在そのものに疑いがある、という意味にとれる。果して、そうなのであろうか。筆者の理解では、ここの「實」は、適の意である〔〝道理〟と〝事實〟では、かみ合わない〕。つまり、ここは、〝季梁がこのような道理を推出したこと〔あるいは、季梁が推出したこのような道理〕について、不適切ではないかとの疑いがある〟という意味になるのではあるまいか。

次に、桓公六年の左氏傳文「親其九族　以致其禋祀」の疏に引く〈鄭駁〉を、野間氏は、「如此所云三族　不當有異姓」〔第一冊、五四五頁下〕と句讀し、〝此に云ふ所の三族の如きは、當〔まさ〕に異姓有るべからず〟〔第一冊、五二一頁上〕と訓讀しているが、おかしい。ここは、箇別の例を擧げて一般化する、というよくある形だが〔「當」が一般化の指標となっている〕、野間氏の譯では、一般化の部分が缺けてしまっている。正しくは、「如此所云　三族不當有異姓」と句讀すべきであろう。意味は、もちろん、〝この例からすると、三族に異姓は入らないことになる〟ということである。ちなみに、『詩』葛藟の疏では「如此所云則三族不當有異姓」に作っていて、野開氏のまちがいが明らかである。

次に、桓公六年の左氏傳文「親其九族　以致其禋祀」の疏に「若言棄其九族謂棄其出高祖出曾祖者　然則豈亦棄其出曾孫出玄孫者乎」とあるのを、野開氏は、〝もしも「其の九族を棄つ」るということが、その高祖から出たり、曾祖から出たりした者を棄てるということであるならば、なんでまた曾孫より出たり、玄孫より出たりする者を棄てるということがありえようか〟〔第一冊、五二一頁上〕と譯しているが、論理が破綻して、後半が全く逆の意味になってしまっている。その原因は、「豈」を反語と解しているからで、ここの「豈」は、論理を忠實にたどれば、詠嘆と解さなければならない。つまり、後半は、正しくは、〝曾孫より出たり、玄孫より出たりする者もまた棄てるということになってしまうだろう〟という意味である。なお、このような「豈」については、【奔喪】及び【崩之】の項で既に述べている。

次に、桓公六年の左氏傳文「使魯爲其班　後鄭」の杜注「魯親班齊饋　則亦使大夫戍齊矣」の疏に「十年說此云　北戎病齊　諸侯救之　或可魯亦往救　但傳無魯事之驗　魯必不救　不須解之」とあるのを、野開氏は、〝十年にこのことを説明して、「北戎、齊を病ましむ。諸侯、之れを救ふ」と述べている。或いは魯もまた往って救ったのかもしれないが、ただ傳文に魯の事の證據がないので、魯が必ず救わなかったはずで、このことを解釋する必要はないであろう〟〔第一冊、五二二頁下〕と譯しているが、支離滅裂である。注に「則亦使大夫戍齊矣」とあり、疏に「或可魯亦往救」とあるように、魯は、〝救わなかった〟のではなくて、救ったのである。したがって、正しくは、〝傳文に魯の事の證據がないだけで、おそらく、魯もまた往って救ったのであろう。もし魯が救わなかったのなら、解説する必要はなかったはずである〟と譯すべきであろう〔「必」は假設の辭〕。

次に、桓公六年の左氏傳文「以德命爲義」の杜注「若文王名昌　武王名發」の疏に「故名之曰昌　欲令昌盛周也」とあるのを、野間氏は、〝これに「昌」と名づけ、昌に周を盛んにしてほしいと願ったのである〟〔第一冊、五二五頁下〕と譯しているが、これでは、「昌」という名稱の由來が、つまり、「昌」と「盛」との關係が、いま一つ、はっきりしない。『詩』齊風〈還〉「子之昌兮」の毛傳等に「昌　盛也」とあるように、「昌」は「盛」の意であり、これが、命名の由來だから、「昌盛」という連文を使って説明した、と考えられないだろうか。つまり、ここは、〝これに「昌」と名づけ、（昌に、その名にちなんで）周を昌盛〔さかん〕にしてほしいと願ったのである〟という意味ではないか、ということである。ちなみに、『詩』齊風〈雞鳴〉「東方明矣　朝既昌矣」の毛傳に「朝已昌盛則君聽朝」とある。

次に、桓公六年の左氏傳文「不以國」の杜注「國君之子　不自以本國爲名也」の疏に「此注以其言國故特云國君子耳」とあるのを、野間氏は、〝この注で「國（を以てせず）」を言うから、特に「國君の子」と述べたに過ぎない〟〔第一冊、五二七頁上〕と譯しているが、誤解を招く奇妙な譯である。おそらく、野間氏が言いたいのは、〝この注は、傳が「國（を以てせず）」と言っているから、特に「國君の子」と述べたに過ぎない〟ということであろう。

次に、桓公六年の左氏傳文「周人以諱事神　名終將諱之」の疏を、野間氏は、「周人尊神之　故爲之諱名」〔第一冊、五四七頁下〕と句讀し、〝周人は〔死者を〕尊んで神とするから、その人のために名を諱む〟〔第一冊、五二九頁下〕と譯しているが、筆者は、寡聞にして、「神」を動詞的に使用する例を知らない。ここは、「周人尊神之故　爲之諱名」と句讀し、よくある「以〜之故」という形の「以」が省略されたものと理解すべきであろう。かくて、ここは、〝周人は神を尊ぶから、神のために名を諱む〟という意味になる〔傳文にも「周人以諱事神」とあるではないか〕。ちなみに、『禮記』表記に「殷人尊神　率民以事神」とある。

次に、桓公六年の左氏傳文「先君獻武廢二山」の疏に「諱雖已舍　山不復名」とあるのを、野間氏は、〝諱がすでに廢止されたとしても、もう二度と山に前の名をつけなかった〟〔第一冊、五三三頁下〕と譯し、同疏に「雖歴世多　而不復改名也」とあるのを、〝時代を長く經ても、もとの名に復しない〟〔同上〕と譯しているが、いずれも、意譯である。正確には、後者の「不復改名」は、〝二度と名を改めない〟という意味であり、前者の「不復名」も、「改」の字こそ無いが、同じ意味であると考えられる。つまり、ここで言っているのは、〝名を改めるのは一度だけ〟ということに過ぎない。

次に、桓公七年「春二月己亥焚咸丘」の杜注「焚　火田也」の疏に引く〈爾雅〉釋天に「火田爲狩」とあるのを、野間氏は、〝火田して狩を爲す〟〔第一冊、五五五頁下〕と讀んでいるが、トートロジーになっていて、おかしい。それに、〈爾雅〉はそもそも言葉を説明するものなのに、これでは、説明の對象がない。正しくは、もちろん、〝火田を「狩」とよぶ〟という意味である。ちなみに、〈爾雅〉のこの文の直前には、「春獵爲蒐　夏獵爲苗　秋獵爲獮　冬獵爲狩　宵田爲獠」とあって、いずれもみな、名稱の説明である。

次に、桓公七年の左氏傳文「春穀伯鄧侯來朝　名　賤之也」の杜注「辟陋小國　賤之　禮不足　故書名」の疏に「若必魯桓悪人　不合朝聘」とあるのを、野間氏は、〝もしも魯の桓公が悪人だから必ず朝聘すべきではない、というのであれば〟〔第一冊、五五七頁上〕と譯しているが、「必」は、位置からいって、「不合朝聘」にかかるのではなくて、全體にかかるはずだから、おかしい。實は、「若必」は二文字で〝もしも〟という假設の辭なのであり、したがって、譯文から〝必ず〟を削除すればよいのである。

次に、桓公八年「春正月己卯烝」の杜注に「此夏之仲月　非爲過而書者　爲下五月復烝見瀆也」とあるのを、野間氏は、〝此れ夏の仲月〔十一月〕にして、過ぐるものと爲すに非ずして書するは、下の「五月」に復た「烝」して瀆〔けが〕さるるが爲めなり〟〔第一冊、五五九頁上〕と訓讀しているが、このうち、〝けがさるる〟という受身表現が、唐突である。疏に引く〈衞氏難杜〉の「一責過時　二責見瀆」にひきずられたのかも知れないが、〈釋文〉にもはっきり「見瀆　賢遍反」とあるように、ここの「見」は、受身ではなくて、〝あらわす〟と讀むべきものである。つまり、正しくは、〝これは、夏正の十一月にあたるから、時期をこえてはいないのに、書いているのは、下の五月の再度の烝祭のために、それが瀆〔宗廟をけがすもの〕であることをあらわしたのである〟と讀まなければならない、ということである。ちなみに、桓公五年の左氏傳文「凡祀　啓蟄而郊」の疏に引く〈釋例〉に「經書正月烝　得仲月之時也　其夏五月復烝　此爲過烝　若但書夏五月烝　則唯可知其非時　故先發正月之烝　而繼書正月烝　以示非時　並明再烝瀆也」とある。

次に、桓公八年「祭公來　遂逆王后于紀」の疏に「從周向紀　不由魯國　縦令因使過魯　自當假道而去不須言來也」とあるのを、野間氏は、〝周から紀に向かうには魯を經由しない。たとい魯を通過させることがあったとしても、もとより道を假りて行くはずで、「來」と言う必要はないのである〟〔第一冊、五六〇頁下〕と譯しているが、おかしい。原文の「因」は、いったいどこへ行ってしまったのであろうか。「因」を生かせば、「因使過魯」は、〝使に因りて魯を過ぐ〟と讀むしかない。おそらく、〝使者（のルート選擇）によっては、魯を通過することもある〟という意味であろう。かくて、全體は、〝周から紀に向かうには（普通）魯國を經由しない。たとい、使者によっては魯を通過することがあるとしても、その場合も、道を假りて行ってしまうだけだから〔國都には立ち寄らないから〕、（いずれにせよ）「來」という必要はないはずである〟と譯すことが出來る。

次に、桓公八年「祭公來　遂逆王后于紀」の疏に「於歸稱季姜　申父母之尊」とあるのを、野間氏は、〝「歸〔とつ〕」ぐときに「季姜」と稱するのは、「父母の尊を申べる」もので〟〔第一冊、五六一頁上〕と譯しているが、おかしい。ここの「申」は、「伸」に通じて、のばす〔伸張させる〕の意である。ちなみに、桓公九年「春紀季姜歸于京師」の杜注に「書字者　伸父母之尊」とあり、その〈釋文〉に「伸父母音申」とある。

次に、桓公八年「祭公來　遂逆王后于紀」の疏を、野間氏は、「知祭公如紀　時亦有卿」〔第一冊、六一二頁上〕と句讀し、〝祭公の紀に如くは、時に亦た卿有るを知る〟〔第一冊、五六一頁上〕と訓讀しているが、日本語で〝時に亦た〟といえば、普通は、〝時々〟とか〝たまに〟の意であるから、おかしい。「知祭

公如紀時　亦有卿」と句讀し、〝祭公が紀に行った時にも、やはり卿がいた、ことがわかる〟と譯すべきであろう。

次に、桓公九年の左氏傳文「秋虢仲芮伯梁伯荀侯賈伯伐曲沃」の疏に「僖十七年傳曰　惠公之在梁也　梁伯妻之　梁嬴孕　過期　既以國配嬴　則梁爲嬴姓」とあるのを、野間氏は、〝僖公十七年傳に「惠公の梁に在るや、梁伯、之れに妻〔めあ〕はす。梁嬴、孕〔はら〕みて期を過ぐ」という記述があり、國に嬴を配しているからには、梁は嬴姓である〟〔第一冊、五六七頁上〕と譯している。配する話だから、どちらでも同じかも知れないが、語順を重視すれば、「以國配嬴」は、〝國に嬴を配する〟ではなくて、〝國を嬴に配する〟つまり〝嬴に國を配する〟である。ちなみに、隱公元年の公羊傳文「仲子者何　桓之母也」の何注に「仲字　子姓　婦人以姓配字　不忘本也　因示不適同姓」とあり、同二年の公羊傳文「子將不終爲君　故母亦不終爲夫人也」の何注に「子者姓也　夫人以姓配號」とある。

最後に、桓公九年の左氏傳文「冬曹大子來朝　賓之以上卿　禮也」の疏に「是言曹大子由未誓之故　賓之以上卿　謂以賓客待之　同上卿之禮也」とあるのを、野間氏は、〝曹の大子が未だ誓っていないことを言ったものである。「之れを賓するに上卿を以て」したとは、賓客の禮で待遇するに際し、上卿の禮と同等にしたという意味である〟〔第一冊、五六七頁下・五六八頁上〕と譯しているが、「由〜之故」という文型が全く無視されている。正しくは、もちろん、〝これは、曹の大子が未だ誓っていないから、「之れに賓するに上卿を以て」した、ということを言っているのである。賓客として待遇するのに、上卿の禮と同じにした、という意味である〟と譯さなければならない。

【尤非】

桓公九年の左氏傳文「冬曹大子來朝　賓之以上卿　禮也」の疏に引く〈何休膏肓〉に「左氏以人子安處父位　尤非衰世救失之宜」とあるのを、野間氏は、〝左氏が人子でありながら父の位に安んじて處るとするのは、最も衰世救失の宜しき行爲ではない〟〔第一冊、五六八頁上〕と譯しているが、〝最も〜ではない〟というような奇妙な否定文は、日本語には無いはずである。〝衰世救失の義とはかけはなれている〟とでも譯すべきであろう。なお、〝とがめる〟の意の連文の「尤非」は、また別物である。

ついでながら、桓公十年「冬十有二月丙午齊侯衞侯鄭伯來戰于郎」の疏に「言若三國自來戰　而魯人不與戰也」とあるのを、野間氏は、〝三國が勝手にやって來て戰おうとしたが、魯がこれと戰わなかったかのようにした、という意味である〟〔第一冊、五六九頁下・五七〇頁上〕と譯しているが、おかしい。はっきり「來戰」とあるのだから、〝戰おうとした〟のではなくて、〝戰った〟のである。ここを正確に理解するためには、三國が魯と戰ったという事實をいったん忘れなければならない。そうすれば、ここが、〝三國が勝手にやって來て（互いに）戰い、魯はその戰に（いっさい）關與しなかった、かのように（書法上で）言いなした〟という意味であることがわかる。だから、實は、野間氏の〝かのようにした〟だけで充分なのである〟も、おかしい。〝という意味である〟は餘計であって、〝かのようにした、という意味である。なお、ここの「言若」は、公羊の何注に頻見する「使若」と同等である、と考えられる。ちなみに、拙著『春秋學用語集五編』〔汲古書院〕に【使若】の項がある。

【匹夫】

桓公十年の左氏傳文「周諺有之　匹夫無罪　懷璧其罪」の疏に「士大夫以上則有妾媵　庶人惟夫妻相匹其名既定　雖單亦通　故書傳通謂之匹夫匹婦也」とあるのを、野開氏は、〝士大夫以上には妾・媵がいるが、庶民は夫妻が相匹する〔つれあう〕だけであり、その名稱が定まっている以上、(匹夫か匹婦)片方だけでも通じるということで、文獻では通じてこれを「匹夫」「匹婦」と表現している〟〔第一冊、五七一頁下・五七二頁上〕と譯しているが、おかしい。〝(匹夫か匹婦)片方だけでも通じる〟とは、いったいどういう意味なのか、不可解である。筆者が考えるに、ここは、〝匹は本來、つれあい、つまり二人をあらわす言葉だが、「匹夫」・「匹婦」という言葉が定着すると、一人の場合でも使われるようになった〟という意味ではあるまいか。ちなみに、朱駿聲『說文通訓定聲』に「匹者　先分而後合　故雙曰匹　隻亦曰匹」とある。

【行使】

桓公十一年「九月宋人執鄭祭仲」の疏に「祭仲　鄭卿　而至宋見執　必是行至宋也　行使被執　例稱行人」とあるのを、野開氏は、〝「祭仲」は鄭の卿であり、宋に赴いて執えられたのだから、必ず行人(使者)として宋に至ったのである。行人として使いして執えられた場合には、例では「行人」と稱する〟〔第一冊、五七三頁上〕と譯しているが、「行人」は、《春秋》の書法だから、この譯の〝行人として〟のように、事實の敍述に使用するのは、奇妙である。「行至宋」は、普通に、〝宋まで行った〟と譯すべきである。ちなみに、疏の下文に「既往至宋」とあり、野間氏も、そちらは、〝出かけていって宋に至った以上は〟と譯している。また、「行使被執」は、〝使いして執えられ〟と譯せばよい。というのも、成公二年の公羊傳文に「君不使乎大夫　此其行使乎大夫何」とあって、「行使」は「使」と同等であると考えられる、からである。つまり、「行使」は、〝使いする〟あるいは〝使いをだす〟の意の連文である、ということである。ちなみに、『淮南子』說山訓「慈石能引鐵　及其於銅　則不行也」の高注に「行猶使也」とある。なお、襄公十一年の左氏傳文「書曰行人　言使人也」の疏に「諸以行人爲名　通及外內　以卿出使　義取於非其罪也」とあり、この「出使」も「行使」と同等であると考えられる。ちなみに、『荀子』儒效「出三日而五災至　無乃不可乎」の楊注に「出　行也」とある。

ところで、野間氏の當該書には、他にも疑問點が多い。以下、その一端を指摘することにする。まずは、桓公十二年「八月壬辰陳侯躍卒」の杜注「厲公也」の疏に「東晳言　馬遷分一人以爲兩人　以無爲有　謂此事也」とあるのを、野間氏は、〝東晳が「馬遷は一人の人物を二人としており、これは無を有とするものだ」と述べているのは、このことを指したものである〟〔第一冊、五八〇頁上〕と譯しているが、「分一人以爲兩人」と「以無爲有」とは別々のことだから、兩者を〝これは〟で結ぶのはおかしい。つまり、疏の上文の「既以佗爲厲公」が前者に相當し、「又妄稱躍爲利公　世本本無利公」が後者に相當する、ということである。

次に、桓公十二年「八月壬辰陳侯躍卒」の杜注「壬辰　七月二十三日　書於八月　從赴」の疏に「彼以十二月之日爲正月赴魯」とあるのを、野間氏は、〝かしこの例は十二月の日附を正月になって魯に赴げたと見なしたものだから〟〔第一冊、五八〇頁上〕と譯しているが、ここは、何月に赴告してきたかという赴告の時期の問題ではなくて、何月のこととして赴告してきたかという赴告の内容の問題だから、おかしい。正しくは、〝かしこの例は十二月の日附を正月のこととして魯に赴げたものだから〟と譯すべきであろう。なお、疏の下文に「以前月之日從後月而赴」とあって、これを、先の「以十二月之日爲正月赴魯」と對照すれば、意味は自ずと明らかなはずである〔つまり、「以十二月之日爲正月赴魯」は、〝以〜爲〜〟という構文ではない、ということ〕。

次に、桓公十二年「十有二月及鄭師伐宋　丁未戰于宋」の杜注「尤其無信　故以獨戰爲文」の疏に「二者雖文皆獨戰　而義存彼此　俱是善惡有殊　不得相敵故也」とあるのを、野間氏は、〝兩者は表現がともに「獨戰」であるが、その意味は彼〔郎の宋〕此〔この年の魯〕に存し、ともに善惡に違いが有って、對等にさせることができないのである〟〔第一冊、五八二頁上〕と譯しているが、意味不明である〔郎の戰に宋はいない〕。「彼此」とは、表現にみえる國〔郎では齊・衞・鄭、ここでは魯〕とかくれていて表現にみえない相手國〔郎では魯、ここでは宋〕とを指す、つまり、「獨戰」の「獨」に對して、雙方〔複數〕を言う、と考えられる。したがって、前半は、〝兩者〔郎とここ〕は、表現はともに「獨戰」であるが、その意味は彼此〔の關係〕に存する〟と譯すことが出來よう。後半は、おそらく、〝〔つまり、郎とここと は〕ともに、〔當時國閒に〕善惡の違いがあって、對等にさせることが出來ないから〔このような書法をとったの〕である〟という意味であろう。

次に、桓公十三年「春二月公會紀侯鄭伯　己巳及齊侯宋公衞侯燕人戰　齊師宋師衞師燕師敗績」の疏に引く傳文に「宋多責賂於鄭　故以紀魯及齊與宋衞燕戰」とあるのを、野間氏は、〝宋、多く賂を鄭に求む。故に紀・魯及び齊を以て宋・衞・燕と戰ふ〟〔第一冊、五八四頁上〕と訓讀しているが、明らかに、ケアレスミスである。正しくは、もちろん、〝故に紀・魯を以て齊・宋・衞・燕と戰ふ〟と讀まなければならない〔「與」の字は、單に並列を示すだけなので、敢えて讀まなかった。〝と〟は「及」の字を讀んだものである〕。

最後に、桓公十三年「春二月公會紀侯鄭伯　己巳及齊侯宋公衞侯燕人戰　齊師宋師衞師燕師敗績」の疏に「若魯人不與而鄰國自行　則以主兵爲先　若與魯同行　魯史所記　則當以魯爲主」とあるのを、野間氏は、〝もし魯國が關與していなくて、隣國自身が行動した場合、主兵を先にするが、もし魯國が同行すれば、そのことを魯の史官が記録するに際しては、當然魯を主とすべきであり〟〔第一冊、五八四頁上〕と譯しているが、かたや〝おこなう〟かたや〝ゆく〟と、「行」の字の譯が不揃いなのは、おかしい。〝おこなう〟の方に統一すべきであろう。なお、「魯史所記」とは、〝そのことを魯の史官が記録するに際しては〟というようなのっぺりした意味ではなくて、〝（鄰國からの赴告に從うのではなくて）魯の史官が自ら記録するものだから〟というような論理性をもった意味である。

【曠年】

桓公十三年「春二月公會紀侯鄭伯　己巳及齊侯宋公衞侯燕人戰　齊師宋師衞師燕師敗績」の疏に引く

〈釋例〉に「春秋書魯事　皆踰年卽位稱公　不可曠年無君　則知他國亦同」とあるのを、野間氏は、〝《春秋》で魯の事件を記録する際、すべて年を越えて卽位し「公」を稱するのは、君の居ない空白期間があってはならないからで、そうすると他國もまた同様であったことが分かる〟〔第一冊、五八五頁上〕と譯しているが、不正確である。というのも、文公九年の公羊傳文に「緣民臣之心　不可一日無君　緣終始之義　一年不二君　不可曠年無君」とあり、何注に「故喩年稱公」とあるからである。つまり、終始の義からして空白期間はむしろ避けられず、それを最小限におさえるのが「踰年卽位稱公」という制度である、ということである。だから、「不可曠年無君」は、正確には、〝多年にわたって君がいないわけにはゆかない〟と譯さなければならない。

ついでながら、桓公十三年「春二月公會紀侯鄭伯　己巳及齊侯宋公衞侯燕人戰　齊師宋師衞師燕師敗績」の疏に「案文八年八月天王崩　九年春毛伯來求金　傳曰　不書王命　未葬也　彼以踰年未葬　不得稱王命使」とあるのを、野間氏は、〝調べてみるに、文公八年の八月に天王が崩じており、九年の「春、毛伯來たりて金を求む」の傳に、「王命を書せざるは、未だ葬らざればなり」と述べている。そこでは踰年未葬のため「王命使〔王、使に命ず〕」と稱することができない〟〔第一冊、五八五頁上〕と譯しているが、このうち、〝「王命使〔王、使に命ず〕」と稱することができない〟がおかしい。正しくは、〝王命を稱して使いすることができない〟と譯すべきであろう。なお、文公九年「春毛伯來求金」の杜注に「雖踰年而未葬故不稱王使」とあるように、〝王命を稱して使いすることができない〟とは、書法として、「王使〜」という表現がとれない、ということである。ちなみに、《春秋》には、「王使〜」という表現はあっても、

「王命〜」という表現はない。だから、文公九年の傳に「不書王命」とあるのは、實は、「不書王使」のことである。

もう一つ。桓公十三年の左氏傳文「不然　夫豈不知楚師之盡行也」の疏に「若其不然　此伯比豈不知楚師之盡行也　而更請益師乎」とあるのを、野間氏は、〝もしそうでないなら、ここで伯比が「どうして楚の全軍の出陣した事實を知らないで」、そのうえさらに「師を益す」ことを請うたりしようか〟〔第一冊、五八六頁下〕と譯しているが、論理が破綻して、逆の意味になってしまっている。その原因は、「豈」を反語と解しているからで、ここの「豈」は、論理を忠實にたどれば、詠嘆と解さなければならない。つまり、ここは、正しくは、〝もしそうでないなら、ここの伯比は、楚の全軍が出陣した事實を知らずに、さらに師をふやすことを請うた、ということになってしまうだろう〟という意味である。なお、このような「豈」については、【奔喪】等の項で、何度も述べている。

【御廩】

桓公十四年「秋八月壬申御廩災」の疏に「御廩　藏公所親耕以奉粢盛之倉也」とあるのを、野間氏は、〝「御廩は公の親ら耕して以て粢盛を奉ずる所を藏するの倉」である〟〔第一冊、五八九頁上〕と讀んでいるが、おかしい。下文に「是公所親耕之粟　擬共祭祀　藏於倉廩　故謂之御廩」とあるのだから、〝「御廩は、公の親ら耕す所を藏して以て粢盛に奉ずるの倉」である〟と讀むべきであろう。なお、「擬共祭祀」を、野間氏は、〝祭祀に共するのになぞらえ〟〔同上〕と譯しているが、意味不明である。〝祭祀に供するのに備え〃と譯すべきであろう。

ところで、野間氏の當該書には、他にも疑問點が多い。以下、その一端を指摘することにする。まずは、桓公十四年「秋八月壬申御廩災」の疏に「周禮廩人爲倉人之長」とあるのを、野間氏は、〃《周禮》廩人では倉人の長官である〃〔第一冊、五八九頁上〕と譯しているが、これでは主語が無い。〃《周禮》では、廩人は倉人の長官である〃と譯すべきであろう。

次に、桓公十四年「乙亥嘗」の杜注「先其時亦過也」の疏に「先時亦過　過則當書」とあるのを、野間氏は、〃「時に先んずるも亦た過ち」であり、過ちであるからには當然書く〃〔第一冊、五九〇頁上〕と譯しているが、ここの「過」は、〃あやまち〃の意ではない。桓公五年の左氏傳文に「過則書」とあり、杜注に「過次節則書以譏慢也」とあるように、〃すぎる〃の意である。つまり、五年の場合は、〃遲すぎる〃の意であり、ここの場合は、〃早すぎる〃の意であって、〃すぎる〃という點で同じである、ということである。

次に、桓公十四年「乙亥嘗」の疏に「若非先時　有灾不害亦書　若非御廩有灾　先時亦書」とあるのを、野間氏は、〃もしも時に先んじるのでなければ、災いが有って害が無くてもやはり書く。もしも御廩に災いが有ったのでなければ、時に先んじてもやはり書く〃〔第一冊、五九〇頁上〕と譯しているが、論理的に支離滅裂である。正しくは、〃たとえ時に先んじなくても、灾が有って害が無ければ、やはり書く。たとえ御廩に灾が無くても、時に先んずれば、やはり書く〃と譯さなければならない。つまり、書くのは、「不害」と「先時」との二つの場合である、ということであり、それが、下文の「進退明例也」である。

最後に、桓公十五年「鄭世子忽復歸于鄭」の疏に「嫌其不是復位」とあるのを、野閒氏は、〝復位ではないかとの疑いがある〟〔第一冊、五九四頁上〕と譯しているが、意味が逆である。正しくは、〝復位ではないのではないかとの疑いがある〟と譯さなければならない。また、同疏に「而忽之爲君　不能自固」とあるのを、野閒氏は、〝しかし忽が君であったときは、自ら堅固にすることができず〟〔第一冊、五九四頁下〕と譯しているが、〝しかし忽は君として自らを堅固にすることができず〟と譯した方がよいのではあるまいか。ちなみに、襄公二十八年の左氏傳文に「其爲君也　淫而不父」とある。

【例外】

桓公十五年「許叔入于許」の杜注「叔本不去國　雖稱入　非國逆例」の疏に引く〈釋例〉を、野閒氏は、「諸在例、外稱入直是自外入内　記事常辭　義无所取」〔第一冊、六一九頁上〕と句讀し、〝諸もろの例で、外國に「入」と稱するのは、ただ外より内に入るという意味が有るだけで、これは記事の常辭であって、義に取る所は無い〟〔第一冊、五九五頁下〕と譯しているが、おかしい。〝外國に「入」と稱する〟というのは意味不明であるし、何よりも、義に取る所が無いものを「例」とは呼ばない、からである。「例」とは、記事の常辭ではなくて、義に取る所が有るもの、つまり、《春秋》の特別な書法をいう〔具體的には、成公十八年の傳例「凡去其國　國逆而立之　曰入」である〕。だから、ここは、「諸在例外稱入　直是自外入内　記事常辭　義无所取」と句讀し、〝例以外の諸々の「入」と稱するものは、ただ外より内に入るという意味が有るだけで、これは記事の常辭であって、義に取る所は無い〟と譯すべきであろう〔些かトートロジー氣味だが、原文がそうなのだから、致し方あるまい〕。

ついでながら、桓公十五年「許叔入于許」の杜注「叔本不去國　雖稱入　非國逆例」の疏に「國逆正例據去國而來」とあるのを、野間氏は、〝國逆の正例は、國を去ることに由來するものである〟〔第一冊、五九五頁下〕と譯しているが、おかしい。〝國を去るに據りて來る〟とでも讀んでいるのだろうか。もちろん、ここは、正しくは、〝國を去りて來るに據る〟と讀み、〝(一度) 國を去り (後で) もどって來たことに據るものである〟と譯すべきである。つまり、〝來る〟のは、あくまで人間であって、正例ではない、ということである。

もう一つ。桓公十六年「夏四月公會宋公衛侯陳侯蔡侯伐鄭」の杜注「春既謀之　今書會者　魯諱議納不正」の疏に引く〈釋例〉に「魯既春會于曹　以謀伐鄭　夏遂興師　而更從不與謀之文者」とあるのを、野間氏は、〝魯はすでに春に曹に會して、鄭を伐つことを謀り、そのまま夏に師を興したのに、これを變更して謀に與らない表現にしたのは〟〔第一冊、五九八頁下〕と譯しているが、このうち、〝これを變更して〟が意味不明である。ここの「更」は、〝さらに〟の意に解するべきであろう。つまり、上に「春正月公會宋公蔡侯衛侯于曹」とあって、〝ともに謀らなかった〟という表現〔「會」〕をとっており、さらにここでもまた、〝ともに謀らなかった〟という表現〔「會」〕をとっている、ということである。

【自進】

桓公十六年の左氏傳文「初衛宣公烝於夷姜　生急子」の杜注「上淫曰烝」の疏に「蓋訓烝爲進　言自進

與之淫也」とあるのを、野間氏は、〝たぶん「烝」を「進」と訓じたもので、自ら進んで淫したという意味であろう〟〔第一冊、六〇二頁上〕と譯しているが、おかしい。日本語で、〝自ら進んで〟と言えば、〝積極的に〟という意味であり、淫通は積極的にするにきまっている、からである。『爾雅』釋詁「羞餞迪烝　進也」の郝懿行〈義疏〉に「烝蓋升之進也」とあるように、この「進」は、昇進の意ではあるまいか。つまり、「自進」とは、〝自分を〔相手と同じ地位に〕ひきあげて〔背伸びして〕〟という意味である、ということである。ちなみに、宣公十六年の左氏傳文「殽烝」の杜注に「烝　升也」とある。

ついでながら、桓公十七年「癸巳葬蔡桓侯」の杜注「稱侯蓋謬誤」の疏に「此無貶責而獨稱侯　故云蓋謬誤也」とあるのを、野間氏は、〝ここでは貶責が無いのに「侯と稱す」るだけなので「蓋し謬誤ならん」と述べたのである〟〔第一冊、六〇四頁上〕と譯しているが、まちがいである。「獨」は上の「此」を承けるから、正しくは、〝ここだけ〔「公」ではなくて〕「侯」と稱しているので〟と譯さなければならない。ちなみに、疏の下文に引く〈釋例〉に「葬蔡桓侯　獨不稱公」とある。

【臣子辭】

桓公十七年「癸巳葬蔡桓侯」の杜注「稱侯　蓋謬誤」の疏に引く〈釋例〉に「劉賈許曰　桓卒而季歸無臣子之辭也」とあるのを、野間氏は、〝劉・賈・許は「桓が卒して季が歸ったのは、臣子（としての禮）が無いという表現である」と述べている〟〔第一冊、六〇四頁下〕と譯しているが、〝桓が卒して季が歸った〟というのは、事實であって、表現ではないから、おかしい。正確には、〝桓が卒して季が歸った（ことに關して「侯」と稱している）のは〝とでも譯すべきであろう。また、ここの公羊の何注に「稱侯者亦奪臣子辭也」とあるのは、劉・賈・許の「無臣子之辭也」に從ったものと考えられるから〔ちなみに、元年の何注にも「不致之者（中略）故復奪臣子辭成誅文也」とある〕、「無臣子之辭」は、〝臣子の立場からの言い方〔「公」と稱すること〕をやめたのである〟と譯すべきであろう。ただし、〝臣子がいないという表現である〟と譯しても、內容的には許容されよう。ちなみに、隱公十一年の公羊傳文に「春秋君弑賊不討　不書葬　以爲無臣子也」とある。

ところで、野間氏の當該書には、他にも疑問點が多い。以下、その一端を指摘することにする。まずは、桓公十七年の左氏傳文「君子謂昭公知所惡矣」の疏に引く〈韓子〉に「故言知所惡　以見其無權也」とあるのを、野間氏は、〝それゆえに「惡む所を知る」と言って、權力が無かったことを示しているのである〟〔第一冊、六〇六頁下〕と譯しているが、ここの話は、〝權力〟とは何の關係もないから、おかしい。この「權」は、〝權宜の措置〟の意味に解するべきであろう。ちなみに、桓公十一年の公羊傳文に「古人之有權者　祭仲之權是也」とある。

次に、桓公十八年「公與夫人姜氏遂如齊」の疏に「言夫人驕伉不可及　故舍而不數也」とあるのを、野間氏は、〝夫人が驕りたかぶって及ぶことができず、ために措いて數えなかったという意味である〟〔第一冊、六〇七頁下〕と譯しているが、このうち、〝及ぶことができず〟が意味不明である。實は、ここの疏は、穀梁の范注に「濼之會　夫人驕伉　不可言及　故舍而弗數」とあるのにもとづくものであるから、「言」の字を補って、〝夫人が驕りたかぶったため、「及」と言えないから、捨てて數えなかった、という意味である〟と譯すべきであろう。

次に、桓公十八年「公與夫人姜氏遂如齊」の杜注「公本與夫人倶行　至濼　公與齊侯行會禮　故先書會濼　既會而相隨至齊　故曰遂」の疏に「不言及夫人會者」とあるのを、野間氏は、〃及夫人會〔夫人と會す〕」と言っていないのは〃〔第一冊、六〇七頁下〕と譯しているが、〃夫人と會す〃という讀みはまちがいである。というのも、ここは、「公會齊侯于濼」と「公及夫人會齊侯于濼」との比較の話だからである。強いて讀めば、〃（公）及び夫人（齊侯と）會す〃となろう。ちなみに、僖公十一年に「夏公及夫人姜氏會齊侯于陽穀」とある。

最後に、桓公十八年「公與夫人姜氏遂如齊」の杜注「公本與夫人倶行　至濼　公與齊侯行會禮　故先書會濼　既會而相隨至齊　故曰遂」の疏に「公自因會而行　故言遂耳」とあるのを、野間氏は、〃公は本來「會」のために行ったから、「遂〔そのまま續けて〕」と言ったのである〃〔第一冊、六〇七頁下〕と譯しているが、おかしい。ここの穀梁の范注に、桓公八年の穀梁傳文を引いて、「遂　繼事之辭」とあるから、〃「會」にひきつづいて行ったから、「遂」と言ったのである〃と譯すべきであろう。つまり、「行」とは、會〔濼〕に行ったということではなくて、齊に行ったということなのである。ちなみに、『逸周書』作雒解「南繫于洛水　北因于郟山」の孔晁注に「繫因皆連接也」とある。

【孫】

莊公元年「三月夫人孫于齊」の杜注「内諱奔謂之孫　猶孫讓而去」の疏に「公羊傳曰　孫者何　孫猶孫

也　内諱奔謂之孫　穀梁傳曰　孫之爲言猶孫也　諱奔也　杜用彼爲説　昔帝堯孫位以讓虞舜　故假彼美事而爲之名　猶孫讓而去」とあるのを、野間氏は、〝《公羊傳》に「孫とは何ぞ。孫とは猶ほ孫〔のが〕るるがごときなり。内、奔を諱みて孫と謂ふ」と述べ、《穀梁傳》に「孫の言たる猶ほ孫〔のが〕るるがごときなり。奔を諱むなり」と述べている。杜預はこれらを用いて注釋したもの。むかし帝堯が位を孫〔のが〕れるのに際し、虞舜に讓ったことから、この美擧に假りてこのように名づけたのであり、「猶ほ孫讓して去るがごとき」ものである〟〔第二冊、二頁下〕と譯しているが、このうち、公羊傳の「孫猶孫也」の讀みと、穀梁傳の「孫之爲言猶孫也」の讀みとが、おかしい。杜注の「猶孫讓而去」に合わせようとする疏の論理からすれば、公羊傳は〝孫〔のがるる〕とは猶ほ孫〔ゆずる〕のごときなり〟と讀み、穀梁傳は〝孫〔のがるる〕の言たる猶ほ孫〔ゆずる〕のごときなり〟と讀まなければ、つじつまが合わない〔つまり、「孫」は「遜」に通じる、ということである。ただし、公羊傳と穀梁傳の原義がどうであるかは、また別の問題である〕。これを要するに、孫〝のがれる〟には、〝ゆずる〟という良い意味が含まれるから、諱むのに利用される、ということである。

【大行】

莊公元年「王使榮叔來錫桓公命」の疏に「魏晉以來　唯天子崩　乃有哀策　將葬於是遣奠讀之　陳大行功德　敘臣子哀情　非此類也」とあるのを、野間氏は、〝魏晉以來、ただ天子の崩御の場合にのみ哀策が有り、まさに葬ろうとするその時、遣奠〔出棺の際の祭祀〕して哀策を讀み上げ、大行の功德を申し立て、臣子の哀情を述べるが、これは錫命の類ではない〃（第二冊、六頁上）と譯しているが、このうち、〃大行の功德〃というのが、よくわからない。『後漢書』安帝紀「大行皇帝不永天年」の注に「前書音義曰　禮有大行人小行人　主謚號官也　韋昭云　大行者　不反之辭也　天子崩　未有謚　故稱大行也　穀梁傳曰　大行受大名　風俗通曰　天子新崩　未有謚　故且稱大行皇帝　義兩通」とあって、これによれば、「大行」とは、天子が崩御して謚がつくまでの間の假りの呼稱であり、呼稱の意味は、〃立派な功績をあげた人〃あるいは〃行ってしまって永久にかえらぬ人〃ということなのである（ちなみに、「大行受大名」は、穀梁傳には見えず、『逸周書』謚法解に見える）。だから、野間氏の〃大行の功德〃とは、もしかすると、〃天子の功德〃ということなのかも知れない。しかしながら、上文で既に「天子」と言っているし、また、『白虎通』謚に「所以臨葬而謚之何」とあるように、埋葬の時には謚がついているはずだから、それを、依然として「大行」と呼ぶのは、極めて奇妙である。かくて、「大行功德」は、〃大行の功德〃とは讀めない。おそらく、「大行功德」は、「大行」と「功德」という同意の言葉を並べただけのものであって、〃立派な功績〃と譯せば充分であろう。

　ところで、野間氏の當該書には、他にも疑問點が多い。以下、その一端を指摘することにする。まずは、莊公元年「王姫歸于齊」の疏に「春秋之例　送女不書者　取受我而厚之　此單伯書者　爲逆至於魯　不至於齊故也」とあるのを、野間氏は、〃《春秋》の例で「送女」を書かないのは、（相手の國が）我が國から取り受けて（魯女を）厚くするからであり（相對的に魯が薄くするということ）、ここに「單伯」を書いたのは、魯まで送ってきたもので（魯が王女を厚くしたということ）、齊に至ったわけではないからである〟〔第二冊、七頁上〕と譯しているが、支離滅裂である。まず、前半は、一般論であって、魯に限ったことではない〔春秋學で「我」と言えば、普通は魯のことなのだが、實は、ここの「受我而厚之」は、『禮記』檀弓上の文である〕。したがって、正しくは、《春秋》の例で「送女」を書かないのは、（あちらが）こちらから受けて厚くするという點に取ったのである〟と譯さなければならない。後半は、〔魯が王女を厚くしたということ〕を削除しないと、論理的に矛盾する。というのも、魯が王女を厚くしたのであれば、「送女」は書かないことになる、からである。したがって、正しくは、〟ここに「單伯」〔つまり「送女」〕を書いたのは、魯まで送って來ただけで、齊〔あちら〕に至ったわけではない〔つまり、あちらが厚くしたわけではない〕からである〟と譯さなければならない〔なお、言うまでもないことだが、この例での〟こちら〟とは、王の側を指す〕。

次に、莊公元年の左氏傳文「春不稱卽位　文姜出故也」の疏に引く〈公羊傳〉に「夫人固在齊矣　其言孫于齊何　念母也　正月以存君　念母以首事」とあるのを、野間氏は、〟夫人は固〔もと〕より齊に在りたるに、其の「齊に孫る」と言ふは何ぞ。母を念〔おも〕ふなり。「正月」は以て君を存し、母を念ひて以て事を首〔はじ〕む〟〔第二冊、八頁下〕と訓讀しているが、後半の「正月以存君」と「念母以首事」とは對句であるから、訓讀も對になっていなければならない。つまり、正確には、〟「正月」を以て君を存し、「念母」を以て事をはじむ〟と讀むべきである、ということである。かくて、この公羊傳文は、〟夫人はもともと齊にいたのに、「孫于齊」と言うのはなぜか。母を思ったからである。「正月」（を書くこと）によって君の存在を明らかにし、母を思ったこと（を書くこと）によって記事をはじめたのである〟と譯せる。ちなみに、ここの疏全體については、拙著『春秋學用語集三編』〔汲古書院〕の【念母】の項で詳論している。なお、同疏に引く〈穀梁傳〉に「接練時　錄母之變　始人之也」とあり、野間氏はこれを〝練時に接し、母の變を錄し、始めて之れを「人」とするなり〟〔同上〕と訓讀しているが、「人之」の意味については、拙著『春秋學用語集續編』〔汲古書院〕の【人心】の項を參照。

次に、莊公元年の左氏傳文「春不稱卽位　文姜出故也」の疏に「若以經無還文　卽言留齊不反　則自是以後　亦無還文　二年夫人會齊侯于禚　豈復自齊會之哉」とあるのを、野間氏は、〝もし經文に「還」の表現が無いことで、ただちに齊に留まって歸國しなかったというのであれば、これより以後にもやはり「還」の表現は無いのに、二年の「夫人、齊侯に禚に會す」が、どうしてまた齊より出でて會したものであろうか〟〔第二冊、九頁上〕と譯しているが、論理が破綻して、逆の意味になってしまっている。その原因は、「豈」を反語と解しているからで、ここの「豈」は、論理を忠實にたどれば、詠嘆と解さなければならない。つまり、ここは、正しくは、〝もし經文に「還」の表現が無いことで、ただちに齊に留まって歸國しなかったというのであれば、これより以後にもやはり「還」の表現が無いのだから、二年の「夫人、齊侯に禚に會す」もまた、齊より出でて會したことになってしまうだろう〟という意味である。なお、このような「豈」については、【奔喪】等の項で既に何度も述べている。

最後に、莊公元年の左氏傳文「不稱姜氏　絕不爲親　禮也」の杜注「於文姜之義　宜與齊絕」の疏に「左氏先儒取二傳爲說　言傳稱絕不爲親　禮也　謂莊公絕母不復以之爲親　爲父絕母　得禮尊父之義　故曰禮也」とあるのを、野間氏は、〝《左氏》の先儒は二傳を取って說明している。つまり、傳に「絕ちて親と爲さざるは禮なり」と稱しているのは、莊公が母と絶縁し、もはや彼女を母親とせず、父のために母を絶ったことは、禮として父を尊ぶという義を得たものであるので「禮なり」と述べた、という意味である〃〔第二冊、一〇頁上〕と譯しているが、このうち、〃母親とせず〃がおかしい。ここの「不爲親」の「親」は、〃おや〃ではなくて、〃みうち〃の意に解さなくてはならない。というのも、「不爲親」は、傳文の言葉でもあるのだが、もし、「親」が〃おや〃の意であるのなら、最初から、公・穀による左氏の先儒たちの説が正しいに決まっており、杜預の「宜與齊絶」という異説が入り込む餘地はない、からである。つまり、「親」が〃みうち〃の意であるからこそ、それを、文姜とするか、齊とするか、の二説があり得る〔〃おや〃ならば、文姜に決まっている〕、ということである。

【改築】

莊公元年の左氏傳文「秋築王姫之館于外　爲外　禮也」の疏に引く〈公羊傳〉に「主王姫者　必爲之改築　於路寢則不可　小寢則嫌　羣公子之舍則以卑矣　其道必爲之改築者也」とあるのを、野間氏は、〃王姫を主〔つかさど〕る者は、必ず之れが爲めに改築す。路寢〔正殿〕に於いてするは則ち不可なり。小寢〔夫人の居室〕は則ち嫌〔うたが〕はし。羣公子〔公女〕の舍は則ち以〔はなは〕だ卑し。其の道は必ず之れが爲めに改築する者なり〃〔第二冊、一一頁下〕と訓讀しているが、訓讀といえども、あくまで日本語であり、日本語で〃改築する〃と言えば、〃建てかえる〃の意であるから、おかしい。ここの「改築」は、文脈からして、〃建てかえる〃の意ではなくて、實は、〃新たに建てる〃あるいは〃別に建てる〃の意である。ちなみに、成公九年の左氏傳文に「鄭人圍許　示晉不急君也　是則公孫申謀之　曰　我出師以圍許　爲將改立君者　而紓晉使　晉必歸君」とあり、杜注に「示欲更立君」とあるのも、同様に、〝新たに〔別に〕君を立てる〟の意である。なお、莊公三年「五月葬桓王」の公羊傳文に「此未有言崩者　何以書葬　蓋改葬也」とあるところの「改葬」は、先の「改築」・「改立」とは違って、〝埋葬しなおす〟の意である。

ところで、野閒氏の當該書には、他にも疑問點が多い。以下、その一端を指摘することにする。まずは、莊公元年の左氏傳文「秋築王姬之館于外　爲外　禮也」の疏に引く〈鄭箴膏肓〉に「宮廟朝廷各有定處　無所館天子之女　故宜築于宮外」とあるのを、野閒氏は、〝宮廟や朝廷にはそれぞれ定まった場所が有るが、天子の女〔むすめ〕を泊める建物がないので、當然宮殿の外に築くべきである〟〔第二冊、一一頁下〕と譯しているが、のっぺりしていて、論理が不明確である。もっと論理にめりはりをつけて、〝宮廟や朝廷にはそれぞれ定まった場所があるため、天子の女を泊める餘地が無いから、當然宮殿の外に築くべきである〟と譯すべきであろう。

次に、莊公二年「夏公子慶父帥師伐於餘丘」の杜注「慶父　莊公庶兄」の疏に「劉炫云　蓋慶父自稱仲欲同於正適　言己少次莊公　爲三家之長　故以莊公爲伯　而自稱仲」とあるのを、野閒氏は、〝劉炫が次のように述べている。――おそらく慶父は自ら「仲」と稱し、正適と同樣にしようとしたものであろう。その意味は、自分は莊公に次いで年少だが、三家では年長であるので、莊公を「伯」として、自ら「仲」と稱したということである〟〔第二冊、一三頁上〕と譯しているが、このうち、〝自分は莊公に次いで年少だが〟が、意味不明である。〝自分は莊公より年少だが〟と譯さなければ、論理が通じないのではなかろうか。つまり、伯〔莊公〕・仲〔自分〕・叔・季の順、ということである。ただし、これは、もちろん、事實を言っているわけではなく、あくまで、慶父による僞裝なのである〔劉炫によれば〕。ちなみに、莊公二十七年の公羊傳文に「公子慶父公子牙公子友皆莊公之母弟也」とあって、公羊では、上述の順序は事實である。

次に、莊公三年「秋紀季以酅入于齊」の杜注「齊欲滅紀　故季以邑入齊爲附庸」の疏に「杜取彼爲說知季是紀侯之弟　以酅邑入齊　爲附庸之君　附屬齊國也」とあるのを、野間氏は、〝杜預はこれらの說を採用し、「季」が「紀侯の弟」であり、酅邑を條件として齊國に入り、附庸の君となり、齊國に附屬したと理解したのである〟〔第二冊、一六頁下〕と譯しているが、このうち、「以酅入于齊」を〝酅邑を條件として齊國に入り〟と譯している點が、おかしい。野間氏は、おそらく、「以」を、ごく一般的に〝もって〟と讀み、意味は、その場その場で考えているのだろうが、實は、ここの「以」は、特殊であって、〝ゐて〟と讀み、〝ひきいて〟の意味に解すべきものである〔經・注の「以」も同樣である〕。ちなみに、襄公二十一年に「邾庶其以漆閭丘來奔」とあり、昭公五年に「夏莒牟夷以牟婁及防茲來奔」とあり、昭公三十一年に「冬黑肱以濫來奔」とある。なお、拙著『春秋學用語集』〔汲古書院〕の【不以者】の項を參照。

最後に、莊公三年「冬公次于滑」の杜注に「旣書兵所加　則不書其所次　以事爲宜　非虛次」とあるのを、野間氏は、〝旣に兵の加ふる所を書すれば、則ち其の次する所を書せず。事の宜しと爲すを以て、虛しく次するに非ざればなり〟〔第二冊、一八頁上〕と訓讀している。訓讀だけなので、あまりはっきりしたことは言えないが、「以事爲宜」を〝事の宜しと爲すを以て〟と讀んでいる點が、どうもしっくりこない。〝事を以て宜しと爲す〟と讀むべきではないだろうか。そうすれば、ここは、〝戰ったことを書いた場合には、〔次したとしても〕次したことは書かない。〔戰った以上〕次したのは當然の事であって、無意味に〔戰いとは無關係に〕次したのではない、からである〟という意味になる。

【告命】

莊公三年「冬公次于滑」の疏に引く〈釋例〉に「故春秋告命　三日以上　必記其次　舍之與信不書者　輕碎不以告也」とあるのを、野間氏は、〝そこで《春秋》では告命して三日以上は、必ずその「次」したことを記録する。「舍」と「信」とを書かないのは、輕微でくだくだしいから告げないのである〟〔第二冊、一八頁上〕と譯しているが、このうち、〝告命して三日以上〟が意味不明である。隱公十一年の左氏傳文に「宋不告命　故不書　凡諸侯有命　告則書　不然則否」とあり、杜注に「命者　國之大事政令也　承其告辭　史乃書之於策」とあるように、「告命」とは、他國が大事件を赴告してくることだから、正しくは、《春秋》では、三日以上の軍の駐屯があったと赴告して來た場合、必ず「次」と記録する〟と譯さなければならない。なお、日本語で〝くだくだしい〟と言えば、普通は、〝長たらしい〟の意であるから、「輕碎」を〝輕微でくだくだしい〟と譯すのは、不適切である。それこそ、くだくだしく譯せば、〝輕微で些細〟だが、どちらか一方で充分であろう。

ところで、野間氏の當該書には、他にも疑問點が多い。以下、その一端を指摘することにする。まずは、莊公三年「冬公次于滑」の疏に引く〈釋例〉に「所記或次在事前　次以成事也　或次在事後　事成而次也」とあるのを、野間氏は、〝記錄には「次」が事の前にあり、「次」して事を成す場合がある。「次」が事の後にあり、事が成って「次」する場合がある〟〔第二冊、一八頁下〕と譯しているが、「次在事前」と「次以成事」との關係、また、「次在事後」と「事成而次」との關係が、いずれも不明確であり、このままでは、單なる同語反覆である。そこで少しくこの文の構造を分析すると、「次在事前」と「次在事後」は、書法を述べており、「次以成事」と「事成而次」は、事實を述べている、ということがすぐにわかる。かくて、この文は、〝「次」が事の前に記錄されているのは、次して事を成した場合であり、「次」が事の後に記錄されているのは、事が成って次した場合である〟と譯すことが出來る。

次に、莊公三年「冬公次于滑」の疏に引く〈釋例〉に「叔孫救晉次于雍楡　傳曰禮者　善其宗助盟主非以次爲禮也」とあるのを、野間氏は、〝「叔孫、晉を救ひ、雍楡に次す」の傳に「禮なり」と言うのは、その宗〔同姓?〕が盟主を助けたことを善みしたものであって、「次」を「禮」としたのではないのである〟〔第二冊、一九頁上〕と譯しているが、おかしい。難解だが、少なくとも原文の「其」は叔孫を指すから、とりあえず〝叔孫が盟主を宗助したことを善みしたものであって〟と讀める。それならば、〝宗助する〟とは、どういう意味か。對象が盟主なのだから、〝尊んで助ける〟という意味ではあるまいか〔?〕。

次に、莊公四年「三月紀伯姬卒」の杜注に「內女唯諸侯夫人卒葬皆書」とあるのを、野間氏は、〝內女は唯だ諸侯の夫人の卒葬のみ皆な書す〟〔第二冊、二一頁下〕と訓讀しているが、おかしい。「唯」は「諸侯夫人」にかかり、「皆」は「卒葬」を承けるのだから、〝內女は唯だ諸侯の夫人のみ卒葬みな書す〟と讀まなければならない。ちなみに、公羊の何注に「諸侯唯女之爲諸侯夫人者　恩得申　故卒之」とあって、「唯」はやはり「諸侯夫人」にかかることがわかる。

　次に、莊公四年「六月乙丑齊侯葬紀伯姬」の疏に「不書謚者　亡國之婦　夫妻皆降　莫與之謚」とあるのを、野間氏は、〝謚を書かないのは、亡國の婦人や夫妻はいずれも降して謚號を與えないからである〟〔第二冊、一二三頁上〕と譯しているが、このうち、〝婦人や夫妻〟というのが、何とも奇妙である。「亡國之婦」で一度句切り、「皆」は「夫妻」を承けると考えたら、どうであろうか。そうすれば、ここは、〝謚を書かないのは、亡國の婦人だからである。（亡國については）夫妻いずれも、降して謚號を與えない〟と譯すことが出來る。

　次に、莊公五年「夏夫人姜氏如齊師」の杜注「書姦」の疏に「杜云書姦　姦發夫人　當向紀地從之」とあるのを、野間氏は、〝杜預が「姦を書す」と言うのは、「姦」は夫人に發するから、紀地に向かって齊侯に從ったはずである〟〔第二冊、一二六頁上〕と譯しているが、このうち、〝紀地に向かって齊侯に從った〟というのが、意味不明である。ここの「從」は、追逐の意味に解し、〝齊侯を追って紀地に向かった〟と譯すべきではあるまいか。ちなみに、成公十六年の左氏傳文「晉韓厥從鄭伯」の杜注に「從　逐也」とある。なお、莊公二年の左氏傳文「冬夫人姜氏會齊侯于禚　書姦也」の杜注に「傳曰書姦　姦在夫人」とあるから、この文全體は、正確には、〝杜預が「姦を書す」というのは、姦通は夫人の方の發意だったということであるから、（夫人姜氏は）齊侯を追って紀地に向かったに違いない〟という意味であろう。

　次に、莊公六年「春王正月王人子突救衞」の疏に「以卑官而帥少師救衞　不能使衞侯不入　是無功也」

とあるのを、野閒氏は、〃卑官がありながら少い師を率いて衛を救おうとしたため、衛侯を入國させないようにすることができなかったのは、功績が無かったことである〃〔第二冊、二七頁上〕と譯しているが、このうち、〃卑官でありながら〃というのが〔つまり、「而」を逆接と解している點が〕、おかしい。ここの「而」は、順接、いな、累加〔しかも〕の意である。つまり、「卑官」と「少師」という二つのマイナス要因が重なったから、うまくゆかなかった、ということである。ちなみに、疏の上文に、隱公五年の公羊傳文「將卑師少　稱人」を引いて、「救衛必以師救　而文不稱師　於例爲將卑師少」とある。

次に、莊公七年「夜中星隕如雨」の疏に「主言星之異　不言雨之爲異也」とあるのを、野閒氏は、〃主として星の異變を言い、雨の異變を言うものではない〃〔第二冊、三四頁下〕と譯しているが、「爲」の字を無視している。〃雨の異變〃なら、原文は、「星之異」と同様に、「雨之異」のはずで、「爲」の字があるからには、〃雨が異變であること〃と譯さなければならない。疏の上文に「雨乃常事」とあるのだから、ここの文脈では、そもそも、〃雨の異變〃などというものは存在しない。ちなみに、〃雨の異變〃と言えば、『漢書』五行志の所謂「恒雨」〔雨つづき〕が思い浮かぶが、それはまた別の話である。

次に、莊公七年の左氏傳文「春文姜會齊侯于防　齊志也」の疏に引く〈釋例〉に「婦人無外事　見兄弟不踰閾　故其他行　非禮所及　亦例所不存」とあるのを、野閒氏は、〃婦人に外事は無く、兄弟に見〔まみ〕えるのにも家の敷居を越えない。それゆえその他の地に行くことは、禮の及ぶところではないし、また〔《春秋》の〕例も存しない〃〔第二冊、三六頁上〕と譯しているが、このうち、〃その他の地に行くことは〃が、意味不明である。〃その他の地〃で一つの言葉なのか、〃他の地〃で一つの言葉なのか、よくわからない。かりに前者だとすれば、まちがいであるし、後者だとしても、「其」を、〝その〟ではなくて、具體的に〝婦人が〟としないと、意味がはっきりしない。つまり、「其他行」は、〝婦人がよそに行くことは〟と譯すべきである、ということである。なお、同〈釋例〉の下文に「小君之行　不得不書」とあるのを、野閒氏は、〝小君〔夫人〕の行動は書かないわけにはいかないので〟〔同上〕と譯しているが、ここの「行」は、〝行動〟の意ではなくて、〝外出〟の意であろう。同〈釋例〉の中の「外事」・「他行」・「出入」の語から、そう考えられる。

最後に、莊公八年「春王正月師次于郎　以俟陳人蔡人」の疏に「陳蔡於魯　竟絕路遙」とあるのを、野閒氏は、〝陳・蔡は魯と國境が遠く離れており〟〔第二冊、三七頁上〕と譯しているが、意味不明である。「竟絕」は、〝國境が接していない〟という意味ではあるまいか。

【春秋以來】

莊公八年「春王正月師次于郎　以俟陳人蔡人」の疏に「春秋以來未嘗構怨」とあるのを、野閒氏は、〝《春秋》以來いまだかつて怨みを構えていない〟〔第二冊、三七頁上〕と譯しているが、〝《春秋》以來〟のまんまでは、些か不親切である。「春秋以來」とは、正確には、〝《春秋》に入って以來〟の意である〔つまり、隱公元年以來ということ〕。ちなみに、隱公二年の公羊傳文に「春秋之始也」とあり、これも、〝《春秋》での始め〟すなわち、〝《春秋》に入っての始め〟の意である。

ついでながら、莊公八年の左氏傳文「德乃降」の疏に「不知德乃降亦是書文　謂爲莊公之語　故隔從下注」とあるのを、野間氏は、〝これは「徳あれば乃ち降る」の語もやはり《書》の文章だということを知らず、莊公の言葉だと考えたから、ここで切って、下の注に從わせたのである〟〔第二冊、四〇頁下〕と譯しているが、このうち、〝ここで切って、下の注に從わせたのである〟が、意味不明である。杜預によれば、この「徳乃降」は、下の「姑務脩德　以待時乎」と同樣に、莊公の言葉だから、「德乃降　姑務脩德　以待時乎」を一まとめにして、その下で注した、つまり、「徳乃降」の直下では注せず、〝間をへだてて〔間に「姑務脩德　以待時乎」をはさんで〕下で注した〟ということなのではあるまいか。

【是言】

莊公九年「春齊人殺無知」の杜注「未列於會　故不書爵」の疏に「是言殺而不稱君之意也」とあるのを、野間氏は、〝「殺」と言い「君」を稱しなかった意味である〟〔第二冊、四二頁下〕と譯しているが、おかしい。「言」を全體にかけて、〝殺して君を稱さなかった意味を言ったものである〟と譯すべきである。ちなみに、桓公五年の左氏傳文「龍見而雩」の疏に「釋例曰（中略）是言月令不得與傳合也」とあり、同十三年「春二月公會紀侯鄭伯　己巳及齊侯宋公衞侯燕人戰　齊師宋師衞師燕師敗績」の疏に「釋例曰（中略）是言先君未葬　則不得稱爵成君以接鄰國也」とあり、同十五年「邾人牟人葛人來朝」の疏に「釋例曰（中略）是言世子稱謂之等級也」とあって、「是言」は、どうやら、疏が〈釋例〉を引用して、それを總括する際の決まり文句のようである。

ついでながら、莊公九年「夏公伐齊納子糾」の疏に引く公羊の何注に「嫌當爲齊君　在魯君前不爲臣禮」

とあるのを、野間氏は、〝本來は齊の君のためにすべきであるが、魯君の前では臣禮をとらないかとの疑いがある〟〈第二冊、四四頁下〉と譯しているが、これでは、「當爲齊君　嫌在魯君前不爲臣禮」を譯したことになってしまう。「嫌」は全體にかかるのだから、〝齊の君のために（のみ）すべきであって、魯君の前では臣禮をとらない、との疑いがある〟と譯さなければならない。

【出後】

莊公九年「齊小白入于齊」の杜注「又出在小白之後」の疏に「故至齊之時　出小白之後也」とあるのを、野間氏は、〝そのため齊に着いたときも、出たのも小白の後であった〟〈第二冊、四五頁上〉と譯しているが、ここの話は、所謂〝出る〟こととは何の關係もないから、まちがいである。この「出」は、『史記』項羽本紀に「吳中賢士大夫皆出項梁下」とあり、また、劉向『列女傳』殷紂妲己に「紂材力過人　手格猛獸　智足以距諫　辨足以飾非　矜人臣以能　高天下以聲　以爲人皆出己之下」とあるのと同樣に、「在」の意に解すべきものである。したがって、「出小白之後」は、〝小白におくれをとった〟という意味になる。なお、杜注の「出在」は、「在」の意の連文と考えられる。

ついでながら、莊公九年の左氏傳文「使相可也」の疏に引く〈管子小匡篇〉に「使臣不敢受命」とあるのを、野間氏は、〝使臣は敢えて命を受けないでありましょうか〟〈第二冊、四九頁下〉と譯しているが、「敢不」ではなくて、「不敢」なのに、どうして反語で讀んでいるのだろうか。意味は全く逆で、正しくは、〝私は承服しかねます〟ということであろう。

もう一つ。莊公十年「秋九月荊敗蔡師于莘」の杜注「然告命之辭　猶未合典禮　故不稱將帥」の疏に「他國雖將有尊卑　師有多少　或稱師　或稱將　不得直書國名」とあるのを、野間氏は、〝他國の場合、將（の身分）に尊卑が有り、師（の人數）に多少が有るが、「師」を稱することもあれば、「將」を稱することもあるけれども、直接に國名を書くことはできない〟〔第二冊、五三頁上〕と譯しているが、非論理的である。「將有尊卑　師有多少」と「或稱師　或稱將」との閒には、はっきりとした論理關係があるのだから、正しくは、〝將に尊卑があり、師に多少が有るため、「師」を稱することもあれば、「將」を稱することもあるけれども〟と譯さなければならない。ちなみに、隱公五年の公羊傳文に「將尊師少　稱將　將卑師衆　稱師」とある。

【偏軍】

莊公十年「以蔡侯獻舞歸」の疏に引く〈釋例〉に「至於偏軍元帥　君之臣僕」とあるのを、野間氏は、〝全軍の元帥とか君の臣僕とかの場合は〟〔第二冊、五三頁下〕と譯しているが、二つ問題がある。一つは、論理の問題で、正しくは、〝全軍の元帥は、君の臣僕であるから〟としなければならない。もう一つは、「偏軍」は果して〝全軍〟の意味でよいのか、という言葉の問題で、こちらは些かやっかいである。野間氏は、おそらく、「元帥」とあるから、〝全軍〟とした〔たぶん、「偏」は「徧」に通じる、と考えた〕のであろうが、「偏軍」という言葉はあまり見かけないし、僖公二十七年の左氏傳文「作三軍　謀元帥」の杜注に「中軍帥」とあるように、元帥といえども、實際にひきいるのは、中軍〔三軍のうちの一軍〕である。だとすれば、「偏軍」は、そのまま、〝一軍（一部隊）〟と解してよいのではなかろうか。ちなみに、『史記』燕世家に「燕王不聽　自將偏軍隨之」とあり、また、成公三年の左氏傳文に「帥偏師　以脩封疆」とある。なお、證據はもちろんないが、筆者自身は、「元」は、もしかしたら、「之」の字の誤りではないか、とも考えている（ここで「元帥」が登場するのは唐突であるから）。

　ついでながら、莊公十年の左氏傳文「對曰　忠之屬也」の杜注「上思利民　忠也」の疏に「言以情審察不用使之有枉　則是思欲利民　故爲忠之屬也」とあるのを、野間氏は、〝實情を詳しく觀察し、間違った方向にいかせるものを用いないという意味だから、これは民に利益を與えたいと思うことであり、そのため「忠の屬」だと見なしたのである〟（第二冊、五六頁下）と譯しているが、おかしな點が多い。まず、「言」は全體にかかるものである。次に、「以情審察」の「情」は、すぐ上の傳文「必以情」の杜注に「必盡己情」とあるから、〝實情〟ではなくて、〝眞情〟の意である。次に、〝いかせるものを用いない〟では、意味不明である。「用使」は、「使」の意味の連文と考えればよい。かくて、ここは、〝眞情をつくして審察し、間違った方向にいかせないのは、民に利を與えようとすることだから、「忠の屬」と言った、という意味である〟と譯すべきであろう。

　もう一つ。莊公十一年の左氏傳文「覆而敗之　曰取某師」の疏を、野間氏は、「覆隱也　設伏而敗之謂攻其無備　出其不意　敵人不知　敗之易　故曰取」（第二冊、一四四頁上）と句讀し、〝覆は隱なり。伏（兵）を設けて之れを取るを之れ謂ふ。其の備へ無きを攻め、其の不意に出で、敵人は知らず、敗ることの易きが故に取と曰ふ〟（第二冊、八一頁下）と訓讀しているが、〝之れ〟が重複していて、おかしい。それに、〝取る〟ではなくて、〝敗る〟のはずである。正しくは、「覆隱也　設伏而敗之　謂攻其無備　出其不意　敵人不知　敗之易　故曰取」と句讀し、「謂」は全體にかけて、〝「覆」は、隱〔ひそむ〕である。（つまり）伏兵を設けて敗るのである。（傳文の意味は）備えが無いのを攻め、不意をつくため、相手は氣がつかず、簡單に敗ることが出來るから、「取」と言う、ということである〟と譯すべきであろう。

【申說】

莊公十一年の左氏傳文「京師敗　曰王師敗績于某」の杜注「不得不因申其義」の疏に「申說凡例」とあるのを、野間氏は、〝凡例を引申して說明した〟〔第二冊、八二頁下〕と譯しているが、〝引申して〟がおかしい。ここの「申」は、伸張〔のばす〕の意ではなくて、表明〔のべる〕の意である。つまり、「申說」は連文であって、〝說明した〟とだけ譯せば充分なのである。ちなみに、〈春秋左氏傳序〉の疏にも「此又申說無經之傳有利益之意」とある〔莊公二十六年の杜注に「故傳不復申解」とあるところの「申解」も、全く同じ意味である〕。なお、疏の下文に「丘明不得不因申舊凡之義」とあるのを、野間氏が、〝丘明はこれに因って舊凡の義を引申せざるを得なかった〟〔同上〕と譯し、また、「不得不因申孔子新意之義」とあるのを、〝これに因って孔子の新意を引申せざるを得ないものだ〟〔同上〕と譯しているのも、同樣にまちがいであって、正しくは、〝說明せざるを得ない〟と譯さなければならない。

【何所】

荘公十一年の左氏傳文「宋人請之　宋公靳之」の疏に引く公羊の何注に「悪乎至　猶何所至」とあるのを、野間氏は、〝悪にか至らんとは、猶ほ「何れの所にか至らん」のごとし〟〔第二冊、八六頁上〕と訓讀しているが、「何所至」は、普通、〝何れの所にか至らん〟とは讀まない。「所」は、上の「何」につながるのではなくて、下の「至」につながるものだからである。正しくは、〝何の至るところぞ〟と讀む。つまり、「何所至」は「所至者何」と同等である、ということである。ちなみに、『史記』孟嘗君列傳に「孟嘗君問傳舍長曰　客何所爲」とあるが、これも、「客所爲者何」と同等であって、〝何の爲すところぞ〟と讀む。なお、「何所至」の意味は、もちろん、〝どれほどだというのか〟ということである。

【焉爾】

荘公十二年「春王三月紀叔姫歸于酅」の疏に引く〈穀梁傳〉に「其曰歸何　吾女也　失國　喜得其所故言歸焉爾」とあるのを、野間氏は、〝其の歸ると曰ふは何ぞ。吾が女なればなり。國を失ふも其の所を得るを喜ぶ。故に焉〔ここ〕に歸るを言ふのみ〟〔第二冊、八六頁下〕と訓讀しているが、このうち、〝焉〔ここ〕に〟がおかしい。野間氏は、「焉」は經文の「酅」を指す、と言いたいのだろうが、ここの「焉」は、指示詞ではない。「爾」と組み合わされ、「焉爾」として句末におかれる（限定の）語氣詞である。ちなみに、このような「焉爾」は、穀梁傳文に數多くみられ、枚擧にいとまがない。そのうちのごく一部を擧げておくと、隱公元年等に「内爲志焉爾」とあり、隱公二年等に「無足道焉爾」とあり、桓公十七年等に「陳有奉焉爾」とある。なお、この文全體の構造は「其曰歸何〜故言歸焉爾」であって、「吾女也」

では切れない。したがって、正確に譯すとすれば、〝「歸」と言うのはなぜか。（叔姫は）わが國の（公）女であって、國を失ったため、安住の地を得たことを（格別に）喜んだから、「歸」と言うのである〟ということになろう。

ところで、野間氏の當該書には、他にも疑問點が多い。以下、その一端を指摘することにする。まずは、莊公十二年「春王三月紀叔姫歸于酅」の疏に「大意以其賢　愍其國亡　乃依附於叔　故書之耳」とあるのを、野間氏は、〝その大意は、彼女が賢者であり、その國が亡んでも、叔〔紀季〕に依附したことを愍〔あわ〕れみ、これを書いたのである〟〔第二冊、八六頁下〕と譯しているが、これでは、〝彼女が賢者であり〟が浮いてしまって、論理に入ってこない。ここの論理は、おそらく、〝彼女が賢者であるため、（格別に）愍んだから、書いた〟ということであろう。なお、細かいことだが、〝その國が亡んでも、叔〔紀季〕に依附した〟では、〝愍んだ〟とのつながりが悪い。〝その國が亡び、かろうじて叔に依附した〟とした方がよいのではあるまいか。ちなみに、公羊傳文に「隱之也　何隱爾　其國亡矣　徒歸于叔爾也」とある〔四年の何注に「徒者　無臣子辭也」とあるから、「徒」は、〝いたづらに〟の意である〕。

次に、莊公十二年の左氏傳文「秋宋萬弒閔公于蒙澤」の杜注「蒙澤宋地」の疏に引く〈釋例〉を、野間氏は、「閔公之弒　則以不書蒙澤　國內爲義」〔第二冊、一四五頁上〕と句讀しながら、〝閔公が弒されたことについては、蒙澤の國內を書かないことに義を見出し〟〔第二冊、八八頁下〕と譯しており、兩者がくい違っているが、譯の方は意味不明であって、もちろん、句讀の方が正しい。したがって、ここは、〝閔公が弒されたことについては、蒙澤を書かないのは國內だからである、としている〟と譯すべきであろう。ちなみに、劉文淇『春秋左氏傳舊注疏證』に「是先儒説此經不書蒙澤　以地在國内諱之」とある。

最後に、莊公十四年「冬單伯會齊侯宋公衞侯鄭伯于鄄」の疏に引く〈釋例〉に「子帛　卿也　依魯大夫之比　列於莒上　故傳曰魯故也」とあるのを、野間氏は、〃「子帛」は卿であるが、魯の大夫の順序によれば莒の上に在るので、傳では「魯の故なり」と述べた〃〔第二冊、九二頁上〕と譯しているが、「比」は〃順序〃の意ではないし、全體としても、非論理的である。隱公二年「紀子帛莒子盟于密」の杜注に「比之内大夫　而在莒子上」とあって、「比」は〃なぞらえる〃の意であるから、全體としては、〃「子帛」は卿であるが、魯の大夫になぞらえることによって、莒の上に在るから、傳では「魯の故なり」と述べた〃と譯すべきであろう。

【一合】

莊公十四年「冬單伯會齊侯宋公衞侯鄭伯于鄄」の疏に引く〈釋例〉に「襄公一合諸侯」とあるのを、野間氏は、〃襄公が一度は諸侯を合わせ〃〔第二冊、九二頁上〕と譯しているが、おかしい。「一合」は、「合一」と同じで、〃あわせる〃の意の連文と解するべきではあるまいか。

ついでながら、莊公十四年の左氏傳文「春諸侯伐宋　齊請師于周」の疏に引く〈釋例〉に「貶諸侯而去爵稱人　是爲君臣同文　非正等差之謂也」とあるのを、野間氏は、〃諸侯を貶して爵を去り「人」と稱するなら、これは君臣が同じ表現になってしまい、差等を正すことを意味しなくなる〃〔第二冊、九三頁上〕と譯しているが、このうち、最後の〃差等を正すことを意味しなくなる〃が、不正確である。正確には、

〝等差〔身分の違い〕を正すという趣意に反する〟と譯すべきではあるまいか。なお、拙著『春秋學用語集』〔汲古書院〕に、【諸侯】の項があり、ここの〈釋例〉の全文を、筆者なりに譯出している。

もう一つ。莊公十六年「十有二月會齊侯宋公陳侯衞侯鄭伯許男曹伯滑伯滕子同盟于幽」の杜注「言同盟服異也」の疏に引く〈釋例〉に「盟者　假神明以要不信」とあるのを、野間氏は、〝盟とは神明を假りて不信の者に要求するから〟〔第二冊、九九頁上〕と譯しているが、おかしい。ここの「要」は、〝要求する〟ではなくて、〝約束させる〟の意である。ちなみに、哀公十四年の左氏傳文「曰　使季路要我　吾無盟矣」の杜注に「欲得與相要誓而不須盟」とあり、また、莊公十三年の公羊傳文「要盟可犯」の何注に「臣約束君曰要」とあり、また、『國語』周語上「蠻夷要服」の韋注に「要者　要結好信而服從也」とあり、また、同晉語三「以要晉國之成」の韋注に「要　結也」とある。なお、隱公三年の左氏傳文に「明恕而行要之以禮　雖無有質　誰能閒之」とあり、僖公二十八年の左氏傳文に「癸亥王子虎盟諸侯于王庭　要言曰　皆獎王室　無相害也　有渝此盟　明神殛之」とあるところの「要」も、同様に、〝約束する〟あるいは〝約束させる〟の意である。

【盡】

莊公十六年「十有二月會齊侯宋公陳侯衞侯鄭伯許男曹伯滑伯滕子同盟于幽」の杜注「故齊桓因而進之遂班在衞上　終於春秋」の疏に引く〈釋例〉に「自隱至莊十四年四十三歲　衞與陳凡四會　衞在陳上　自莊十五年盡僖十七年三十五歲　凡八會　陳在衞上」とあるのを、野間氏は、〝隱公より莊公十四年に至るまで四十三歳、衞と陳はすべて四たび會し、いずれも衞が陳の上に在る。莊公十五年より僖公十七年を盡くすまで三十五歳、すべて八たび會して、いずれも陳が衞の上に在る〟〔第二冊、一〇〇頁上〕と譯しているが、〝盡くすまで〟の意味がよくわからない。おそらく、〝僖公十七年の最後まで〟と言いたいのであろうが、〝の最後〟は餘分であって、〝莊公十五年より僖公十七年まで〟と譯せば充分である。というのも、この「自〜盡〜」という型は、すぐ上の「自〜至〜」という型と全く同等と考えられる、からである〔ちなみに、『漢書』諸侯王表序に「自鴈門以東　盡遼陽　爲燕代」とある〕。なお、野間氏のような讀み方をしてしまっている例が、他にもある。それは、筆者もそのメンバーの一人であった公羊注疏研究會による『公羊注疏譯注』で、標題「監本附音春秋公羊傳注疏隱公巻第一」の下にみえる「起元年盡元年」を、〝元年ヨリ起シ元年ヲ盡ス〟〔五三頁〕と訓讀し、〝元年のはじめから、元年のおわりまで〟〔同上〕と譯している。この譯がおかしいのは、原文にはない〝はじめ〟という言葉が插入されているからであり〔「起」は、〝起點〟を意味するのであって、何かの〝はじめ〟ということではない〕、それは、おそらく、「盡」を〝おわりまで〟としたため、これに對應する言葉が上に必要となったからであろう。それでは、なぜ、「盡」を〝おわりまで〟としたのか。記憶は定かでないが、おそらく、〝元年から元年まで〟では〔同年で〕おかしいという意見が多數を占めたからであろう。しかしながら、今あらためて、三傳の注疏の標題の下を調べてみると、例えば、左氏では、巻第二に「隱元年盡二年」とあり、巻第三十八に「起二十七年盡二十八年」とあり、巻第四十一に「起元年盡元年」とあり、また、公羊では、巻第二に「起二年盡四年」とあり、また、穀梁では、巻第一に「起元年盡三年」とあり、巻第十二に「起元年終十八年」とあって、「〜盡〜」あるいは「起〜盡〜」あるいは「起〜終〜」は、年に關する單なる標起止なのである。したがって、〝元年から元年まで〟でも別におかしくはない。ちなみに、左氏の巻第二十三に「宣十二年」とだけあるのは、「起十二年盡十二年」を短縮して言ったものであり〔先に擧げた巻第四十一の「起元年盡元年」を參照〕、また、穀梁の巻第六に「十九年至三十二年盡閔二年」とあるのは、「起十九年盡閔二年」を少し詳しく言ったものである〔公羊の巻第九に「起二十八年盡閔公二年」とあるのを參照〕。

【朝聘】

荘公十七年「春齊人執鄭詹」の疏に「爲不道君使朝　故執之也」とあるのを、野閒氏は、〝不道の君が、朝させたので、齊がこれを執えたのである〟〔第二冊、一〇六頁上〕と譯しているが、隱公十一年の公羊傳文に「諸侯來曰朝　大夫來曰聘」とあるように、大夫なら聘するはずで、朝するわけがない〔下文にも「蓋聘齊也」とある〕から、まちがいである。正しくは、「道」は「導」に通ずるとして、〝君を導いて朝させることをしなかったので〟と譯さなければならない。

ついでながら、荘公十七年「夏齊人殲于遂」の疏に引く〈釋例〉に「齊人殲于遂　鄭棄其師　亦時史卽事以安文　或從赴辭　故傳亦不顯明義例也」とあるのを、野閒氏は、〝「齊人、遂に殲す」と、「鄭、其の師を棄つ」も、やはり時史が事實に卽して文章表現を考えた。ただ赴辭に從う場合が有るので、傳でもやはり義例を明らかにしてはいない〟〔第二冊、一〇七頁下〕と譯しているが、文の構造をきちんととらえていないため、支離滅裂になっている。この文は、「齊人殲于遂」が「時史卽事以安文」の例であり、「鄭棄其師」が「從赴辭」の例である、という構造になっている。というのも、ここの「夏齊人殲于遂」の杜注に「故時史因以自盡爲文」とあり、閔公二年の「鄭棄其師」の杜注に「故克狀其事以告魯也」とあるからである。したがって、この文は、〝「齊人殲于遂」とあり、「鄭棄其師」とあるのもまた、時史が事實に卽して文章表現を考えたり、赴辭に従ったりしたものであるから、傳はやはり義例を明らかにしてはいないのである〟と譯すべきであろう。

もう一つ。莊公十七年「秋鄭詹自齊逃來」の杜注「詹不能伏節守死以解國患　而遁逃苟免　書逃以賤之」の疏に「逃若匹夫逃竄　故云書逃以賤之」とあるのを、野間氏は、〝「逃」とは匹夫が逃げ隠れるようなものなので、「逃と書して以て之れを賤しむ」と述べたもの〟〔第二冊、一〇八頁上〕と譯しているが、これでは、書法の説明に終始していて、事實が全く見えないから、おかしい。ここは、前半が事實の説明、後半が書法の説明、と解するべきである。したがって、正確には、〝(詹の)逃げ方が、匹夫が逃げ隠れるようだったので、「逃と書して以て之れを賤しむ」と述べたもの〟と譯さなければならない。ちなみに、穀梁傳文に「逃義曰逃」とある。

【射景】

莊公十八年「秋有蜮」の疏に引く〈陸機毛詩義疏〉に「人在岸上　景見水中　投人景則殺之　故曰射景」とあるのを、野間氏は、〝人が岸邊にやって來ると、その影が水中に見える。人が影を映すとこれを殺すので、「一射景」と言う〟〔第二冊、一〇九頁上〕と譯しているが、このうち、「投人景」を〝人が影を映すと〟と譯している點がおかしい。ここの「投」は、〝投射〟の意味に解さないと、下の「故曰射景」につながらない。ちなみに、公羊の疏に引く〈草木志〉に「在水中射人影卽死」とある。かくて、この文は、〝人が岸邊にやって來て、影が水中に見えると、人の影を射て殺すから、「射景」と言う〟と譯さなければならない。

ついでながら、莊公十八年の左氏傳文「春虢公晉侯朝王　王饗醴　命之宥」の疏に「皆命不同者　以彼有命晉侯之事故也」とあるのを、野間氏は、〝雙方の命が同じでないのは、かしこでは晉侯に命じることが有るからである〟〔第二冊、一一〇頁下〕と譯しているが、おかしい。前半の「皆命不同者」は、〝いずれもみな「命」であるのに、（注が）同じでないのは〟と譯すべきであろう。なお、疏の上文の「此注命之宥者」について、野間氏は、校勘で〝案ずるに、「注」字は「云」字の誤りではなかろうか〟〔第二冊、一五九頁下〕と言っているが、ここは、二つの注の比較の話だから、「注」字のままの方がよい。ただし、疏は、ここの注を、僖公二十八年の注のようにそのまま引用するのではなく、内容だけを取って、言い換えてしまっているのである。

もう一つ。莊公十九年「秋公子結媵陳人之婦于鄄　遂及齊侯宋公盟」の疏を、野間氏は、「此鄄是衞之東地　蓋陳取衞女爲婦　魯使公子結送媵向衞　至鄄聞齊宋爲會將謀伐魯」〔第二冊、一五〇頁上〕と句讀しながら、〝この「鄄」は衞の東の地であり、たぶん陳が衞女を娶り、魯が公子結に媵を送り届けさせたのであろうが、衞に向かう途中、鄄に至り、齊・宋が會して魯を伐とうと謀っているのを聞いた〟〔第二冊、一一四頁上〕と譯していて、句讀と譯とが、くい違っている。文の流れからして、句讀の方が正しいから、これに從って、〝この「鄄」は衛の東の地であるから、たぶん陳が衛女を娶り、魯が公子結に媵を送って衛に向かわせたのであろうが、鄄まで來たときに、齊・宋が會して魯を伐とうと謀っているのを聞いた〟と譯すべきであろう。

【巡守】

荘公二十一年の左氏傳文「王巡虢守」の杜注「巡守於虢國也　天子省方　謂之巡守」の疏に「孟子云諸侯適天子曰述職　天子適諸侯曰巡守　守者守也　言諸侯爲天子守土　天子時巡行之」とあるのを、野間氏は、〝《孟子》に「諸侯、天子に適〔ゆ〕くを述職と曰ひ、天子、諸侯に適くを巡守と曰ふ」と述べている。「守」とは守ることである。諸侯が天子のために土地を守り、天子が時に巡行するという意味〟〔第二冊、一二二頁下〕と譯している。別にまちがいではないが、「守者守也」を〝「守」とは守ることである〟と譯すだけでは、些か不親切であって、少なくとも、ここの〈釋文〉に「虢守　音狩　本或作狩　後放此注同」とあるのを舉げて説明する必要がある〔さらに、隱公八年の傳文等に關して「巡守　手又反」とあるのを舉げれば、なおよい〕。つまり、「守者守也」の、上の「守」は、「狩」に通じて去聲であり、下の「守」は、字の如く上聲である、ということである。ちなみに、阮刻本の『孟子』梁惠王下に「天子適諸侯曰巡狩　巡狩者　巡所守也　諸侯朝於天子曰述職　述職者　述所職也」とある。

莊公二十二年「春王正月肆大眚」の杜注「有時而用之　非制所常　故書」の疏に「必其國有大患　非赦不解　或上有嘉慶　須布大恩　如是乃行此事」とあるのを、野間氏は、〝必ずその國に大患が有って、恩赦でなければ解決できない場合があり、あるいは上に嘉慶〔よろこびごと〕が有り、大恩を施す必要のある場合があり、このような時にはこの事を行う〟〔第二冊、一二四頁上〕と譯しているが、非論理的である。『論語』顔淵に「必不得已而去　於斯三者何先」とあるように、「必」には、假設の用法があり、また、僖公九年の左氏傳文に「其濟　君之靈也　不濟　則以死繼之」とあるように、「其」にも、假設の用法があるから、「必其」は、一組で假設をあらわす助辭と考えられる。だとすると、文の構造の對稱性からして、下の「或」も假設の助辭と考えるのが自然であろう。かくて、ここは、〝もし國に大患があれば、恩赦以外に解決法はないし、もし上に嘉慶があれば、大恩を施さざるを得ない。（つまり）このような（大患や嘉慶があった）時に限って、恩赦の事を行なうのである〟と譯すことが出來る。

ところで、野間氏の當該書には、他にも疑問點が多い。以下、その一端を指摘することにする。先ずは、莊公二十二年「春王正月肆大眚」の疏に引く〈釋例〉に「天有四時　得以成歲」とあるのを、野間氏は、〝天に四時が具わって歲〔みのり〕を成すことができる〟〔第二冊、一二四頁上〕と譯しているが、〝みのり〟というのがおかしい。「歲」は、確かに、〝みのり〟と讀む場合もあるが、ここは違う。普通に、〝とし〟と讀むべきである。というのも、隱公六年「秋七月」の杜注に「雖無事而書首月　具四時以成歲　他皆放此」とあるからである。ちなみに、同じ「秋七月」の公羊傳文に「此無事　何以書　春秋雖無事　首

時過則書　首時過則何以書　春秋編年　四時具然後爲年」とあって、杜預は明らかにこれによっている。なお、拙著『春秋學用語集四編』（汲古書院）の【首時】の項を參照。

次に、莊公二十二年「春王正月肆大眚」の疏に「穀梁傳曰　肆大眚　爲嫌天子之葬也　其意言文姜有罪不合以禮而葬　若不赦　不復書葬　嫌天子許之　明須赦而後得葬　故爲赦也」とあるのを、野間氏は、〝《穀梁傳》は「大眚を肆すは、天子の葬を嫌ふが爲めなり」と述べている。その意味は、文姜には罪が有り、禮を備えて葬ることはできないが、もしも赦さなければ、「葬」が書けない。（しかし後文で「葬」を書いていいるのは、）天子が許したかの疑いがあるため、赦す必要があって葬ることができたことを明らかにし、そういうわけで「赦」を實施したのである〟（第二冊、一二四頁下）と譯しているが、支離滅裂で、何を言っているのか、ほとんどわからない。しかしながら、これは、野間氏の責任ではなくて、疏の原文自體に問題があるようなのである。そこで、穀梁の范注を見ると、「文姜罪應誅絕　誅絕之罪不葬　若不赦除衆惡而書葬者　嫌天子許之　明須赦而後得葬」〝文姜の罪は誅絕に値し、誅絕の罪をえたものには葬をいわない。もし、もろもろの悪人を赦免しないで葬を書けば、天子が許可したかにまぎらわしい。赦免して始めて葬れる（葬を書ける）、ということを明らかにしたのである〟とあって、ここの疏は、明らかにこれによっている、ことがわかる。ただし、疏の「若不赦　不復書葬」の部分が范注にはなく、逆に、范注の「若不赦除衆惡而書葬者」の部分が疏にはない（嚴密に言うと、「若不赦」だけは奇妙に一致している）。特に重要なのは後者であって、この部分がないと、論理に筋が通らない（野間氏の譯文が支離滅裂になってしまっている所以である）。疏にこの部分が缺落している理由はよくわからないが、筋を通すため、今、この部分を「若不赦　不復書葬」の下に補って譯すと、〝《穀梁傳》は「大眚を肆したのは、（そうしないと）天子の（許可した）葬にまぎらわしいからである」と述べている。その意味は、以下のとおりである。――文姜には罪が有り、禮を備えて葬ることが出來ないから、赦さない限り、「葬」を書くこともしない。もし、悪人達を赦免しないで葬を書けば、天子が許可したかにまぎらわしい。（つまり）赦免して始めて葬れる〔葬を書ける〕ということを明らかにするために、恩赦を實施した〔肆を書いた〕のである〟となる。

次に、莊公二十二年の左氏傳文「八世之後　莫之與京」の杜注「京　大也」の疏に「莫之與京　謂無與之比大　言其位最高也」とあるのを、野間氏は、〝「之れと與に京〔おほ〕いなる莫し」とは、これとともに並んで大きくなるものは無いことであり、その位が最高であることを意味する〟〔第二冊、一三〇頁下〕と譯しているが、このうち、〝これとともに並んで大きくなる〟がおかしい。細かいことを言うようだが、ここは、單に八世の後の状況を述べているのだから、正確には、〝これとともに並んで大である〟あるいは〝これと大を並べる〔つまり、肩を並べる〕〟と譯すべきであろう。

次に、莊公二十二年の左氏傳文「此其代陳有國乎　不在此　其在異國　非此其身　在其子孫」の疏に「此先云不在此　其在異國　後云非此其身　在其子孫」とあるのを、野間氏は、〝ここで先ず「此に在らざれば、其れ異國に在らん」と言い、その後で「此の其の身に非ざれば、其の子孫に在らん」と述べている〟〔第二冊、一三三頁下〕と譯しているが、〝在らざれば〟といい、〝非ざれば〟という、引用傳文の訓讀がおかしい。〝〜でなければ〜である〟という言い方は、二者擇一をあらわすものだが、下の傳文に

「故曰其在後乎」とあり、また、「故曰其在異國乎」とあって、「在異國」と「在後〔在其子孫〕」とに、つまり、いずれも後者に決定しているから、ここは二者擇一ではない〔それに、二者擇一の場合は、「非〜則〜」という、「則」がある型が一般的である〕。したがって、正しくは、〝此に在らず、其れ異國に在らん〟〝此の其の身に非ず、其の子孫に在らん〟と訓讀しなければならない。

最後に、莊公二十二年の左氏傳文「此其代陳有國乎　不在此　其在異國　非此其身　在其子孫」の疏に「更欲演説異國是大嶽姜姓」とあるのを、野間氏は、〝さらに「異國」が大嶽姜姓であることを演繹説明しようとした〟〔第二冊、一三三頁下〕と譯しているが、所謂〝演繹〟は、ここの話と何の關係もないから、おかしい。話はもっと簡單であって、ここの「演説」は、〝説明する〟の意の連文と解すればよいのである。なお、【申說】の項を參照。

【同數】

莊公二十二年の左氏傳文「成子得政」の杜注「尙書洪範　通龜筮以同卿士之數」の疏に「洪範曰　汝則有大疑　謀及乃心　謀及卿士　謀及庶人　謀及卜筮　謀及卿士　而以卜筮同之　是通龜筮以同卿士之數也」とあるのを、野間氏は、〝〈洪範〉に「汝則ち大疑有れば、謀、乃〔なんぢ〕の心に及ぼし、謀、卿士に及ぼし、謀、庶人に及ぼし、謀、卜筮に及ぼす」と述べている。「謀、卿士に及び」て、卜筮がこれと同じであるから、「龜筮を通じて以て卿士の數に同じくす」ることである〟〔第二冊、一四一頁上〕と譯しているが、これでは、注・疏の「數」が、あたかも〝人數〟の意であるかのように、誤解されてしまう。ここの話は、もちろん、〝人數〟とは關係がない。そこで、あらためて、注・疏の「通龜筮以同卿士之數」を見るに、「數」の上に「同」とあるから、「同數」としてまとめると、この「同數」は、どうやら、〝同列〟あるいは〝同類〟の意であるらしい、ということがわかる〔日本語でいう〝〜の數に入る〟が、これに相當するか？〕。そして、〝同列〟あるいは〝同類〟ならば、ほぼ〝同〟と等しいから、「同卿士之數」は、結局のところ、「同卿士」に等しいということになる。疏の下文に「杜引洪範者　欲明龜筮未必神靈　故云以同卿士之數　言龜筮所見　纔與卿士同耳」とある所以である。かくて、「通龜筮以同卿士之數」は、〝龜筮を卿士と同類にしている〟と譯すことが出來る〔「通」は「同」の縁語だから、特に譯出する必要はない〕。

ところで、野間氏の當該書には、他にも疑問點が多い。以下、その一端を指摘することにする。先ずは、莊公二十二年の左氏傳文「成子得政」の杜注「南蒯卜亂而遇元吉」の疏に「南蒯筮而言卜者　卜筮通言耳」とあるのを、野間氏は、〝南蒯が「筮」したのに「卜」と言うのは、「卜」「筮」を通じて述べたもの〟〔第二冊、一四一頁上〕と譯しているが、後半がおかしい。というのも、後半は、箇別の事を述べているのではなくて、一般論だからである。つまり、正しくは、〝「卜」と「筮」とは互いに相通じる言葉だからである〔どちらを使ってもよいからである〕〟と譯さなければならない、ということである。なお、【通言】の項を參照。

次に、莊公二十三年「祭叔來聘」の疏に「二十五年陳女叔來聘　嘉之　故不名　此無可嘉　亦稱叔者　杜意叔爲名爲字　無以可知　故不明言」とあるのを、野間氏は、〝二十五年に陳の女叔が來聘した際、「之れを嘉みするが故に名いはず」であったが、ここでは嘉みすべきものが無いのに、やはり名を稱している事については、杜預の考えでは、「叔」が名であるか字であるかが知りようのないため、明言しなかったのである〟〔第二冊、一六三頁下〕と譯しているが、このうち、〝名を稱している〟は、明らかにケアレスミスであって、正しくは、もちろん、〝「叔」と稱している〟と譯さなければならない。〝名を稱している〟では、そもそも論理が通じないのに、どうして氣がつかなかったのであろうか〔?〕。

次に、莊公二十三年「荆人來聘」の杜注「不書荆子使某來聘　君臣同辭者　蓋楚之始通　未成其禮」の疏に引く〈釋例〉に「楚之君臣最多混錯」とあるのを、野間氏は、〝楚の君臣（の禮）は最も多く混雜している〟〔第二冊、一六六頁下〕と譯しているが、意味不明である。ここは、注の「君臣同辭」の言い換えであって、〝楚では、君用の禮と臣用の禮とが（きちんと區別されずに）入り雜じっている〟という意味である。また、同〈釋例〉の最後に「摠其君臣」とあるのを、野間氏は、〝その君臣を總稱している〟〔同上〕と譯しているが、やはり意味不明である。ここも、上と同じく、「君臣同辭」の言い換えであって、〝君と臣とを（きちんと區別せずに）一まとめにしている〟という意味である。

次に、莊公二十三年「蕭叔朝公」の疏に引く〈穀梁傳〉に「朝於廟正也　於外非正也」とあるのを、野間氏は、〝廟に朝するは正なり。外に於いてするは正に非ざるなり〟〔第二冊、一六七頁上〕と訓讀している。別にまちがいではないが、文の構造の對稱性を考えれば、〝朝は、廟でするのが正しい。外でするのは正しくない〟と讀んだ方がよいのではなかろうか。ちなみに、隱公十一年の公羊傳文「諸侯來曰朝　大夫來曰聘」の何注に「不言朝公者　禮朝受之於大廟　與聘同義」とある。

最後に、莊公二十四年「夏公如齊逆女」の杜注「親逆　禮也」の疏に「親逆是正禮　有故　得使卿逆亦無譏也」とあるのを、野間氏は、〝親迎は正禮であるが、しかるべき理由が有るとき、卿に逆〔むか〕えさせる場合にも、やはり譏ることは無い〟〔第二冊、一六九頁下〕と譯しているが、非論理的であり、しかも、「得」の字が譯出されていない。正確には、〝親逆は正禮であるが、しかるべき理由があるときには、卿に逆えさせることができ、譏りもない〟と譯すべきであろう。

【載辭】

莊公二十四年の左氏傳文「御孫諫曰」の疏に「左傳諸爲諫者　或言諫曰　或不言諫　意在載辭　不爲例也」とあるのを、野間氏は、〝《左傳》で諸もろの諫言をなした場合、「諫曰」と言うこともあれば、「諫」を言わないこともあって、言葉を載せることがその意圖であり、例とするものではない〟〔第二冊、一七三頁下〕と譯しているが、どうも、しっくりこない。「載辭」とは、〝言葉を載せる〟ではなくて、〝載せられた言葉〟の意ではあるまいか。そうすると、ここは、〝《左傳》で諸もろの諫言をなした場合、「諫曰」と言うこともあれば、「諫」を言わないこともあるのは、その趣意が〔形式ではなくて〕載せられた言葉自體〔内容〕にあるから、〔「諫曰」を〕例とはしないのである〟という意味になる。なお、『儀禮』觀禮「反祀方明」の鄭注に「及盟時又加於壇上　乃以載辭告焉」とあるような、〝盟約の言葉〟という限定された意味の「載辭」もある。

【常月】

莊公二十五年「六月辛未朔日有食之　鼓用牲于社」の杜注「傳例曰　非常也」の疏に「此經雖書六月杜以長厤技之　此是七月　七月用鼓　非常月也」とあるのを、野間氏は、〝この經に「六月」と書いてはいるが、杜預が《長厤》で計算すると、これは七月であり、七月に鼓を用いるのは、平常の月ではない〟〔第二冊、一七七頁上〕と譯しているが、文公六年の公羊傳文「曷爲不告朔　天無是月也　閏月矣　何以謂之天無是月　是月非常月也」の「常月」ならいざ知らず、ここの「常月」は、〝平常の月〟の意ではない。下の傳文「夏六月辛未朔日有食之　鼓用牲于社　非常也」の杜注に「非常鼓之月」とあるのと同様に、〝きまりの月〟の意である。ちなみに、疏の下文に「非其處也」とあり、また、「非所用也」とある。なお、細かいことを言うようだが、「用鼓」を〝鼓を用いる〟と讀んでいる點もおかしい。經・傳に「鼓用牲于社」とあるように、用いるのは、鼓ではなくて牲なのであるから、〝用いて鼓す〟と讀むべきではあるまいか。

ついでながら、莊公二十五年「冬公子友如陳」の杜注「母弟至親　異於他臣　其相殺害　則稱弟以示義」の疏に引く〈釋例〉に「兄而害弟　則稱弟以章兄罪　弟又害兄　則云弟以罪弟身　統論其義　兄弟二人交相殺害　各有曲直　存弟則示兄曲也」とあるのを、野間氏は、〝兄でありながら弟を害すると、「弟」と稱して兄の罪を明らかにする。弟が兄を害するときにも、「弟」と稱して弟の身を罪する。その義を統論するなら、兄弟二人が殺害しあい、各おのに曲直があった場合、「弟」を存していると、それは兄の曲を示したものである〟〔第二冊、一七八頁上〕と譯しているが、〝「弟」と稱して弟の身を罪する〟と〝「弟」を存していると、それは兄の曲を示したものである〟とが矛盾する。これは、もちろん、野開氏の責任でもあるが、そもそも、原文の「云弟以罪弟身」と「在弟則示兄曲也」とが矛盾しているのである。そこで、同じ〈釋例〉が引用されている襄公二十七年「衛侯之弟鱄出奔晉」の杜注「故書弟以罪兄」の疏をみると、「兄而害弟者　稱弟以章兄罪　弟又害兄　則去弟以罪弟身也（中略）統論其義　兄弟二人交相殺害　各有曲直　書弟則示兄曲也」とあって、これならば、「去弟以罪弟身也」と「書弟則示兄曲也」とであるから、矛盾しない。つまり、ここの「云弟以罪弟身」は、襄公二十七年に従って、「去弟以罪弟身」に訂正しなければならない、ということである（「去弟」に訂正して始めて、下の「存弟」との對稱性がはっきりする。だから、逆に、襄公二十七年の「書弟」は、ここに従って、「存弟」に訂正すべきであろう。ちなみに、宣公十七年の左氏傳文「冬公弟叔肸卒」の疏にも同じ〈釋例〉が引用されているが、そこでは、上が「去弟」であり、下が「存弟」であって、最初から對稱性が保たれている）。なお、拙著『春秋學用語集』（汲古書院）の【母弟】の項を參照。

【皆同】

莊公二十五年の左氏傳文「夏六月辛未朔日有食之　鼓用牲于社　非常也」の疏に引く〈釋例〉に「文十五年經文皆同　而更復發傳曰非禮者」とあるのを、野開氏は、〝文公十五年の經文はすべて同じで、さらにまた傳を發して「非禮」と言うのは〟（第二冊、一八〇頁上）と譯しているが、〝すべて同じ〟とは、いったいどういう意味なのであろうか。もし、この〝すべて〟が、〝一言一句〟の意味のつもりなら、おかしい。ここの「皆」は、「偕」に通じて、〝あれとこれとがいずれもみな〟とか、〝あれとこれとがともに〟とか、〝あれとこれとが同じく〟とかいったような意味である、と考えられる。つまり、「皆同」は、〝同〟の意味の連文である、ということである〔ちなみに、疏の上文「此及文十五年昭十七年皆書六月朔日有食之」の「皆」もそうである〕。かくて、ここは、〝文公十五年の場合も、經文が（こことと）同じなのに、さらにまた傳を發して「非禮」と言うのは〟と譯すことが出來る。なお、同疏に「今言慝未作　則是已作之辭」とあるのを、野閒氏は、〝今「慝未だ作〔おこ〕らず」と言うのは、もうすでに作〔おこ〕っている表現である〟〔第二冊、一八〇頁上〕と直譯しているが、〝未だおこらずというのは、もうすでにおこっているという表現である〟と言われても、何のことやら、意味がよくわからず、譯として不親切である。ここは、言葉を補って、〝今ここで「慝〔陰氣〕はまだおこらない（はずなのに）」と言うのは、もうすでにおこっているという（現實を前提とした）表現である〟と、丁寧に譯すべきであろう。

【告請】

莊公二十五年の左氏傳文「凡天災有幣無牲」の杜注「天災　日月食大水也　祈請而已　不用牲也」の疏に「既遇天災　隨時卽告　唯當告請而已　是故有幣無牲」とあるのを、野閒氏は、〝だから天災に遇うと、その時々にただちに告げるもので、ただ請うことを告げるだけのはずだから、「幣は有るが牲は無い」のである〟〔第二冊、一八二頁下〕と譯しているが、このうち、〝請うことを告げる〟が、意味不明である。『爾雅』釋言に「告　請也」とあるから、「告請」は、〝請う〟の意の連文と解すべきであろう〔したがって、上の「告」も、〝請う〟である」。なお、『爾雅』釋詁に「祈　告也」とあるから、注の「祈請」も、「告請」と同義であると考えられる。

　ところで、野閒氏の當該書には、他にも疑問點が多い。以下、その一端を指摘することにする。先ずは、莊公二十六年の左氏傳文「秋虢人侵晉　冬虢人又侵晉」の杜注「此年經傳各自言其事者　或經是直文　或策書雖存　而簡牘散落　不究其本末　故傳不復申解　但言傳事而已」の疏に「伐戎　日食　體例已擧　或可經是直文　不須傳說　曹殺大夫　宋齊伐徐　或須說其所以　此去丘明已遠　或是簡牘散落　不復能知故耳」とあるのを、野閒氏は、〝「伐戎」・「日食」は體例〔凡例〕がすでに擧げられていたりとか、「或いは經は是れ直文〔ありのままの文章〕」であり、傳の說明を必要としなかったのかもしれない。「曹殺大夫」・「宋齊伐徐」は、或いはその理由を說明する必要があったのか、丘明の時代を去ることすでに遠いので、或いは「簡牘〔經文に記録された事實を詳しく說明した文書〕の散落」したものなのか、そのことはもはや知ることはできない〟〔第二冊、一八五頁上〕と譯しているが、支離滅裂で、何を言っているか、よくわからない。論理をきちんとたどれば、前半は、〝「伐戎」・「日食」の場合は、體例がすでに擧げられているため、あるいは、經が直文であって、傳を必要としなかった〔經が、傳文を必要としない直文であった〕、のかもしれない〟と譯せる。この部分は、注の「或經是直文」に相當する。ついで、後半は、〝「曹殺大夫」・「宋齊伐徐」の場合は、あるいは（逆に）その理由を說明する必要があったのかもしれないが、丘明と遠くへだたっているため、あるいは、（傳の素材となる）簡牘が散佚して、わからなくなっていたから（說明がないの）かもしれない〟と譯せる。この部分は、注の「或策書雖存　而簡牘散落　不究其本末」に相當する。なお、つづく疏に「上二十年亦傳不解經　彼經皆是直文　故就此一説　言下以明上」とあるのを、野間氏は、〝上の二十年でも傳が經を解していないが、かしこの經はすべて直文なので、このことについて一度説明し、下を言うことで上を明らかにしたもの〟（第二冊、一八五頁下）と譯しているが、このうち、〝このことについて〟というのがおかしい。ここは、「彼」と「此」、及び「上」と「下」が、對（つい）をなしているのだから、〝ここで〟と譯すべきであろう。

次に、莊公二十七年の左氏傳文「凡諸侯之女　歸寧曰來　出曰來歸　夫人歸寧曰如某　出曰歸于某」の疏に引く〈釋例〉に「如某者　非終安之稱」とあるのを、野間氏は、〝「如某（某に如く）」とは、終世安住するという意味ではなく〟（第二冊、一八八頁上）と譯しているが、おかしい。上文に「歸者　有所往之稱」とあり、また、「來者　有所反之言」とあり、下文に「歸于某者　亦不反之辭」とあるのだから、これらに合わせて、〝「如某」とは、終世安住するのではない（一時的な訪問である）という言い方である〟と譯すべきであろう。なお、同疏に「文十八年夫人姜氏歸于齊　雖子死自去　歸而不反　亦出之類　故與出同文」とあるのを、野間氏は、〝文公十八年の「夫人姜氏、齊に歸る」の例は、子が死んで自ら去り、歸國して反らなかったものであるが、やはり「出」の類なので、「出」と同じ表現にした〟（第二冊、一八八頁上）と譯しているが、おかしい。論理をたどると、「雖」がかかるのは、「子死自去」だけであるから、正しくは、〝文公十八年の「夫人姜氏、齊に歸る」の例は、子が死んで自ら去ったものである（離縁されたわけではない）けれども、歸ったまま（二度と）もどらなかったため、實質的には出（離縁された場合）とかわりがないから、出と同じ表現にした（「歸于齊」と言った）のである〟と譯すべきである。ちなみに、杜注に「歸　不反之辭」とあり、また、上に既に擧げた〈釋例〉に「歸于某者　亦不反之辭」とある。

最後に、莊公二十七年の左氏傳文「夫禮樂慈愛　戰所畜也　夫民　讓事樂和愛親哀喪　而後可用也」の疏に「樂以和親　樂和謂樂也」とあるのを、野間氏は、〝「樂」は和することによって親しむから、「和を樂しむ」とは、「樂」のことである〟〔第二冊、一八九頁上〕と譯しているが、おかしい。「樂以和親」は、〝「樂」は、それによって和親するから〟と譯すべきではあるまいか。ちなみに、『禮記』樂記に「是故樂在宗廟之中　君臣上下同聽之　則莫不和敬　在族長鄕里之中　長幼同聽之　則莫不和順　在閨門之内　父子兄弟同聽之　則莫不和親」とある。

【以主及客】

莊公二十八年「春王三月甲寅齊人伐衞　衞人及齊人戰　衞人敗績」の疏に「此經既言齊人伐衞　不言齊及衞戰　而言衞人及齊人戰者」とあるのを、野間氏は、〝この經にすでに「齊人、衞を伐つ」と言い、齊が衞と戰ったことは言わないのに、「衞人、齊人に及びて戰ふ」と言うことについては〟〔第二冊、一九〇頁下〕と譯しているが、支離滅裂である。その原因は、「齊及衞戰」を、まちがえて事實と解したからである。實は、「齊及衞戰」は書法である。したがって、ここは、正しくは、〝この經が、いったん「齊人伐衞」と言っておきながら〔齊を上に書いておきながら〕、〔つづく文では〕「齊及衞戰」と言わずに、「衞人及齊人戰」と言っている〔衞を上に書いている〕ことについては〟と譯さなければならない。なお、同疏の下文に「皆以主及客也」とあるのを、野間氏は、〝すべて主が客に及んでいる〟〔同上〕と譯しているが、意味不明である。この「以主及客」は、すぐ上で疏が〈公羊以爲〉として引いているものだが、實は、公羊傳文には無く、何注に「戰序上言及者爲主」〝「戰」で、上におかれ、(その下に)「及」を言うのが、主である〟とあるのが、これに相當する。つまり、「以主及客」とは、〝「主及客」と書く〟という意味である、ということである。また、同疏に「乾時升陘及峯　皆魯與人戰　以魯爲主」とあるのを、野間氏は、〝(ただし)乾時・升陘・峯は、すべて魯が(某)人と戰っており、魯を以て主としている〟〔同上〕と譯しているが、おかしい。というのも、莊公九年に「八月庚申及齊師戰于乾時　我師敗績」とあり、僖公二十二年に「秋八月丁未及邾人戰于升陘」とあり、成公二年に「六月癸酉季孫行父臧孫許叔孫僑如公孫嬰齊帥師會晉郤克衛孫良夫曹公子首及齊侯戰于峯　齊師敗績」とあって、相手は必ずしも〝(某)人〟ではない、からである。實は、「魯與人戰」とは、〝魯が他國と戰う〟という單純な意味であって、つまり、魯が參加する戰いでは、どちらが伐ち、どちらが伐たれる、という事情にかかわらず、魯を常に主とする、ということである。ちなみに、下の城濮・鄢陵・邲は、楚と晉の話であり、柏擧は、蔡と楚の話であって、魯は參加していない。

ところで、野間氏の當該書には、他にも疑問點が多い。以下、その一端を指摘することにする。まずは、莊公二十八年「冬築郿」の疏に「春秋重土功　無備而興作者　傳每事各言時與不時　以別有所備禦　如書旱雩之別過雩也」とあるのを、野間氏は、〝《春秋》は土功を重んじ、備え無くして土功を興す場合、傳では事ごとにそれぞれ「時」と「不時」とを言って、備禦する目的が有ることと區別する。「旱」と「雩」とに雩の時期を過ぎるのを區別するのと同樣である〟〔第二冊、一九二頁上〕と譯し、一方、莊公二十九年の左氏傳文「冬十二月城諸及防　書時也　凡土功　龍見而畢務　戒事也」の疏に引く〈釋例〉に「傳既顯稱凡例　而書時書不時各重發者　皆以別無備而興作　如書旱雩之別過雩也」とあるのを、野間氏は、〝傳がすでに凡例を明示しているのに、「時を書す」、「時ならざるを書す」と言うように、それぞれ重ねて例を發するのは、すべて（敵に）備える必要が無いのに興作することと區別するからである。「旱」して「雩」することを、雩の時期を過ぎたのと區別して書くのと同様である〟〔第二冊、二〇三頁下〕と譯している。いま、兩者を比較すると、原文は近いのに、譯文はかなりくい違っているが、全般的には後者の方がよい。たとえば、「無備」は、〝（敵に）備える必要が無いのに〟の方が、正確である〔ちなみに、莊公二十九年「城諸及防」の杜注に「諸非備難而興作　傳皆重云時以釋之」とある〕。また、「如書旱雩之別過雩也」は、〝「旱」して「雩」することを、雩の時期を過ぎたのと區別して書くのと同様である〟の方でないと、意味不明である〔これを、筆者なりに、もう少しわかりやすくすると、〝ひでりがあったために〔必要にせまられて〕雩した場合を、單なる儀禮としての雩が時期を過ぎてしまった場合と區別して書く、のと同様である〟となる〕。ただし、一つだけ、そもそも、原文がくい違って箇所がある。それは、前者の「以別有所備禦」と、後者の「以別無備而興作」とであって、かたや「有」、かたや「無」と、全く逆になっている。「書時」とか「書不時」とか言うのは、「無備」の場合であるから、論理的には、前者の方が自然である。かくて、前者の譯は、野間氏の〝備禦する目的が有ることと區別する〟でよい〔これを、筆者なりに、もう少しわかりやすくすると、〝敵に備える必要が有る場合と區別する〟となる〕。問題は、論理的に不自然な後者で、これを、野間氏のように、〝すべて（敵に）備える必要が無いのに興作することと區別するからである〟と譯したのでは、〝AをAと區別する〟ということになって、不自然どころか、完全に矛盾してしまう。原文の「無」を、前者に合わせて「有」に訂正するという手もあるが、もし、このまま譯すとしたら、〝すべて（敵に）備える必要が無いのに興作することを（必要がある場合と）區別するからである〟というふうに工夫する他あるまい。

次に、莊公二十八年の左氏傳文「凡邑　有宗廟先君之主曰都　無曰邑　邑曰築　都曰城」の杜注「言凡邑　則他築非例」の疏に「若築臺築囿築王姫之館　則皆稱爲築　無大小之異」とあるのを、野間氏は、〝（他の）「臺を築く」「囿を築く」「王姫の館を築く」の例は、すべて「築」と稱しているが、大小の區別は無い〟〔第二冊、一九九頁上〕と譯しているが、論理的でない。細かいことを言うようだが、「皆稱爲築」と「無大小之異」とは同格であるから、〝すべて「築」と稱していて、大・小〔「城」・「築」〕の區別がない〟と譯すべきであろう。

最後に、莊公二十九年「春新延廏」の疏に引く〈釋例〉に「經書延廏　稱新而不言作　傳言新作延廏書不時也　此稱經文　而以不時爲譏　義不在作也　然尋傳足以知經闕作字也」とあるのを、野間氏は、〝經では「延廏」と書き、「新」と稱して「作」と言わないが、傳では「新たに延廏を作るは、時ならざるを書するなり」と述べている。ここに經文を稱するのは、「不時」を譏るのであって、「作」に義は無い。したがって傳を調べてみれば、經に「作」字を缺いたことがはっきりと分かる〟〔第二冊、二〇〇頁下〕と譯しているが、このうち、〝ここに經文を稱するのは、「不時」を譏るのであって、「作」に義は無い〟というのが、非論理的である。「稱經文」とは、傳が經文をそのまま引用している、ということであって、

〝（つまり）ここは、經文を引用して、「不時」を譏っているのであって、義は「作」には無い〟と譯さなければ、筋が通らない。つまり、傳に於ける經の引用が「新作延廄」であるから、經は本來「新作延廄」であって、今の經は「作」の字が缺落したものである、という論理である。

【倍道】

莊公二十九年の左氏傳文「凡師　有鍾鼓曰伐　無曰侵　輕曰襲」の杜注「掩其不備」の疏に「襲者　重衣之名　倍道輕行　掩其不備　忽然而至　若披衣然」とあるのを、野間氏は、〝「襲」とは衣を重ねる意で、輕装備で通常の倍の道のりを往き、相手の不備を掩い、忽然として至ること、衣を廣げるようだ、ということ〟〈第二冊、二〇二頁下〉と譯しているが、道のりはきまっているのだから、〝通常の倍の道のりを往き〟というのは、おかしい。「倍道」とは、實は、距離をいうのではなくて、速度をいうのである。したがって、〝通常の倍の速度で〟と譯さなければならない。なお、同疏に引く〈周禮大司馬〉に「暴內陵外則壇之」とあるのを、野間氏は、〝內を暴き外を陵げば、則ち之れを壇す〟〈同上〉と譯しているが、〝暴き〟は、おそらく〝あばき〟であり、だとすれば、おかしい。ここの「暴」は、普通に〝しいたげ〟と讀むべきものである。ちなみに、賈疏に「暴內　卽上云賊賢害民　是也」とある。

ところで、野間氏の當該書には、他にも疑問點が多い。以下、その一端を指摘することにする。まずは、莊公二十九年の左氏傳文「凡土功　龍見而畢務　戒事也」の疏に「然則此發例者　止謂預脩備禦　非有當時之急　故擇閑月而爲之」とあるのを、野間氏は、〝そうだとすると、ここに例を發したのは、ただあらかじめ脩めて防御に備えることで、當時に急用が有るものではないから、暇な月を選んでするこことを述べたもの〟〔第二冊、二〇三頁下〕と譯しているが、このうち、〝脩めて防御に備える〟が、どうもしっくりこない。『國語』周語中「國有郊牧　疆有寓望　藪有圃草　囿有林池　所以禦災也」の韋注に「禦　備也」とあって、「備禦」は、〝そなえ〟の意の連文と考えられる。したがって、「預脩備禦」は、〝あらかじめ備えを設ける〟と譯すべきであろう〔『呂氏春秋』先己「鍾鼓不脩」の高注に「脩　設」とある〕。ちなみに、莊公二十八年「冬築郿」の疏に「以別有所備禦」とある。なお、疏の上文に「必於農隙備其守禦」とあるのは、別に考えなければならない。

次に、莊公二十九年の左氏傳文「水昏正而栽」の疏に「言水昏正者　夜之初昏　水星有正中者耳　非北方七宿皆正中也」とあるのを、野間氏は、〝「水、昏に正す」とは、夜の初昏〔暮れ始め〕に水星が正中するだけであって、北方の七宿がすべて正中するわけではない〟〔第二冊、二〇四頁下〕と譯しているが、すぐ上に「北方之宿爲水星」とあるのだから、〝水星が正中するだけであって〟は、論理的におかしい。正しくは、〝水星の一部が正中するだけであって〟と譯さなければならない〔「有〜者」という型を無視しては困る〕。

次に、莊公三十年「夏次于成」の杜注「將卑師少　故直言次」の疏に「人謂大夫身也　大夫卑　名氏不見　故稱人」とあるのを、野間氏は、〝「人」とは大夫自身をいう。大夫は卑しいので名氏を示さず、「人」と稱する〟〔第二冊、二〇五頁下〕と譯しているが、このうち、〝「人」とは大夫自身をいう〟が、意味不明である。下に「大夫卑」とあるから、ここの「身」は、〝自身〟の意ではなくて、〝身分〟の意ではあるまいか。だとすると、「人謂大夫身也」は、〝「人」とは、大夫の身分（の者）をいう〟と譯すことが出來る。なお、同疏に「魯之大夫使出者　皆言其所爲之事而已」とあるのを、野間氏は、〝魯の大夫が使いして出國する場合、すべてその爲すべき事柄をいうだけである〟〔同上〕と譯しているが、このうち、〝爲すべき事柄〟がおかしい。ここで述べているのは、當爲ではなくて、單なる行爲であるから、〝爲した事柄〟と譯すべきであろう。

次に、莊公三十一年「六月齊侯來獻戎捷」の杜注「齊侯以獻捷禮來　故書以示過」の疏に引く〈釋例〉に「以其大卑　故書以示過」とあるのを、野間氏は、〝甚だ卑下し過ぎているので、「書して以て過を示したのである〟〔第二冊、二〇八頁上〕と譯している。あまりはっきりしないが、野間氏は、「書以示過」の「過」を、〝超過〟の意に解しているのだろうか〔〝過ち〟ではなくて、〝過〟としているから〕。もし、そうだとしたら、おかしい。宣公五年の左氏傳文「夏公至自齊　書過也」の杜注に「故書以示過」とあるのと同樣に、ここの「過」は、廣く〝あやまち〟の意に解すべきものである〔〝超過〟も〝あやまち〟の一種だから、こう解して問題はあるまい〕。

次に、莊公三十二年「春城小穀」の杜注「大都以名通者　則不繫國」の疏に「賈逵云　不繫齊者　世其祿　然則彼不繫者　豈皆世其祿乎」とあるのを、野間氏は、〝賈逵が（この小穀について）「齊に繫けざるは、其の祿を世〔よよ〕にすればなり」と述べている。そうだとすると、かしこの例〔州來・下陽〕で繫けないのが、どうしてすべて「其の祿を世にする」ものであろうか〟〔第二冊、二〇九頁下〕と譯しているが、論理が破綻して、逆の意味になってしまっている。その原因は、「豈」を反語と解しているからで、ここの「豈」は、論理を忠實にたどれば、詠嘆と解さなければならない。つまり、ここは、正しくは、〝そうだとすると、かしこの例で繫けないのは、いずれもみな、「其の祿を世にした」からである、ということになってしまうだろう〟という意味である。なお、このような「豈」については、【奔喪】等の項で、何度も述べている。

次に、莊公三十二年「冬十月己未子般卒」の疏に引く〈釋例〉に「言罪則不足成貶」とあるのを、野閒氏は、〝罪はと言えば、貶するまでもないし〟〔第二冊、二一〇頁下〕と譯しているが、これでは、〝貶するまでもなく、罪が明らかである〟と誤解される可能性がある。正確に〝罪はと言えば、貶するほどのものではないし〟と譯し、誤解を避けるべきであろう。なお、同疏に「其實已葬　不得從子般子野未葬之例故書子卒而不稱名　以示似未成君　其實已成爲君」とあるのを、野閒氏は、〝實際には、すでに葬られていても、子般・子野の未葬の例に從うことはできないので、「子、卒す」と書いて、名を稱せず、未成君であるかのように表現した。實際にはすでに君と成っているから〟〔第二冊、二一一頁上〕と譯しているが、非論理的である。正しくは、〝實際には、すでに葬られているため、子般・子野の未葬の例に從うことはできないから、「子卒」と書いて、名を稱せず、それによって、未成君に似ているが實際にはすでに成君である、ということを示したのである〟と譯すべきであろう。ちなみに、つづく疏に「上不得同閔公　下不得同般野」とある。つまり、子惡は、成君〔閔公〕と未成君〔子般・子野〕との中間的存在である、ということである。

最後に、莊公三十二年の左氏傳文「雩　講于梁氏」の杜注「雩　祭天也」の疏に「魯以周公之故　得郊祀上天」とあるのを、野間氏は、〝魯は周公の（周室に大功が有ったという）故事のため、上天を郊祀することができる〟〔第二冊、二二六頁上〕と譯しているが、おかしい。ここは、僖公三十一年の左氏傳文「夏四月四卜郊不從　乃免牲　非禮也」の杜注に「諸侯不得郊天　魯以周公故　得用天子禮樂」とあるのと同様に、「以〜（之）故」という單純な定型文と見るべきであり、したがって、〝魯は周公のおかげで〟と譯さなければならない〔つまり、「故」は、〝故事〟ではなくて、單に〝ゆえに〟である、ということ〕。ちなみに、襄公十五年の左氏傳文に「鄭人以子西伯有子產之故　納賂于宋」とあり、杜注に「三子之父皆爲尉氏所殺故」とある。

【省難】

閔公元年「冬齊仲孫來」の杜注「以事出疆　因來省難」の疏に「杜言以事出疆　或使向他國　因來省魯難」とあるのを、野間氏は、〝杜預が「事を以て疆を出づ」と述べているのは、あるいは他國に向かわせたのであろうが、「（その事に）因りて來たり、（たまたま）魯の難を省〔み〕」たのであり〟〔第二冊、二三六頁上〕と譯しているが、このうち、〝（たまたま）〟がおかしい。というのも、『禮記』禮器「孔子曰禮不可不省也」の鄭注に「省　察也」とあるように、「省」は、〝視察する〟の意であり、〝視察する〟というのは、意識的・積極的行爲である、からである。したがって、正確には、〝事のついでに魯に來て、内紛を視察した〟と譯すべきであろう。ちなみに、注の下文に「省難　其志也」とあり、また、疏の下文に「省難　心自省之　是其志也」とある。なお、同疏に「杜云稱字嘉之　則仲孫是字　猶楚之孫伯　或亦以孫爲字也」とあるのを、野間氏は、〝杜預が「字を稱して之れを嘉す」と言うから、「仲孫」は字であり、それはちょうど楚の孫伯が、「孫」を字とすることがあるのと同様である〟〔第二冊、二三六頁下〕と譯しているが、このうち、〝「孫」を字とすることがある〟が意味不明である〔「或」を「有」と解したことまではわかるが〕。「或」は、推測をあらわす言葉だから、〝それはちょうど、楚の「孫伯」がおそらくまた「孫」を字としている、のと同様である〟と譯すべきではあるまいか。

ついでながら、閔公元年の左氏傳文「詩云　豈不懷歸　畏此簡書」の疏に「諸侯有事　則書之於簡　遣使執簡以告命」とあるのを、野間氏は、〝諸侯に大事が有れば、これを簡策に書き、使者を派遣して簡策を執って命令を告げさせる〟〔第二冊、二三七頁上〕と譯しているが、「告命」の「命」は、〝命令〟の意ではない。隱公十一年の左氏傳文に「宋不告命　故不書　凡諸侯有命　告則書　不然則否」とあり、杜注に「命者　國之大事政令也　承其告辭　史乃書之於策」とあるように、「命」とは、〝大事〟の意である〔このことは、疏の「諸侯有事」と傳の「諸侯有命」とを見比べれば、よくわかる〕。ちなみに、隱公五年の左氏傳文に「宋人使來告命」とある。なお、【告命】の項を參照。

【稱意】

閔公二年「冬齊高子來盟」の疏に「齊侯不使之盟　而高子輒爲盟者　齊侯使之來平魯亂　新君既立　遂盟而安之　亦足稱齊侯之意　其盟非專擅也」とあるのを、野間氏は、〝齊侯が盟わせようとしなかったのに、高子がたやすく盟をなしたのは（なぜかといえば）齊侯は彼に魯の難を平定させようとしたのであり、新君がすでに立ったからには、そのまま盟うて安定させるのも、これを齊侯の意志だと稱することができるものであり、その盟うたことは專斷ではないのである〟〔第二冊、二四六頁下〕と譯しているが、このうち、〝これを齊侯の意志だと稱することができる〟が、意味不明である〔いったい誰が稱するのか〕。この「稱」は、〝稱する〟の意ではなくて、〝かなう〟の意に解さなくては、意味が通じない。つまり、〝そのまま盟って安定させるのも、齊侯の意向に充分かなうものであり〟ということである。ちなみに、『戰國策』齊六に「寡人憂勞百姓　而單亦憂之　稱寡人之意」とあり、鮑彪注に「稱猶副」とある。

【掌建】

閔公二年の左氏傳文「閒于兩社　爲公室輔」の疏に引く〈周禮小宗伯〉に「掌建國之神位　右社稷左宗廟」とあるのを、野間氏は、〝建國の神位を掌る。社稷を右にし、宗廟を左にす〟〔第二冊、二五〇頁下〕と訓讀しているが、このうち、〝建國の神位〟が、意味不明である。「建國之神位」は、〝國の神位を建てる〟と讀むべきであろう。ちなみに、賈疏に「建　立也　言立邦之神位者　從內向外　故據國中神位而言對下經在四郊等爲外神也」とある。なお、『周禮』大宰に「掌建邦之六典」とあり、同小宰に「掌建邦之宮刑」とあり、同小司徒に「掌建邦之教灋」とあるのも、參考になろう。つまり、「掌建」というのは、『周禮』の常用語である、ということである。

ところで、野間氏の當該書には、他にも疑問點が多い。以下、その一端を指摘することにする。まずは、閔公二年の左氏傳文「閒于兩社　爲公室輔」の疏を、野間氏は、「其詢國危詢國遷詢立君　周禮朝士所掌

外朝之位者　乃在雉門之外耳」〔第二冊、二六八頁下〕と句讀し、〝その「國の危を詢〔はか〕り、國の遷を詢り、君を立つるを詢る」のは、《周禮》の朝士が掌る。外朝の位は、雉門の外に在り〟〔第二冊、二五一頁上〕と譯しているが、〝外朝の位〟がいきなり登場していて、何のことか、よくわからない。ここは、「其詢國危詢國遷詢立君　周禮朝士所掌外朝之位者　乃在雉門之外耳」と句讀し、〝その「國の危を詢り、國の遷を詢り、君を立つるを詢る」といった《周禮》の朝士が掌る外朝の位〔外朝の仕事の場〕は、雉門の外に在り〟と譯すべきであろう。ただし、『周禮』小司寇に「掌外朝之政　以致萬民而詢焉　一曰詢國危　二曰詢國遷　三曰詢立君」とあって、「詢國危詢國遷詢立君」は、實は、〈朝士〉ではなくて、〈小司寇〉の仕事である。疏がまちがえた可能性もあるが、今ここでは、〈小司寇〉の賈疏に「外朝之職朝士專掌　但小司寇既爲副貳長官　亦與朝士同掌之耳　故云掌外朝之政以致萬民」とあるような考え方をとっておくことにする〔ちなみに、〈朝士〉に「掌建邦外朝之灋」とある〕。

次に、閔公二年の左氏傳文「誓軍旅」の杜注に「宣號令也」とあるのを、野間氏は、〝宣は號令なり〟〔第二冊、二五八頁上〕と訓讀しているが、傳文には「宣」の字がないから、おかしい。ここは、傳文「誓軍旅」全體を説明しているのであり、したがって、〝號令を宣布するのである〟と讀まなければならない。

最後に、閔公二年の左氏傳文「告之以臨民　教之以軍旅」の疏に「告百姓以臨示下民之事　幷教之軍旅之法」とあるのを、野間氏は、〝百姓に告げるのに、下民に臨み示す仕事をなされよ。またこれに軍旅の法を教えられよ〟〔第二冊、二五八頁下〕と譯しているが、このうち、前半の〝百姓に告げるのに、下民に臨み示す仕事をなされよ〟というのが、意味不明である。ここは、「告A以B」〝AにBを告げる〟という型だから、正しくは、〝百姓に（自分が）下民に臨示するということを告げられよ〟と譯すべきであろう。ただし、「臨示下民」がよくわからない。傳の「臨民」の言い換えだから、單に〝民を治める〟ということか〔?〕。

【將帥】

閔公二年の左氏傳文「狐突御戎　先友爲右　梁餘子養御罕夷　先丹木爲右　羊舌大夫爲尉」の疏に「傳歴言將帥御右者　以下各有言　故此擧其目」とあるのを、野閒氏は、〝傳が「將」「帥」「御」「右」を次々と述べているのは、以下にそれぞれの言葉が有るからで、ここにその要目を擧げよう〟〔第二冊、二六〇頁上〕と譯しているが、おかしな點が二つある。一つは、〝「將」「帥」〟で、「將」と「帥」は同じ意味だから、〝「將帥」〟とひとまとめにしなければならない。もう一つは〝ここにその要目を擧げよう〟で、野閒氏はこの「此擧其目」を、下をおこす言葉と解しているわけだが、實は、上をしめくくる言葉である。したがって、この文は〝傳が將帥・御・右をならべているのは、以下にそれぞれの言葉があるから、ここでその要目〔登場人物名〕を擧げておいたのである〟と譯さなければならない〔つまり、「以下」と「此」とが對應している、ということ〕。

【極言】

閔公二年の左氏傳文「狐突歎曰」の疏に「狐突歎先友不知君意　乃極言時衣佩三者　反覆以荅之」とあるのを、野開氏は、〃「狐突」は先友が君の意志を知らないのを歎じて、そこで「時」「衣」「佩」の三者に限定し、反覆してこれに答えたのである〃〔第二冊、二六〇頁下〕と譯しているが、このうち、「極言」を〃限定し〃と譯している點が、おかしい。というのも、下文に「罕夷唯舉服佩二事」とあり、また、「其梁餘子養先丹木唯言服」とあって、これに比べれば、「時」「衣」「佩」の三者なら、決っして〃限定し〃とは言えないはずである、からである。ここの「極言」は、〃言葉をつくしていう〃の意に解するべきであろう〔下文の「反覆」が、これに呼應している〕。ちなみに、『禮記』禮運に「言偃復問曰　夫子之極言禮也　可得而聞與」とあり、鄭注に「欲知禮終始所成」とある。

ついでながら、閔公二年の左氏傳文「尨涼冬殺」の疏に「言尨涼　則申上衣之尨服也　冬殺　則申上命以時卒也」とあるのを、野開氏は、〃「尨涼」は上の「之れに尨服を衣す」を申（かさ）ねたものであり、「冬殺」は上の「命ずるに時の卒りを以てす」を申ねたものだという意味である〃〔第二冊、二六一頁上〕と譯しているが、「申」を〃かさねる〃と讀んでいる點がおかしい。上文に「服以遠之　覆上衣之尨服也　時以閟之　覆上命以時卒也」とあるのに合わせたのであろうが、さらに上文に「乃極言時衣佩三者　反覆以荅之」とあって、「(反)覆」とは、實は〃言葉をつくして、丁寧にくりかえし説明する〃の意である。したがって、「申」は、普通に〃のべる〃と讀み、〃説明する〃と譯せばよいのである。なお、【申説】の項を參照。

もう一つ。閔公二年の左氏傳文「先丹木曰　是服也　狂夫阻之」の杜注「阻　疑也」の疏に「劉炫云

阻疑　以意訓耳」とあるのを、野間氏は、〝劉炫が「阻は疑なり」と言うのは、憶測で訓じたまでである〟〔第二冊、二六一頁上〕と譯しているが、「阻疑」は杜注の言葉だから、おかしい。正しくは、もちろん、〝劉炫がいう、〔注に〕「阻疑」とあるのは、憶測で訓じたにすぎない、と〟と譯さなければならない。

【狂夫】

閔公二年の左氏傳文「先丹木曰　是服也　狂夫阻之」の疏を、野間氏は、「服虔云　阻止也　方相之士蒙玄衣朱裳　主索室中歐疫　號之爲狂夫止此服　言君與大子以狂夫所止之服衣之」〔第二冊、二七〇頁下〕と句讀し、〝服虔は「阻は止なり。方相の士は玄衣・朱裳を蒙り、室中に索〔もと〕めて疫を追い拂うことを掌る。これを『狂夫も此の服を止〔や〕む』と言う。君が大子に狂夫さえも止めるような服を與えて着せた、という意味である」と述べており〟〔第二冊、二六一頁下〕と譯しているが、おかしい。「號之爲狂夫　止此服」と句讀し、〝これを『狂夫』という。『〔狂夫も〕この服を止む』とは〟と譯すべきであろう。ちなみに、『周禮』〈夏宮司馬敍官〉に「方相氏　狂夫四人」とあり、同〈方相氏〉に「掌蒙熊皮黄金四目　玄衣朱裳　執戈揚盾　帥百隷而時難　以索室歐疫」とある。なお、同疏に引く〈晉語〉の韋注に「阻古詛字也」とあるのを、野間氏は、〝阻は古の詛字である〟〔同上〕と譯しているが、このような口語調の訓讀で、原文の眞意が萬人に理解されるだろうか。些か不親切な讀み方である。いまさら言うまでもないだろうが、「阻古詛字」とは、もちろん、〝「阻」は古字で、今の「詛」にあたる〟、つまり〝「阻」は、「詛」の古字である〟という意味である。

ついでながら、閔公二年の左氏傳文「内寵並后　外寵二政　嬖子配適　大都耦國　亂之本也」の杜注「驪姫爲内寵　二五爲外寵　奚齊爲嬖子　曲沃爲大都　故曰亂本成」の疏に「辛伯之語　先有成文　其内寵之徒　不爲晉發」とあるのを、野間氏は、〝辛伯の言葉は、それ以前すでに文章となったものが有ったのであり、その「内寵」云々は晉のために述べたものではない〟〔第二冊、二六二頁下〕と譯しているが、このうち、〝「内寵」云々〟というのが、不正確である。「徒」とは、〝同類（の人）〟の意であり、したがって、正確には、〝「内寵」等〟と譯すべきであり、具體的には、「内寵」・「外寵」・「嬖子」・「大都」を指す。ちなみに、僖公九年の左氏傳文に「里克丕鄭欲納文公　故以三公子之徒作亂」とある。なお、同疏に「要晉國之亂　事理相當　故且以事託之」とあるのを、野間氏は、〝要するに晉國の亂と、その事の理屈が相當するので、だから杜預はこれらの事で比定したのである〟〔第二冊、二六三頁上〕と譯しているが、このうち、「要」の讀みがおかしく、また、「且」が譯出されていない。「要」は、動詞的に〝まとめる〟と讀むべきであり、また、「且」は、〝かりに〟の意である〔下の「託」に注目〕。したがって、ここは、〝晉國の亂をまとめてみると、事件のすじみちが（この言葉に）あてはまるから、かりに（この言葉を）晉の事件のこととしたのである〟と譯さなければならない。

【等與】

閔公二年の左氏傳文「孝而安民　子其圖之　與其危身以速罪也」の疏に「去則孝而安民　留則危身召罪等與其危身以召罪也　豈若孝而安民乎」とあるのを、野間氏は、〝去れば「孝にして民を安んず」る。

留まれば「身を危ふくして罪を召く」。（「孝にして民を安んず」るのは）身を危うくして罪を召くのと等しく（どちらも良くはないが）、（しかしどちらかといえば）「孝にして民を安んず」る方がよいのではなかろうか〟〈第二冊、一二六三頁下〉と譯しているが、これほど言葉を補わなければ譯として成立しないということは、どこかに問題があるということである。そこで、この譯のもとになった野間氏の『十三經注疏の研究』〈研文出版〉第二篇〈五經正義の語彙語法〉を調べてみると、問題は、そのうちの〝それでは「與」が「等」つまり「ひとしい」の意味であるとはどういうことであろうか〟〈一二八頁〉という一文にあることがわかる。たしかに、「與」は「等」であるが、この「等」は、〝ひとしい〟の意ではなくて、〝くらべる〟の意なのではあるまいか〈『廣韻』に「等　比也」とある〉。そう考えると、當該書に引用されている井上壽老氏の〝「與」字は「比」に訓ずべきだ〟とする説〈一二五頁〉が生きてくる。つまり、「等與」は、〝くらべる〟の意の連文である、ということである。かくて、ここの疏は、〝去れば「孝にして民を安んず」る。留まれば「身を危ふくして罪を召く」よりは、「孝にして民を安んず」る方がよいのではなかろうか〟というシンプルな意味になる。

【利器用】

閔公二年の左氏傳文「務材訓農　通商惠工」の疏に「惠工　加恩惠於百工　賞其利器用也」とあるのを、野間氏は、〝「惠工」とは、恩惠を百工〈技術者〉に施してその器物を利用することを賞するのである〟〈第二冊、一二六四頁下〉と譯しているが、〝器物を利用する〟のは、一般の民であって、百工自身ではないから、おかしい。襄公二十五年の左氏傳文に「我先王頼其利器用也　與其神明之後也」とあり、また、昭公十七年の左氏傳文に「五雉爲五工正　利器用　正度量　夷民者也」とあり、後者の疏に「使其利便民之器用」とあるから、「利器用」とは、〝器物を（民に）用立てる〟、つまり、〝たくみに器物を作る〟の意である。

【案兵】

僖公元年「齊師宋師曹師次于聶北救邢」の杜注に「齊帥諸侯之師救邢次于聶北者　案兵觀釁以待事也」とあるのを、野閒氏は、〝齊　諸侯の師を帥ゐて邢を救ひ、聶北に次するは、兵〔武器〕を案《しら》べて釁《きん》〔すき〕を観、以て事を待てばなり〟〔第二冊、二七五頁下〕と訓讀しているが、このうち、「案兵」を〝武器をしらべて〟と讀んでいるところがおかしい。〝武器をしらべる〟では、次する〔駐屯する、宿營する〕ことと何の關係もなく、唐突すぎるからである〔〝武器をしらべる〟のは、普通、國を出る前であろう〕。注の下文の「待事」から、そして、疏の「未可卽擊」から、およその察しはつくだろうが、さらに、莊公三年「冬公次于郎」の穀梁傳文に「次　止也」とあり、公羊の何注に「次者　兵舍止之名」とあるのを參考にすれば、「案兵」とは、〝兵〔軍〕を止める〟の意であると考えられる。なお、「案兵」の語は諸書に頻見する。例えば、『戰國策』東周に「案兵而勿出」とあり、同齊二に「不如按兵勿出」とあり、『史記』周本紀に「王案兵毋出」とあり、また、『戰國策』趙二に「案兵息民」とあり、『史記』楚世家に「案兵息民」とあり、また、『戰國策』趙二に「臣請案兵無攻」とあり、また、『荀子』王制に「偃然案兵無動」とあり、『呂氏春秋』召類に「按兵而不動」とあり、また、『商君書』農戰に「按兵不伐」とあり、『史記』仲尼弟子列傳に「君按兵無伐」とある。これらを見るに、「案兵」（あるいは「按兵」）の下の語は、「勿出」・「毋出」・「息民」〔ちなみに、『荀子』王制に「安以靜兵息民」とある〕・「無攻」・「無動」・「不動」・「不伐」・「無伐」であって、いずれもみな、「案兵」が〝兵を止める〟の意であることの證據となろう。ちなみに、野間氏がいうところの〝武器をしらべる〟は、昭公十一年「大蒐于比蒲」の公羊傳文「大蒐者何　簡車徒也」が、これに相當する。

【通君命】

僖公元年「齊師宋師曹師次于聶北救邢」の疏に「先通君命」とあるのを、野間氏は、〝先ず君命に通ずる〟〔第二冊、二七六頁上〕と譯しているが、日本語として意味不明である。實は、これは、襄公二十三年「秋齊侯伐衞遂伐晉　八月叔孫豹帥師救晉次于雍渝」の公羊傳文に「曷爲先言救而後言次　先通君命也」とあるのに相當するのだが、普通なら、〝先に君命を通ずる〟と讀みたいところである。それならば、〝通ずる〟とは、どういう意味か。何注に「惡其不遂君命而專止次　故先通君命言救」とあるのを參考にすれば、〝通ずる〟とは、どうやら、〝遂行する〟の意味らしい〔「通」の字により密着すれば、〝通用させる〟〝とおす〟となろう〕。なお、君命の遂行については、文公八年「公孫敖如京師　不至而復　丙戌奔莒」の穀梁傳文に「未如而曰如　不廢君命也」とあり、范注に「書如京師　以顯命行于下」とあって、「通」の字こそ見えないが、言っていることは同じである。また、僖公二十八年「公子買戍衞　不卒戍　刺之」の公羊傳文「不卒戍者何　不卒戍者　内辭也　不可使往也　不可使往　則其言戍衛何　遂公意也」の何注に「使臣子不可使　恥深　故諱使若往不卒竟事者　明臣不得壅塞君命」とあり、文公八年「公孫敖如京師不至復　丙戌奔莒」の公羊傳文「不至復者内辭也　不可使往也　不可使往　則其言如京師何　遂公意也」の何注に「正其義不使君命壅塞」とあるのは、これを裏から言ったものである〔傳文の方の「遂公意也」にも注目〕。さらに、襄公七年「十有二月公會晉侯宋公陳侯衛侯曹伯莒子邾婁子于鄬　鄭伯髡原如會　未見諸侯　丙戌卒于操」の公羊傳文に「未見諸侯　其言如會何　致其意也」とあり、何注に「鄭伯欲與中國意未達而見弑　故養遂而致之　所以達賢者之心」とあって、「致」・「達」・「養」・「遂」等、「通」の縁語が一覧できて便利である。なお、言うまでもないことかも知れないが、隱公二年「九月紀履緰來逆女」の公羊傳文「母不通也」の何注に「母命不得達　故不得稱母通使文」とあり、昭公三十一年「冬黒弓以濫來奔」の公羊傳文「文何以無邾婁　通濫也（中略）通濫　則文何以無邾婁　天下未有濫也」の何注に「欲見天下實未有濫國　春秋新通之爾」とあり、同傳文「天下未有濫　則其言以濫來奔何」の何注に「春秋新通之　君文成矣」とあるように、この「通」は、事實の問題ではなくて、あくまで書法の問題である。

ところで、野間氏の當該書には、他にも疑問點が多い。以下、その一端を指摘することにする。まずは、僖公元年「秋七月戊辰夫人姜氏薨于夷　齊人以歸」の杜注「傳在閔二年」の疏「傳在閔二年者　彼因孫于邾　遂終言之」を、野間氏は、〝「傳は閔二年に在り」について、かしこで（夫人が）「邾に孫《のが》れ」〔經文〕たことによって、ここではそのまま夫人のことを終わりまで述べたもの〟〔第二冊、二七八頁上〕と譯しているが、まちがいである。〝終わりまで述べた〟とは、前もってということであり、主語は、もちろん、

「彼」（かしこ）であって、〝ここ〟ではない。つまり、具體的には、閔公二年の傳文「閔公　哀姜之娣叔姜之子也　故齊人立之　共仲通於哀姜　哀姜欲立之　閔公之死也　哀姜與知之　故孫于邾」につづく傳文「齊人取而殺之于夷　以其尸歸」を指す。なお、「終言之」は、杜注に頻見する言葉であり、拙著『春秋學用語集三編』（汲古書院）では、【終言之】の項目を立てて解説している。

次に、僖公元年「冬十月壬午公子友帥師敗莒師于酈　獲莒挐」の杜注に「大夫生死皆曰獲」とあるのを、野間氏は、〝大夫の生死は皆な「獲」と曰ふ〟（第二冊、二七九頁下）と訓讀しているが、日本語として、意味不明である。この文が、〝大夫は、生・死いずれの場合もみな、「獲」という〟という意味であることは、野間氏も承知のはずで、だとすれば、もう少し親切に、例えば、〝大夫は生・死みな「獲」と曰ふ〟とでも讀むべきであろう。ちなみに、昭公二十三年「戊辰吳敗頓胡沈蔡陳許之師于雞父　胡子髡沈子楹滅　獲陳夏齧」の公羊傳文に「君死于位曰滅　生得曰獲　大夫生死皆曰獲」とあって、杜注は、この文の後半を引いているわけだが、全體として見れば、〝君は〜、大夫は〜〟という型になっている。つまり、〝大夫の生死〟とは讀めない、ということである。

次に、僖公元年「十有二月丁巳夫人氏之喪至自齊」の疏に「於薨於葬　未嘗有貶　何故喪至獨去一姜」とあるのを、野間氏は、〝「薨」でも「葬」でも、いまだかつて貶は無かったのに、どうして「喪至る」で、ただ一「姜」字を去るだけであろうか〟（第二冊、二八〇頁下）と譯しているが、このうち、〝ただ一「姜」字を去るだけであろうか〟がおかしい。ここの「獨」は、「去一姜」ではなくて、「喪至」にかかるのであり、したがって、正しくは、〝どうして「喪至る」でだけ一「姜」字を去る（つまり、貶する）のだろうか〟と譯さなければならない。ちなみに、疏の下文に「案禮之成否　在於薨葬　何以喪至獨得爲重」とあり、こちらの方は、野間氏も、〝考えるに、禮が成ると否とは「薨」「葬」に在るのであって、どうして「喪至る」だけを重いものとなしえようか〟〔同上〕と、正しく譯している。

【以喪至】

僖公元年「十有二月丁巳夫人氏之喪至自齊」の疏に、公羊傳文を引いて、「然則曷爲不於弑焉貶　貶必於其重者　莫重乎其以喪至也」とあるのを、野間氏は、〝曷爲れぞ弑に於いて貶せざる。貶は必ず其の重き者に於いてすればなり。其の喪至るを以てするより重きは莫きなり〟〔第二冊、二八〇頁下〕と訓讀しているが、このうち、〝其の喪至るを以てするより重きは莫きなり〟がおかしい。「於」と「以」とを混同し、「於弑」と「以喪至」との比較としてしまっているからである。正しくは、「弑」と「以喪至」とを比較しているのである。つまり、「以喪至」は、「以」も含めて、一つの事件の敍述である、ということである。だから、ここは、〝其の喪を以て至るより重きは莫きなり〟と訓讀しなければならない。すなわち、「以喪至」は、〝喪〔なきがら〕をつれてもどった〟という意味なのである〔「以」は、助辭ではなく、〝つれる〟という意味がある〕。なお、同年の上の經文に「秋七月戊辰夫人姜氏薨于夷　齊人以歸」とあり、また、ここの杜注に「齊侯既殺哀姜　以其尸歸」とあるのが參考になろう。ちなみに、〝つれる〟の意味の「以」は、春秋經文に頻見する。例えば、莊公十年に「秋九月荆敗蔡師于莘　以蔡侯獻舞歸」とあり、宣公元年に「三月遂以夫人婦姜至自齊」とあり、成公九年に「春王正月杞伯來逆叔姬之喪以歸」とあり、昭公二十六年に「尹氏召伯毛伯以王子朝奔楚」とある。なお、拙著『春秋學用語集』〔汲古書院〕に【喪至】の項目を立てて、「喪」と「至」の意味について簡單に考察している。

ついでながら、僖公元年「春王正月」の左氏傳文「元年春不稱卽位　公出故也　公出復入　不書　諱之也　諱國惡　禮也」の疏に「時史諱而不書　仲尼因而不改　嫌諱非禮　故以禮居之」とあるのを、野閒氏は、〝當時の史官が諱んでそのことを書かず、仲尼もその文章にそのまま因って改めなかったが、非禮行爲を諱むのではないかとの疑いがあるため、「禮」だと表現したのである〟〔第二冊、二八一頁下〕と譯しているが、このうち、〝非禮行爲を諱むのではないかとの疑いがある〟がおかしい。これでは、論理的に言って、非禮行爲を諱まないことになってしまう。傳文に「諱國惡」とあるように、非禮行爲は諱むのである。つまり、ここは、正しくは、〝諱むのは非禮ではないかとの疑いがある〟と譯さなければならない、ということである。

また、僖公四年「楚屈完來盟于師　盟于召陵」の疏に「此既云來盟　不復須言及屈完盟」とあるのを、野閒氏は、〝またここではすでに「來盟」と言っているのだから、屈完の盟に言及する必要はないが〟〔第二冊、二九四頁下〕と譯しているが、このうち、〝屈完の盟に言及する必要はないが〟が、まちがいである。正しくは、〝「及屈完盟」と言う必要はないが〟と譯さなければならない。「及屈完盟」とは、もちろん、〝屈完と盟う〟という意味である〔隱公元年「三月公及邾婁儀父盟于眛」の公羊傳文に「及者何　與也」とある〕。ちなみに、すぐ下に「故別言及國佐盟」とあり、こちらの方は、野閒氏も、正しく〝別に「國佐と盟ふ」と言ったもので〟〔同上〕と譯している。

【上行乎下】

僖公四年「秋及江人黄人伐陳」の疏に引く〈釋例〉に「盟主之令　則上行乎下　非匹敵和成之類」とあるのを、野間氏は、〝盟主の令は、上が下に行わせるもので、匹敵・和成のたぐいではない〟〔第二冊、二九五頁下〕と譯しているが、このうち、〝上が下に行わせる〟が少しおかしい。この「上行乎下」は、おそらく、哀公三年「春齊國夏衞石曼姑帥師圍戚」の公羊傳文「不以父命辭王父命　以王父命辭父命　是父之行乎子也　不以家事辭王事　以王事辭家事　是上之行乎下也」によったものであろうが、「是父之行乎子也」の何注には「是靈公命行乎蒯聵」とあり、「是上之行乎下也」の何注には「是王法行於諸侯」とある。だとすると、「上行乎下」は、〝上（の命）が下に行われる〟と讀んだ方がよいのではないか。つまり、〈釋例〉の文でいえば、「盟主之令」が「上」に相當する、ということである。ちなみに、文公八年「公孫敖如京師　不至而復　丙戌奔莒」の穀梁傳文「未如而曰如　不廢君命也」の范注に「書如京師　以顯命行于下」とある。

【後年】

僖公五年「杞伯姫來朝其子」の疏に「伯姫以莊二十五年六月歸于杞　假令後年生子　則其年十四矣」とあるのを、野間氏は、〝伯姫は莊公二十五年六月に杞に嫁いでおり、かりに後年に子を生んだとすれば、その年齢は十四歳である〟〔第二冊、三〇八頁下〕と譯しているが、原文の「後年」を、そのまま日本語として〝後年〟と譯して、意味が通じるのだろうか。原文の「後年」は、論理からして、當然〝明年〟の意で、それは、「後月」が〝翌月〟の意であるのと同様である。野間氏も、もちろんわかっているのであろうが、〝後年〟のままでは、不親切で、誤解をまねきかねない。ちなみに、『晉書』杜預傳に「若當須後年　天時人事不得如常　臣恐其更難也」とある。

ついでながら、僖公五年「公及齊侯宋公陳侯衞侯鄭伯許男曹伯會王世子于首止　秋八月諸侯盟于首止」の疏に引く〈釋例〉に「故春秋王世子以下會諸侯者　皆同會而不同盟」とあるのを、野間氏は、〝それゆえ《春秋》では王の世子が下に諸侯に盟う場合は、會を同じくしても盟を同じくしない〟〔第二冊、三〇九頁下〕と譯しているが、まちがいである。「皆」とあるからには、「王世子以下會諸侯者」は、〝王世子（をはじめとして、それ）以下、諸侯と會した者〟と譯さなければならない。實は、〈釋例〉の引用は、この疏では、ここまでだが、襄公三年「六月公會單子晉侯宋公衞侯鄭伯莒子邾子齊世子光　己未同盟于雞澤」の疏に於ける引用では、更につづけて、「洮之盟　王室有子帶之難　襄王懼不得立　告難于齊　遣王人與諸侯盟　故傳釋之曰謀王室　以明王勑其來盟　非諸侯所敢與也　踐土之盟　王子虎臨諸侯　而不與同歃　故經但列諸侯　而傳具載其實　此實聖賢之垂意　以爲將來之永法也」とある。つまり、「王世子以下會諸侯者」とは、ここの王世子と、八年の洮における王人と、二十八年の踐土における王子虎とを指す、ということである〔なお、野間氏も、下の八年では、正しく譯している。三四七頁上〕。

【輕身】

僖公五年「鄭伯逃歸不盟」の疏に「鄭伯棄其師衆　輕身逃歸」とあるのを、野間氏は、〝しかるに鄭伯は自分の師衆を棄て、輕卒にも自身が逃げ歸ったのである〟〔第二冊、三一〇頁上〕と譯しているが、このうち、〝自身が逃げ歸った〟というのが奇妙である。というのも、逃げ歸ったのが自身なのか他人なのかということは、ここの話と何の關係もない、からである。『孟子』梁惠王下に「何哉　君所爲輕身以先於匹夫者　以爲賢乎」とあるのを見れば明らかなように、「輕身」とは、〝身を輕んず〟と讀み、〝輕卒に行動する〟の意である。ちなみに、襄公二十五年「十有二月吳子謁伐楚　門于巢卒」の穀梁傳文に「非吳子之自輕也」とあるところの「自輕」も、同樣に、〝自らを輕んず〟と讀み、〝輕卒に行動する〟の意である。

ついでながら、僖公五年の左氏傳文「春王正月辛亥朔日南至」の疏を、野間氏は、「杜推勘春秋日月上下置閏　或稀或稠　自準春秋時法　故不與常厤同」〔第二冊、三三四頁下〕と句讀し、〝杜預は《春秋》の日月を推測勘案して、上下に閏を置いたのであり、閒隔が閒遠な場合もあり、つまった場合もあり、もともと春秋時代の曆法に準じたのであって、そのため通常の曆と同じではないからである〟〔第二冊、三一二頁下〕と譯しているが、〝上下に閏を置いた〟というのが、意味不明である。ここは、莊公二年の疏に引く〈釋例〉に「今推案傳之上下」とあるのを參考にして、「杜推勘春秋日月上下　置閏或稀或稠」と句讀し、〝杜預は、《春秋》の日月を上下〔全體〕にわたってしらべ、閏月を置くのに、閒隔をのばしたりつめたりした〟と譯すべきであろう。ちなみに、『續漢書』律曆志中の注に引く〈長曆〉に「春秋日有頻月而食者　有曠年不食者　理不得一　而筭守恒數　故曆無不有差失也」とある。

疑問點をもう一つ。〝《春秋》經に登場する「弟」が、母弟を指し、母弟とは、同母弟の意である、というのは、三傳に共通して言えることである〟とは、拙著『春秋學用語集』〔汲古書院〕の【母弟】の項で既に述べたことである。だから、僖公五年の左氏傳文「虢仲虢叔　王季之穆也」の杜注に「王季者　大伯虞仲之母弟也」とあるところの「母弟」も、もちろん同様である。ところで、その疏に「若有適庶　不須相辟　知其皆同母也（中略）如史記之文　似王季與大伯別母」とあるのを、野間氏は、〝もしも適・庶の違いがあるのなら、相い避ける必要はないわけだから、みな同母弟であることが分かる。〔中略〕《史記》の文章の通りだとすると、王季と大伯とは異母弟のように見える〟〔第二冊、三一九頁上〕と譯しているが、おかしい。おそらく、「母弟」という言葉からの連想によるケアレスミスだろうが、正しくは、「同母」は、〝同母〟であって、〝同母弟〟ではなく、「別母」は、〝異母〟であって、〝異母弟〟ではない。

【取虢之旂】

兪樾『羣經平議』〈春秋左傳一〉の【取虢之旂】の項に「正義曰　旂者　晉軍旂也　而往取虢　故云取虢之旂　樾謹按　此直言戰勝而取虢之旂耳　哀二年傳　鄭人擊簡子中肩　斃于車中　獲其蠭旗　又十三年傳　彌庸見姑蔑之旗　曰吾父之旗也　杜解曰　彌庸父爲越所獲　故姑蔑人得其旌旗　然則勝敵而獲其旂古所恒有　正義之説　失之迂曲矣」〝（僖公五年の）正義に「旂者　晉軍旂也　而往取虢　故云取虢之旂」とある。私が考えますするに、ここは、ただ、戰勝して虢の旂を取る、と言っているだけである。哀公二年の傳に「鄭人擊簡子中肩　斃于車中　獲其蠭旗」とあり、また、十三年の傳に「彌庸見姑蔑之旗　曰吾父之旗也」とあり、杜注に「彌庸父爲越所獲　故姑蔑人得其旌旗」とある。とすれば、敵に勝ってその旟を獲るというのは、いにしえ、よくあったことである。正義の說は、こじつけである〟とある。ところで、この正義を、野間氏は、〝「旟」は晉の軍旗であって、それが進軍して虢を取るので、「虢の旟を取る」と述べたもの〟〔第二冊、三二三頁下〕と譯しているが、これでは論理が通じない。正義は、兪樾がいうように、確かに奇說だが、奇說には奇說なりの論理があるはずだから、譯するにはその論理に筋を通さなければならない。そのためには、「取虢之旟」を〝虢の取る（ため）の旟〟と讀むべきではあるまいか。つまり、兪樾は述べていないが、實は、正義は、傳文の「取虢之旟」そのものを、普通に〝虢の旟を取る〟とは讀まず、ねじまげて、〝虢を取るの旟〟と讀んでいる可能性が高い、ということである。

ついでながら、僖公八年「鄭伯乞盟」の杜注「新服未與會　故不序列　別言乞盟」の疏に「以其新服尙未與之會　故不序列而別言乞盟」とあるのを、野間氏は、〝新たに服したけれども、まだこれと會していないため、列に序しないで、別に「盟を乞ふ」と述べたもの〟〔第二冊、三四八頁下〕と譯している。一見、何の問題もないようだが、筆者には疑問がある。それは、〝新たに服したけれども〟の箇所である。野間氏は、おそらく、「〜尙〜」を、「雖〜尙〜」と同等とみなしているのだろうが、そんなことが可能なのだろうか。平靜に考えれば、疏の「尙未」は、注の「未」を言い換えたものに過ぎないのではなかろうか。だとすると、注の「新服」と「未與會」、そして、疏の「新服」と「尙未與之會」とは、同格であって、その間に〝けれども〟といったような強い論理的關係はないと言える。かくて、この疏を筆者なりに譯してみると、〝歸服したばかりで、まだこれと會していないため〟ということになる。ちなみに、筆者は、拙著『春秋學用語集五編』〈汲古書院〉の【爲信】の項で、田中麻紗巳氏への批判として、同様のことを述べている。念のため、その箇所を再掲しておくと、以下のとおりである。〝莊公十一年の〈穀梁〉疏に「雖書　以新升爲卿未賜族　故經不言氏　傳以爲宋之卑者　是也」とあるのを、田中氏は、〈記すけれども、新たに昇進し卿となっても、まだ族名は賜わらなかったので、經には（「宋の萬」とだけ記され）氏は書かれず、だから傳は「宋の卑者」（十二年）と解するのである〉と譯しているが、おかしい。日本語の問題なのかも知れないが、昇進は新たにするに決まっている。だから、この「新」は、〈新たに〉ではなくて、〈〜したばかり〉と譯さなければならない。つまり、ここは、〈昇進して卿になったばかりで、まだ族名を賜わっていなかった〉という論理である、ということである〟。附言すると、ここでは、「新升爲卿」と「未賜族」とが、同格なのである。

【乞師】

僖公八年「鄭伯乞盟」の疏に「諸言乞師　皆乞得其師　知此乞盟亦乞得其盟」とあるのを、野間氏は、〝諸々の「乞師」と言うのは、すべてその師を得たいと乞うものであるから、この「乞盟」もやはりその盟を得たいと乞うものであることが分かる〟〈第二冊、三四八頁下〉と譯しているが、トートロジーになっていて、おかしい。〝師を乞う〟のと〝師を得たいと乞う〟のとで、どこが違うというのだろうか。ここは、正しくは、〝諸々の「乞師」と言うのは、すべて、乞うてその師を得たものであるから、この「乞盟」もやはり、乞うてその盟を得たものであることが分かる〟と譯さなければならない。ただし、僖公二十六年「公子遂如楚乞師」の杜注には「乞　不保得之辭」〝「乞」は、得られる保證はない、という表現である〟とあって、この八年の疏と明らかに矛盾している。ところが、二十六年の疏では、一轉して、杜注に合わせて、「乞則自我之心　得否在於彼國　乞者　執謙之意　不保必得之辭」と言っている。八年の方の疏は、單に筆がすべったものなのだろうか。よくわからない。

　ついでながら、僖公八年の左氏傳文「凡夫人不薨于寢　不殯于廟　不赴于同　不祔于姑　則弗致也」の疏に「反哭者　直爲書葬以否　假使不書其葬　夫人之禮亦成」とあるのを、野間氏は、〝「反哭」はただ葬るか否かだけを書くためであり、たといその葬を書かなくても、夫人の禮は成るものである〟〔第二冊、三五〇頁上〕と譯しているが、このうち、〝ただ葬るか否かだけを書く〟がおかしい。葬らないことを書く、などということはあり得ない、からである。もちろん、ここは、〝葬を書くか書かないか〟が正しい。すぐ下に、「不書其葬」とあるではないか。ちなみに、隱公三年の左氏傳文「不赴於諸侯　不反哭于寢　不祔于姑　故不曰薨　不稱夫人　故不言葬」の杜注に「反哭則書葬　不反哭則不書葬」とある。

　もう一つ。僖公九年の左氏傳文「難哉」の杜注に「言能自定難」とあるのを、野間氏は、〝能く自ら難を定むるを言ふ〟〔第二冊、三六二頁下〕を訓讀しているが、どうもおかしい。〝難を定むる〟というのはあまり聞かない言葉であるし、このまますなおに讀むと、傳の「難哉」〝むずかしい〟と矛盾する。何が、むずかしいかを杜預が説明したもの、と解すれば、通じないこともないが、些か苦しい。野間氏は、傳の「難」と注の「難」とを、別々のものとして讀んでいるわけだが、同じものとして、〝能く自らを定むるの難きを言ふ〟と讀んでみたらどうであろうか。なお、疏に「唯身有則者乃能定國也」とあり、また、「以

此而求安定　難哉」とあって、大いに參考になる〔上の傳文にも「唯則定國」とある〕。ちなみに、〈釋文〉では、「難」が〝憂患〟の意の場合、必ず「乃旦反」という音注がつくはずだが、ここの傳・注には、いずれもみな、音注がなく、この點からしても、傳・注の「難」は、いずれもみな、〝むずかしい〟の意であることが推測される。

【適足】

僖公九年の左氏傳文「公曰　忌則多怨　又焉能克　是吾利也」の杜注に「其言雖多忌　適足以自害　不能勝人也」とあるのを、野閒氏は、〝其の言に忌多しと雖ども、適《たま》たま以て自ら害するに足るのみにて、人に勝つ能はざるなり〟〔第二冊、三六三頁上〕と訓讀し、また、疏に引く同文を〝適《まさ》に以て自ら害するに足り、人に勝つ能はざるなり〟〔同、三六三頁下〕と訓讀している。つまり、野閒氏は、一つの「適」を、かたや〝たまたま〟、かたや〝まさに〟と、二様に讀んでいるわけだが、これでは、不安定であるうえに、意味が不明確である。これを安定させるためには、「適」を〝ただ〟と讀めばよいのである。そうすれば、ここの注の意味は、〝自分を害するのが關の山で、人に勝つことなど出來ない〟ということで安定する。ちなみに、〝隱公十年「六月壬戌公敗宋師于菅　辛未取郜　辛巳取防」の公羊傳文「春秋錄內而畧外　於外大惡書　小惡不書　於內大惡諱　小惡書」の何注に「內小惡書　外小惡不書者　內有小惡　適可治諸夏大惡　未可治諸夏小惡　明當先自正　然後正人」とあるのを、濱久雄氏は、〈內の小惡は書し、外の小惡は書さざるは、內に小惡有るも、適〔まさ〕に諸夏の大惡を治むべし。未だ諸夏の小惡を治むべからず。當に先づ自ら正しうし、然る後に人を正しうすべきことを明らかにす〉〈『公羊學の成立とその展開』國書刊行會、九五頁〉と訓讀しているが、〈内に小惡有るも、適〈まさ〉に諸夏の大惡を治むべし〉では、論理が通じない。ここは、「適」を〈ただ〉の意と解し、〈内に小惡があれば、諸夏の大惡を治めることが出來るだけで、諸夏の小惡を治めることまでは出來ない〉と讀むべきであろう。そうすれば、論理的にすっきりする〃とは、拙著『春秋學用語集四編』〈汲古書院〉の【以官氏】の項で既に述べたことである。だから、僖公十四年の左氏傳文「無損於怨而厚於寇　不如勿與」の杜注に「言與秦粟　不足解怨　適足使秦彊」とあるのを、野間氏が〃言ふこころは秦に粟を與ふるも、怨を解くに足らず、適《まさ》に秦をして彊からしむるに足る〃〈第二冊、三七九頁下〉と訓讀しているのもまちがいである。正しくは、〃秦に粟を與えても、怨みを解くことは出來ず、かえって秦を強くするだけである、ということである〃と讀まなければならない。ちなみに、拙譯『春秋左氏傳杜預集解上』〈汲古書院〉では、この杜注に關して、〃注の「不足～適足～」という構文については、『戰國策』韓三に「雖善事之　無益也　不可以爲存　適足以自令亟亡也」とあり、『文選』巻第四十一書上〈報任少卿書〉に「雖才懷隨和　行若由夷　終不可以爲榮　適足以見笑而自點耳」とあり、『後漢書』孔融傳に「不能止人遂爲非也　適足絕人還爲善耳」とあるのを參照〃と述べている。

　ところで、野間氏の當該書には、他にも疑問點が多い。以下、その一端を指摘することにする。まずは、僖公十年の左氏傳文「及期而往　告之曰　帝許我罰有罪矣　敝於韓」の疏に引く〈晉語〉に「貞爲不聽　信爲不誠」とあるのを、野間氏は、〃貞なれども聽かれざるを爲し、信なれども誠とせられざるを爲す〃

〔第二冊、三六八頁下〕と訓讀しているが、些か奇妙である。韋注に「以正葬之　而不見聽」とあり、また、「信心行之　而不見誠」とあって、これが受身の文であることは明らかであり、だから、野閒氏も、〝聽かれざる〟と讀み、また、〝誠とせられざる〟と讀んでいるのであろうが、それならば、〝を爲す〟の部分はいったい何なのであろうか。實は、この「爲」こそ、受身を示しているのであり、したがって、正確には、〝貞なれども聽かれず、信なれども誠とせられず〟と讀まなければならない。〝を爲す〟は餘計なのである。なお、受身をあらわす「爲」は、諸書に頻見する。例えば、同じ『國語』の〈越語〉に「不聽吾言　身死　妻子爲戮」とあり、襄公八年の左氏傳文に「國有大命　而有正卿　童子言焉　將爲戮矣」とあり、同十年の左氏傳文に「戰而不克　爲諸侯笑」とある。ちなみに、「爲諸侯笑」は、「爲諸侯所笑」と同じである。

次に、僖公十一年の左氏傳文「不敬則禮不行　禮不行則上下昏　何以長世」の疏に引く〈周語〉に「欲替其鎭　人亦將替之」とあるのを、野閒氏は、〝その鎭を替えようとすれば、人もまたその人を替えようとするでしょう〟〔第二冊、三七一頁上〕と譯しているが、おかしい。〈周語〉の上文「執玉卑　替其質也」の韋注に「替　廢也」とあるのだから、これに從って、〝替える〟ではなくて、〝廢する〟と讀むべきであろう〔ちなみに、〈周語〉の上文に「不敬王命　棄其禮也」とある〕。なお、野閒氏も、〈周語〉の上文「執玉卑　替其質也」・「替質無鎭」については、それぞれ、〝玉を執ること低いのは、その質を棄てるもの〟・〝質を棄てれば鎭が無く〟と、正しく讀んでいる。ちなみに、僖公七年の左氏傳文「君盟替矣」の杜注にも、「替　廢也」とある。

次に、僖公十五年の左氏傳文「實落材亡　不敗何待　三敗及韓」の疏に「此一句是史家序事　充卜人之語」とあるのを、野間氏は、〝この一句〔三敗及韓〕は史家の敍事の文章であり、卜人の語に充當させたもの〟〔第二冊、四〇〇頁下〕と譯しているが、〝充當させた〟がおかしい。日本語で〝充當させた〟と言えば、〝當てた〟の意味だが、これでは、何のことやらよくわからず、それこそ、當たらない。桓公四年の公羊傳文「三曰充君之庖」の何注に「充　備也」とあり、莊公二十五年の穀梁傳文「言充其陽也」の范注に「充　實也」とあり、襄公三十一年の左氏傳文「寇盜充斥」の杜注に「充　滿」とあり、また、『周禮』天官〈大府〉「凡萬民之貢以充府庫」の鄭注に「充猶足」とあり、また、『列子』仲尼「南郭子貌充心虛」の張湛注に「充猶全也」とあるように、「充」は、〝みたす〟と讀むのが一般的である。ここの「充」もおそらくそうであり、だとすれば、表面的にはひとまず〝卜人の語を完全なものにした〟と譯せる。しかし、これではまだ不明確であって、內實をはっきりさせるためには、〝卜人の言葉を裏づけた〟あるいは〝卜人の豫言を實現させた〟などと、意譯する他あるまい。なお、「卜人之語」とは、上の「三敗　必獲晉君」という豫言を指す。

【通言】

僖公十五年の左氏傳文「六年其逋　逃歸其國　而弃其家」の疏に「桓十八年傳曰　女有家　男有室　室家通言耳　夫謂妻爲家」とあるのを、野間氏は、〝桓公十八年傳に「女に家有り、男に室有り」と述べているのは、「室」「家」を並べて言ったものであるが、夫は妻を「家」とも呼ぶ〟〔第二冊、四一〇頁下〕

と譯しているが　ここの「通」は、〝並べて〟といったような單純な意味ではなく、成公八年「秋七月天子使召伯來錫公命」の公羊傳文に「其稱天子何　元年春王正月　正也　其餘皆通矣」とあり、何注に「其餘謂不繫于元年者　或言王　或言天王　或言天子　皆相通矣」とあるところの「通」なのである。つまり、〝互いに相通ずる〟という意味の「通」である、ということである。したがって、ここは、正しくは、〝桓公十八年の傳に「女に家有り、男に室有り」と述べているのは、「室」「家」を、互いに意味が相通ずる語として言ったものであるが、（それとは違って、「室」「家」を別々に分けて）夫は妻のことを「家」と呼ぶ〟と譯すべきであろう。ちなみに、桓公十八年の當該箇所の疏に「劉炫云　釋宮云　宮謂之室　其內謂之家　則家之與室　義無以異　欲見男女之別　故以室屬之　其實室家同也」とある。

ところで、野間氏の當該書には、他にも疑問點が多い。以下、その一端を指摘することにする。まずは、僖公十六年「春王正月戊申朔隕石于宋五」の杜注に「莊七年星隕如雨」とあるのを、野間氏は、〝莊七年の「星隕つること雨ふるが如し」とは〟（第二冊、四一五頁上）と訓讀しているが、まちがいである。というのも、莊公七年の當該箇所の杜注には「如　而也　夜半乃有雲　星落而且雨」とある（なお、これは、傳文の「星隕如雨　與雨偕也」にもとづく）、からである。左氏は左氏によって讀まなければならない。つまり、ここは、〝星隕ちて雨ふる〟と讀むべきなのである。ちなみに、拙著『春秋學用語集五編』（汲古書院）の【星隕如雨】の項では、ちょうど逆の例を解説している。

次に、僖公十六年の左氏傳文「王以戎難告于齊　齊徵諸侯而戍周」の杜注に「十一年戎伐京師以來　遂爲王室難」とあるのを、野間氏は、〝十一年、戎　京師を伐ちて以て來たり、遂に王室の難を爲すなり〟

〈第二冊、四二二頁下〉と訓讀しているが、やって來なければ伐てないのだから、〝以て來たり〟は餘計である。だとすれば、この「以來」は、時間の前後をいう普通の〝以來〟のはずである。ちなみに、小倉芳彦氏は、ここの傳文を、〝周の襄王が戎の侵寇（僖十一）以來の件を齊に通告したので、齊は諸侯の軍隊を徵發して成周を守備した〟〔『春秋左氏傳上』岩波文庫、二三四頁〕と譯している。

次に、僖公十七年「冬十有二月乙亥齊侯小白卒」の杜注「與僖公八同盟　赴以名」の疏に「同盟相赴以名　主謂當時兩君　但與其父盟　亦得以名赴其子耳」とあるのを、野間氏は、〝國が同盟すると、お互いに名を赴げ合うが、その際の主人は當時の兩君である。しかし、その父と盟う場合も、名をその子に赴げることができる〟〈第二冊、四二三頁下〉と譯しているが、〝主人〟というのが意味不明だし、原文の「謂」を無視してしまっている。正しくは、〝〈同盟していれば、名をもって赴告し合う〉とは、主として、その時の兩君同士の場合をいう。ただし、その父と盟っている場合も、名をもってその子に赴告することが出來る〟と譯さなければならない。〝主として〟なのだから、きっちりとしたきまり〔例〕ではない。そこで、僖公三十二年「夏四月己丑鄭伯捷卒」の疏に「杜數同盟不例　若同盟少者　數先君之盟」とあり、また、文公七年「夏四月宋公王臣卒」の疏に「杜注或兼取前世　或止取時君　不爲例也」とあるのである。

次に、僖公十七年の左氏傳文「雍巫有寵於衞共姬」の杜注に「雍巫雍人名巫卽易牙」とあるのを、野間氏は、〝雍巫は雍人の名、巫は卽ち易牙なり〟〈第二冊、四二五頁下〉と訓讀しているが、おかしい。〝「雍巫」は、雍人〔料理人〕で、名が巫であり、（下の）易牙に他ならない〟と讀むべきであろう。というのも、『史記』齊世家「雍巫有寵於衞共姬」の〈集解〉に「賈逵曰　雍巫　雍人　名巫　易牙字」とあるからである〔これを、〝巫は易牙の字なり〟とは決して讀めない〕。なお、疏に「此人爲雍官　名巫而字易牙也」とあるが、こちらの方は、野間氏も、正しく〝この人は雍官であり、名は巫、字は易牙である〟と讀んでいる。

次に、僖公十九年「鄫子會盟于邾」の疏に「襄七年鄬之會下　鄭伯髠頑如會　未見諸侯　丙戌卒于鄵　亦不至會所　而云如會者　其意欲會　而在道身喪　故亦書其所至　義與此同　但卒執事異　故文異耳」とあるのを、野間氏は、〝襄公七年の「鄬の會」の下文の、「鄭伯髠頑　會に如く。未だ諸侯に見えずして、丙戌、鄵に卒す」と言うのも、やはり會所に到らないものなのに、しかも「會に如く」と述べたのは（なぜかといえば）、鄭伯の本意は會合しようとして、途中でその人自身が亡くなってしまったので、やはり到る所を書いたもので、その義はこの例と同じであるが、「卒」は事を執行する場合とは異なるので、表現が異なるのである〟〔第二冊、四二九頁下〕と譯しているが、このうち、「卒執事異」を、〝「卒」は事を執行する場合とは異なる〟としている箇所が、まちがいである。正解は、もちろん、〝「卒」と「執」とは、事が異なる〟である。ちなみに「卒」とは、襄公七年の「丙戌卒于鄵」を指し、「執」とは、この年の下文の「己酉邾人執鄫子用之」を指す〔なお、「執」は、〝とらえる〟の意である〕。

次に、僖公十九年の左氏傳文「古者六畜不相爲用」の疏に「爾雅釋畜　馬牛羊豕犬雞謂之六畜　周禮謂之六牲　養之曰畜　用之曰牲　其實一物也」とあるのを、野間氏は、〝《爾雅》釋畜では、「馬・牛・羊・豕・犬・雞、之れを六畜と謂ひ」、《周禮》ではこれを「六牲」と言い、これを養うことを「畜」、これを用いることを「牲」と言うが、實際のところは同じものである〟〔第二冊、四三二頁上〕と譯しているが、

〝養うこと〟と〝用いること〟とは、同じであるはずがないから、おかしい。〝養っている間は「畜」とよび、用いる段になると「牲」とよぶ〟と、正確に譯さなければならない〔あくまで、物を言っているのであって、事を言っているのではない〕。ちなみに、『周禮』天官〈庖人〉「掌共六畜六獸六禽　辨其名物」の鄭注に「六畜　六牲也　始養之曰畜　將用之曰牲　春秋傳曰　卜日曰牲」とある〔「始」と「將」とに注目〕。なお、鄭注の「春秋傳曰」とは、僖公三十一年の左氏傳文であり、その杜注に「既得吉日　則牛改名曰牲」とある。

次に、僖公二十年の左氏傳文「君子曰　隨之見伐　不量力也　量力而動　其過鮮矣　善敗由己　而由人乎哉　詩曰　豈不夙夜　謂行多露」の杜注に「詩　召南　言豈不欲早暮而行　懼多露之濡己　以喩違禮而行　必有汙辱　是亦量宜相時而動之義」とあるのを、野間氏は、〝詩は召南なり。言ふこころは豈に早暮にして行くを欲せざらんや、多露の己を濡さんことを懼るるなり。以て禮に違ひて行かば、必ず汙辱有るに喩ふ。是れ亦た宜を量り時を相《み》て動くの義なり〟〔第二冊、四三七頁下〕と訓讀しているが、「違禮而行」を〝禮に違ひて行かば〟と讀んでいる點がおかしい。ここの「行」は、〝行く〟ではなくて、〝行なう〟の意としなければならない。というのも、ここの隨の話は、〝行く〟ことと何の關係もないからである〔〝行なう〟ならば、上の傳文「隨以漢東諸侯叛楚」が、これに相當する〕。おそらく、野間氏は、〈召南〉の「豈不夙夜　謂行多露」の「行」と、杜注の「言豈不欲早暮而行」の「行」とにひきづられたのであろう。この二つの「行」は、確かに〝行く〟の方であるが、あくまで、〈詩〉の中の話である。むしろ、ここは、傳文に「量力而動」とあり、杜注に「是亦量宜相時而動之義」とあるところの「動」の字に注目すべきなのである。そうすれば、「行」が〝行動する〟の意であることは、もはや明白であろう。ちなみに、隱公十一年の左氏傳文に「度德而處之　量力而行之　相時而動　無累後人」とある。

【將卑師少】

僖公二十二年「冬十有一月己巳朔宋公及楚人戰于泓　宋師敗績」の杜注に「楚告命不以主帥人數　故略稱人」とあるのを、野間氏は、〝楚　命を告ぐるに主帥の人數を以てせず、故に略して「人」と稱するなり〟〔第二冊、四五六頁上〕と訓讀しているが、「主帥人數」を〝主帥の人數〟と讀んでいる點がおかしい。主帥は一人に決まっているからである。だとすると、「主帥人數」は、〝主帥と人數〟と讀まなければならない。それならば、〝人數〟とは何の人數なのか。この問題を考えるには、隱公二年「夏五月莒人入向」の杜注に「將卑師少稱人」とあり、同五年「秋衞師入郕」の杜注に「將卑師衆但稱師」とあり、前者の疏に引く〈釋例〉に「大夫將　滿師稱師　不滿稱人而已　卿將　滿師則兩書　不滿則直書名氏」とあるのを見ればよい〔なお、注と〈釋例〉とで、用語が異なるが、「將卑」が「大夫將」に、「師衆」が「滿師」に、「師少」が「不滿」に、それぞれ相當する。とすれば、注にはないが、「將尊」が「卿將」に相當することになる〕。つまり、「人數」とは、師の多少のことなのである〔「主帥」とは、もちろん、將の尊卑のことである〕。したがって、「主帥人數」とは、〝主帥（の尊卑）と（師の）人數〟という意味になる。なお、隱公五年の公羊傳文に「將尊師衆　稱某率師　將尊師少　稱將　將卑師衆　稱師　將卑師少　稱人」とあり、實は、杜預は、全面的にこれに從っているのである〔ちなみに、何注には、「將尊者謂大夫也　師衆者滿二千五百人以上也　二千五百人稱師」とあり、また、「將卑者謂士也」とあり、また、「師少者不滿二千五百人也」とあって、「尊」「卑」の解釋は、杜預と異なる」。

ついでながら、僖公二十二年の左氏傳文「辛有適伊川　見被髮而祭於野者」の杜注に「伊川周地　伊水也」とあるのを、野間氏は、〝伊川は周の地、伊水なり〟〔第二冊、四五六頁上〕と訓讀しているが、これだと、〝伊川は伊水なり〟ということになり、きわめて奇妙である。論理をきちんと考えて、〝「伊川」は周の地、「伊」は水（名）なり〟と讀むべきであろう。

【恩錄】

僖公二十二年の左氏傳文「且今之勍者　皆吾敵也」の疏に「何有恩義於二毛之人」とあるのを、野間氏は、〝どうして二毛の人に恩義が有りましょうや〟〔第二冊、四六〇頁下〕と譯しているが、日本語で〝恩義が有る〟と言えば、〝相手方に恩義を感ずる〟という意味であり、だとすれば、この譯はまちがいである。「有恩義」とは、正確には、〝相手方に恩義を施す〟という意味だからである。ちなみに、隱公元年の公羊傳文「所見異辭　所聞異辭　所傳聞異辭」の何注に「異辭者　見恩有厚薄義有深淺　時恩衰義缺　將以理人倫序人類　因制治亂之法　故於所見之世　恩己與父之臣尤深　大夫卒　有罪無罪皆日錄之　丙申季孫隱如卒是也　於所聞之世　王父之臣恩少殺　大夫卒　無罪者日錄　有罪者不日略之　叔孫得臣卒是也　於所傳聞之世　高祖曾祖之臣恩淺　大夫卒　有罪無罪皆不日略之也　公子益師無駭卒是也」とあるところの「恩」・「義」も同樣であり、それは、「錄」や「略」という言葉からわかる。つまり、〝恩義を施す〟

ということは、〝孔子が《春秋》上で詳録する〟ということと等價であり、〝恩義を施さない〟ということは、〝孔子が《春秋》上で省略する〟ということと等價なのである。なお、隱公元年の公羊傳文「仲子微也」の何注に「月者　爲内恩錄之也」とあるのを先頭に、何注の中に頻見する「恩錄」の語は、この「恩」と「錄」との密接な關係を如實に示している〔つまり、「恩錄」は連文と解してもよい、ということ〕。

ところで、野間氏の當該書には、他にも疑問點が多い。以下、その一端を指摘することにする。まずは、僖公二十三年の左氏傳文「天之所啓　人弗及也」の疏に「凡是天開道者　非人所能及」とあるのを、野間氏は、〝およそ天が道を開いた者は、人が及ぼすことのできるものではない〟〔第二冊、四七四頁下〕と譯しているが、日本語では、何を及ぼすのか、及ぼすものを書かなければ、意味をなさない。もちろん、及ぼすものは禍難であるから、例えば、小倉芳彦氏のように、〝天の助ける人物に、人は手出しのできぬもの〟〔『春秋左氏傳上』岩波文庫、二五八頁〕と譯すのが、正解である。なお、〈左氏傳文の「及」にはもともと〝禍難〟という要素が含まれている〉とは、拙著『春秋學用語集三編』〔汲古書院〕の【將及】の項で既に述べたことである。そこで擧げた例を、念のため再掲すると、隱公元年の傳文に「無庸　將自及」〔杜注「禍將自及」〕とあり、桓公十八年の傳文に「周公弗從　故及」〔杜注「及於難也」〕とあり、閔公元年の傳文に「猶有令名　與其及也」〔杜注「言雖去猶有令名　勝於留而及禍」〕とあり、文公七年の傳文に「不然　將及」〔杜注「禍將及己」〕とあり、文公十六年の傳文に「君無道　吾官近　懼及焉」〔杜注「禍及己」〕とあり、襄公二十九年の傳文に「專則速及」〔杜注「速及禍也」〕とあり、昭公十三年の傳文に「亦將及矣」〔杜注「將及禍」〕とあり、昭公二十四年の傳文に「爲將及焉」〔杜注「恐禍及己」〕とあり、昭公二十五年の傳文に「其將及乎」（杜注「將及禍也」）とある（ちなみに、「及」單獨ではなく、「及」が「禍」や「難」とセットで登場する「及於難」などの例も、枚擧にいとまがない）。

次に、僖公二十三年の左氏傳文「公子懼　降服而囚」の疏に「申意於楚子　申於知己　降服於懷嬴　屈於不知己」とあるのを、野間氏は、〝自らの意志を楚子に申し述べたのは、己を知る者に對して申したのであり、懷嬴に降服したのは、己を知らない者に對して屈したのである〟（第二冊、四七八頁上）と譯しているが、〝申した〟がおかしい。下の〈校勘記〉の記述（第二冊、五〇四頁下）をみると、「屈」との對應に氣づいているようだから、〝もうした〟ではなくて、〝のばした〟と讀ませたいのかも知れないが、日本語として無理があるし、上の〝申し述べた〟はどうするのか。もっと丁寧に譯すべきである。ちなみに、『史記』晏嬰傳に「吾聞君子詘於不知己而信於知己者」とあり、〈索隱〉に「信讀曰申　古周禮皆然也　申於知己謂以彼知我而我志獲申」とあって、これを參考にすれば、「信」つまり「申」は、〝伸ばす〟と讀み、〝遠慮なく思うがままにふるまう〟といったような意味である、と考えられる。

次に、僖公二十四年の左氏傳文に「今君卽位　其無蒲狄乎」とあるが、疏に引く同文を、野間氏は、〝いま君は卽位なされたが、（君にとって新たな）蒲・狄が無いでありましょうか〟（第二冊、四八二頁上）と譯している。〈會箋〉に「言今君卽位　其無復蒲翟之難乎」とあるのに從ったのかも知れないが、筆者としては、どうも納得し難い。むしろ、すぐ上の傳文「蒲人狄人　余何有焉」に關する楊伯峻『春秋左傳注』に「何有　古人習語　意義隨所施而異　此謂心目中無之也　下文其無蒲狄乎　卽此意之正面說法　有與無正相對照」とあるのに從って、〝今、卽位なさった君も、蒲や狄は眼中にございませんでしょう〟（小倉芳彦『春秋左氏傳上』岩波文庫、二六二頁〕と譯す方が合理的に思える〔なお、この場合、疏の下文の「爲君」は、〝君のために〟ではなくて、〝君として〟と讀む〕。ただし、『國語』晉語四「今君卽位　其無蒲狄乎」の韋注には「獨無有所畏惡如蒲狄者乎」とあるから、傳はともかく、疏の讀み方としては、野間氏のも、一概には否定できない。

次に、僖公二十四年の左氏傳文「召穆公思周德之不類　故糾合宗族于成周而作詩」の杜注に「召穆公于東都收會宗族　特作此周公之樂歌」とあるのを、野間氏は、〝召の穆公　東都に于〔ゆ〕きて宗族を收會し、特に此の周公の樂歌を作るなり〟〔第二冊、四八八頁上〕と訓讀しているが、〝東都に于〔ゆ〕きて宗族を收會し〟がおかしい。「于」を〝ゆく〟と讀む場合もないではないが、ゆくゆかないは、ここの話と何の關係もなく、唐突である。ここの「于」は、普通に、「於」と同等と解し、〝東都に宗族を收會し〟と讀むべきであろう。つまり、注の「于東都收會宗族」は、單に、傳の「糾合宗族于成周」を倒置したもの、ということである。ちなみに、下の傳文「其四章曰」の疏に「召穆公於東都會宗族」とあり、これについては、野間氏も、さすがに〝召の穆公　東都に於て宗族を會し〟と讀んでいる。

次に、僖公二十四年の左氏傳文「曰　常棣之華　鄂不韡韡」の杜注に「鄂鄂然華外發」とあるのを、野間氏は、〝鄂鄂然として華　外にひらく〟〔第二冊、四八八頁上〕と訓讀しているが、おかしい。注は、傳にみえる言葉を對象とし、それを解說するものなのに、これでは、對象となる言葉がない。ここは、〝「鄂」は、鄂然として華　外にひらく〟と讀むべきであろう。つまり、この注は、傳の「鄂」を對象とし、それを解說している、ということである。ちなみに、『詩』小雅〈常棣〉の毛傳に「鄂猶鄂鄂然　言外發也」

とあり、集傳に「鄂　鄂然外見之貌」とある。なお、杜注の「鄂鄂然華外發」は、本來「鄂　鄂鄂然華外發」と言うべきところを、對象となる「鄂」を省略したものである、と考えることも、全く不可能とは言えないが、すぐ上には「常棣　棣也」とあって、對象が明示されているのだから、その可能性は極めて低い。

次に、僖公二十四年の左氏傳文「卽聾從昧　與頑用嚚　姦之大者也」の疏に「用其口嚚者」とあるのを、野開氏は、〝その口の嚚〔口がきけない〕なる者を用いる〟〔第二冊、四九〇頁上〕と譯しているが、「嚚」を〝口がきけない〟と説明している點が奇妙である。『國語』晉語四の「嚚瘖不可使言」などによったのであろうが、下の傳文に「口不道忠信之言爲嚚」と明言されているのだから、全く逆に、〝口達者〟とか〝口上手〟とか〝口先だけ〟とかいったように説明しなければならない。

次に、僖公二十四年の左氏傳文「庸勳親親　暱近尊賢　德之大者也」の疏に「下文名以四事覆之　唯棄嬖寵而用三良　是言鄭伯之賢　與上文倒　隨便言耳」とあるのを、野開氏は、〝下文の名稱で四事を反復する際、ただ「嬖寵を棄てて三良を用ふ」るだけなのは、鄭伯の賢者ぶりを述べたもので、上文と逆になっているのは、文章表現の都合でそうしたまでである〟〔第二冊、四九〇頁上〕と譯しているが、〝ただ〜だけ〟がおかしい。ここで「下文」とは「鄭有平惠之勳　又有厲宣之親　弃嬖寵而用三良　於諸姫爲近」を指すから、〝ただ「弃嬖寵而用三良」だけ〟なのではなくて、「鄭有平惠之勳」もあり、「又有厲宣之親」もあり、「於諸姫爲近」もある。だとすれば、ここの「唯」は、「但」と同意とみて、〝ただし〜〟と讀むべきではあるまいか。さて、そうなると、實は、原文の冒頭の「下文名」の「名」がおかしい。このままでは意味不明なので、筆者として、論理を重視して、「各」に改めたい。かくて、筆者の試譯では、〝下文でそれぞれ四事を反覆している。ただし、「弁嬖寵而用三良」は、鄭伯の賢者ぶりを言ったもので、上文と順序が逆になっている。文章表現の都合でそうしたまでである〟となる。つまり、上文では、①「庸勳」②「親親」③「暱近」④「尊賢」という順序なのに、下文では、①′「鄭有平惠之勳」②′「又有厲宣之親」④′「弁嬖寵而用三良」③′「於諸姫爲近」という順序になっている、すなわち、③④が④′③′に逆轉している（が、そこには深い意味はない）、ということである。

次に、僖公二十六年「齊人侵我西鄙　公追齊師　至酅　弗及」の疏に「美公能逐其師　若言追大師然變文以美公」とあるのを、野間氏は、〝公がその師を逐うことができたこと、あたかも大師を追うかのようであったことを美〔よ〕みし、表現を變えて公を美みしたのである〟〔第二冊、五一五頁上〕と譯しているが、まちがいである。というのも「公能逐其師」は、事實をいったものだが〔「能」の字に注目〕、「言追大師」は、「言」とあるように、書法をいったものである、からである。正しくは、〝公がよくその師を逐ったことをほめて、あたかも大師を追ったかのように表現した。（つまり）表現を變えて、公をほめたのである〟と譯さなければならない。

次に、僖公二十六年の左氏傳文「公使展喜犒師」の杜注「勞齊師」の疏を、野間氏は、「服虔云　以師枯槁　故饋之飲食勞苦　謂之勞也」〔第二冊、五六五頁下〕と句讀し、〝服虔が「師　枯槁せるを以て、故に之れに飲食を饋〔おく〕りて苦を勞〔ねぎら〕ふ、之れを勞と謂ふ」と注し〟〔第二冊、五一七頁上〕と譯しているが、まちがいである。「勞」は、傳の言葉ではなくて、注の言葉だからである。服虔が杜預の言葉を解説したとでも言うのだろうか。つまり、服虔の解説は「飲食」までで、「勞苦謂之勞也」は、疏の地の文である、ということである。ちなみに、『玉函山房輯佚書』も、まちがえて、「謂之勞也」まで拾っているが、重澤俊郎『左傳賈服注攟逸』は、正しく、「飲食」までしか拾っていない。

【一生一及】

僖公二十六年の左氏傳文「夔子不祀祝融與鬻熊」の疏に「以其閒或兄弟伯叔相及皆爲君　故年多而世少」とあるのを、野閒氏は、〝その閒に或いは兄弟や伯叔が相い及んで皆な君となったから、年數が多く世代が少ないのである〟（第二冊、五一九頁下）と譯しているが、〝相い及んだ〟だけでは、讀者には、何のことやら、よくわからないであろう。野閒氏自身は當然、正確な意味を理解しているのであろうが、些か不親切である。今、野閒氏に代わって解説すると、ここの「及」は、莊公三十二年の公羊傳文に「魯一生一及　君已知之矣」とあるところの「及」であり、その意味は、何注に「父死子繼曰生　兄死弟繼曰及」とあるように、縱ではなくて、横すべりに相續する、ということである。なお、『史記』魯世家にも「一繼一及　魯之常也」とある。ちなみに、「一生一及」全體の意味は、父子相續と兄弟相續とを交互に繰り返す、ということである。

ついでながら、僖公二十七年「乙巳公子遂帥師入杞」の杜注に「弗地曰入」とあるのを、野閒氏は、〝地いはざるを「入」と曰ふ〟（第二冊、五二一頁下）と訓讀しているが、まちがいである。「弗地」は、書法ではなくて、事實をいっているものだからである。もし、「弗地」が書法だとすると、「曰入」はもちろん書法だから、ただ書法が二つならんでいることになり、何の説明にもならない。したがって、正しくは、〝土地を占有しなかった場合に「入」という〟と讀まなければならないのである。ちなみに、これは襄公十三年の左氏傳文である。なお、「弗地」に關し、野開氏の讀みが場所によってゆれていることは、拙著『春秋學用語集四編』〔汲古書院〕の【弗地】の項で詳述した。

【行言】

僖公二十七年「冬楚人陳侯蔡侯鄭伯許男圍宋」の疏に「傳聞行言　不得書也」とあるのを、野開氏は、〝傳聞した言行は、記録できないのである〟〔第二冊、五二二頁下〕と譯しているが、まちがいである。「行言」は、「流言」と同じで、「傳聞行言」とは、〝ちまたの風聞〟の意である。なお、隱公十一年の左氏傳文「凡諸侯有命　告則書　不然則否」の杜注に「若所傳聞行言　非將君命　則記在簡牘而已　不得記於典策」とある。

ついでながら、僖公二十七年の左氏傳文「先軫曰　報施救患　取威定霸　於是乎在矣」の杜注「先軫晉下軍之佐原軫也」の疏に「然先軫後年亦爲中軍帥　不云中軍帥者　相去既遠　又隔下軍之佐　故杜不言之」とあるのを、野開氏は、〝そうすると、先軫は後年にまた中軍の帥となったのに、「中軍の帥」と言わないのは（なぜかといえば）、相い去ることもはや遠く、また「下軍の佐」を隔てているので、杜預はこのことを言わなかったのである〟〔第二冊、五二七頁上〕と譯しているが、不親切である。〝相い去ることもはや遠く〟は、上文に「先軫此語與蒐相近」とあるから、どうやら、時間的なことを言っているとわかるものの、〝また「下軍の佐」を隔てている〟は、日本語として意味不明である。もちろん、この「隔」は、翌二十八年の傳文「二月晉郤縠卒　原軫將中軍　胥臣佐下軍　上德也」の杜注に「先軫以下軍佐超將中軍　故曰上德」とあるところの「超」に相當する。つまり、下軍の佐から、身分の隔たりを一氣にとびこえて、中軍の將となった、ということである。ちなみに、順位は、「中軍將」・「中軍佐」・「上軍將」・「上軍佐」・「下軍將」・「下軍佐」であるから、大出世である。

【夏書】

僖公二十七年の左氏傳文「夏書曰　賦納以言　明試以功　車服以庸」の杜注「尙書虞夏書也」の疏に「以與禹對言　故傳通謂大禹謨以下皆爲夏書也」とあるのを、野間氏は、〝「禹」と對稱して言うため、傳では通じて〈大禹謨〉以下の諸篇をすべて〈夏書〉と見なしている〟〔第二冊、五二八頁下〕と譯しているが、〝「禹」と對稱して言う〟が意味不明である。ここの「與禹對言」は、文公七年の左氏傳文「夏書曰　戒之用休　董之用威　勸之以九歌　勿使壞」の疏に「此虞書大禹謨之文也　以其夏禹之言　故傳謂之夏書」とあるのを參考にして、〝禹との對話であるため〟と讀むべきであろう。

ところで、野間氏の當該書には、他にも疑問點が多い。以下、その一端を指摘することにする。まずは、僖公二十八年「冬公會晉侯齊侯宋公蔡侯鄭伯陳子莒子邾子秦人于溫」の疏に「疑主會之意　亦未必不由後至而降之」とあるのを、野間氏は、〝たぶん主會者の意圖としても、やはり必ずしも「後れて至る」ことで降したのではなかろう〟〔第二冊、五三八頁上〕と譯しているが、まちがいである。ここは、「未〜不

〜〜」という二重否定の構文だから、意味は全く逆で、正しくは、〝「後れて至る」ことで降したのかも知れない〟と譯さなければならない。論理的にも、こうしなければ、意味が通じない。

次に、僖公二十八年「冬公會晉侯齊侯宋公蔡侯鄭伯陳子莒子邾子秦人于溫」の疏を、野間氏は、「然則待之如君　在本班者　爲得禮也」〔第二冊、五七〇頁下〕と句讀しながら、〝そうだとすると、これを待遇すること君が本來の班〔席次〕に在るようにするのが禮を得たものであり〟〔第二冊、五三八頁下〕と譯しているが、おかしい。「君」は、虚であるから、「如」がかかるが、「在本班」は、實であるから、「如」がかからない。つまり、「待之如君」と「在本班」とが同格である、ということである。だから、ここは、野間氏自身の句讀のとおり、〝君であるかのように待遇し、本來の席次に置くのが、禮を得たものなのである〟と讀めばよいのである。なお、すぐ上に引く『禮』雜記に「君薨　大子號稱子　待猶君也」とある。

【小惠】

僖公二十八年の左氏傳文「勞之不圖　報於何有」の疏を、野間氏は、「勞苦之大　不嘗圖謀　其報此小惠　於何有義」〔第二冊、五七一頁上〕と句讀し、〝大きな勞苦のことは少しもお考えにならず、この小さな恩惠に報いんとされるのは、どこに正義が有ろうか〟〔第二冊、五四一頁上〕と譯しているが、おかしい。莊公十年の左氏傳文に「小惠未徧　民弗從也」とあるように、「惠」とは、君が與えるものだからである。つまり、ここは、「勞苦之大　不嘗圖謀其報　此小惠於何有義」と句讀し、〝大きな苦勞に對しては、その報賞を少しもお考えにならず、こんなちっぽけな恩惠を與えるなんて〟と譯すべきである、ということである〔「此小恵」が、傳の「報」に相當する〕。なお、下の傳文に「思小恵而忘大恥」とあって、こちらの「恵」は、與えられる方だが、それは、相手が國（君）だからである〔この少し上の傳文に「若楚恵何」とある〕。相手が箇人の場合は、すぐ上の傳文に「報施也」とあるように、表現がかわっている。

【若敖】

僖公二十八年の左氏傳文「王怒　少與之師　唯西廣東宮與若敖之六卒實從之」の杜注に「若敖　楚武王之祖父　葬若敖者　子玉之祖也」とあるのを、野間氏は、〝若敖は楚の武王の祖父、若敖を葬る者は、子玉の祖なり〟〔第二冊、五四三頁下〕と訓讀しているが、まちがいである。昭公元年の傳文に「葬王于郟謂之郟敖」とあり、同十三年の傳文に「葬子干于訾　實訾敖」とあるのを參考にすれば、〝「若敖」は、楚の武王の祖父で、若敖（の地）に葬られた者である。子玉の祖である〟と讀まなければならない。なお、これらによれば、「～敖」というのが楚の君に共通する稱謂のようであるから、杜注の「葬若敖者」の「敖」は、あるいは、衍文かも知れない。だとすれば、ここは、正確には、〝若（の地）に葬られた者〟という意味になる。ちなみに、『會箋』のよった卷子本には、「敖」の字がないそうである。

【權言】

僖公二十八年の左氏傳文「子犯曰　吉　我得天　楚伏其罪　吾且柔之矣」の杜注に「子犯審見其宜　故權言以荅夢」とあるのを、野間氏は、〝子犯は審らかに事宜を見る。故に言を權〔か〕りて以て夢に荅ふるなり〃〔第二冊、五四六頁下〕と訓讀しているが、〃言をかりて〃がおかしい。訓讀とて、一應は日本語なのだから、意味が通じなければいけないが、これでは意味不明である。ここの「權」は、桓公十一年「九月宋人執鄭祭仲」の公羊傳文に「祭仲者何　鄭相也　何以不名　賢也　何賢乎祭仲　以爲知權也」とあるところの「權」であり、何注に「權者　稱也」とあるから、〃はかる〃と讀むべきだろうが、かと言って、「權言」を〃言をはかる〃と讀んだのでは、やはり、おかしい。實は、「權」は、「言」を目的語としているのではなくて、修飾しているのである。したがって、〃はかって言う〃と讀まなければならない〔はかるのは、もちろん、その時の事情である〕。かくて、ここの意味は、〃子犯は、事情をよくのみこんでいたから、機轉をきかせて、夢に答えたのである〃ということになる。ちなみに、『史記』呉王濞列傳の〈論〉に「袁盎權說　初寵後辱」とあるところの「權說」も同じである〔ただし、こちらは、よい意味ではない〕。これを、〃說をかりる〃と讀めるだろうか。

ついでながら、僖公二十八年の左氏傳文「王命尹氏及王子虎内史叔興父　策命晉侯爲侯伯」の杜注「尹氏王子虎皆王卿士也　叔興父大夫也」の疏に「或云皆大夫　皆字妄耳」とあるのを、野間氏は、〃或說に、「皆な大夫なり」と言う「皆」字は間違いであるという〃〔第二冊、五四九頁上〕と譯しているが、原文の「云」は、譯文の上の〃言う〃に相當するのか、下の〃いう〃に相當するのか、よくわからない。論理的に見ると、前者のはずであるから、下の〃いう〃は削除しなければならない。

【承事】

僖公二十八年の左氏傳文「虎賁三百人」の疏に引く〈國語〉に「大夫有貳車　備承事」とあるのを、野開氏は、〝大夫に貳車有るは、事を承くるに備ふるなり〟〔第二冊、五五二頁上〕と訓讀しているが、「承事」を〝事を承く〟と讀むのは、まちがいである。この「承事」は、〝つかえる〟の意の連文と解さなければならない。だから、成公十二年の傳文に「百官承事　朝而不夕」とあるのを、小倉芳彦氏も〝百官の出仕は、早朝のみで夕方は不要〟〔『春秋左氏傳中』岩波文庫、八一頁〕と譯しているのである。なお、このことは、『漢書』郊祀志下に「蓋聞王者承事天地　交接泰一　尊莫著於祭祀」とあり、同匈奴傳の贊に「有卑下而承事之矣」とあり、また、『後漢書』竇融傳に「守節不回　承事本朝」とあるのを見れば、よりはっきりするだろう。ただし、上にあげた成公十二年の傳文の疏には「百官承奉職事」とあるから、疏の中の〈國語〉の讀み方としては、〝事を承く〟でよいのかも知れない。

ところで、野開氏の當該書には、他にも疑問點が多い。以下、その一端を指摘することにする。まずは、僖公二十八年の左氏傳文「城濮之戰　晉中軍風于澤」の杜注「牛馬因風而走　皆失之」の疏に「若牛馬不失　又大旆在軍　何得因放牛馬而亡左旆」とあるのを、野開氏は、〝もし牛馬を失わないで、また大旆も軍に在るなら、なんで牛馬を放つことによって左旆を失ったりしようか〟〔第二冊、五五七頁上〕と譯しているが、これでは、日本語として、論理をたどることが出來ない。おそらく、ここは、〝もし牛馬を失わなければ、大旆〔はた〕もまた軍にある〔失われない〕はずで、なんで牛馬を放つことによって左旆〔はた〕を失ったりしようか〟という論理であろう。つまり、牛馬を失わなければ〔牛馬を放っただけでは〕、大旆すなわち左旆を失うはずはない、ということである。

次に、僖公二十八年の左氏傳文「仲尼曰　以臣召君　不可以訓　故書曰天王狩于河陽　言非其地也」の杜注を、野間氏は、「使若天王自狩　以失地　故書河陽　實以屬晉　非王狩地」と句讀し、〝天王自ら狩りし、地を失ふを以て、故に河陽と書するが若くならしむ。實にすでに晉に屬し、王の狩地に非ざるなり〟〔第二冊、五六一頁上〕と訓讀しているが、まちがいである。拙著『春秋學用語集五編』〔汲古書院〕の【使若】の項で既に述べたように、〝「使若〜」という文型は、いずれもみな、「〜」の部分が非事實である〟はずなのに、野間氏の所謂「書河陽」は事實だからである〔經文に「天王狩于河陽」とある〕。ここは、正しくは、「使若天王自狩　以失地故書　河陽實以屬晉　非王狩地」と句讀しなければならない。つまり、〝天王が自主的に狩をしたが、土地をまちがえたから書いた、かのようにしたのである。（この時河陽は、實はすでに晉に屬しており、王が狩をすべき土地ではなかった〟という意味である。ちなみに、疏に「使若獵失其地　故書之以譏王然」とあり、また、疏に引く〈釋例〉に「河陽實以屬晉　非王狩所」とある。

【國賓】

僖公二十九年「春介葛盧來」の杜注に「雖不見公　國賓禮之　故書」とあるのを、野間氏は、〝公に見えずと雖も、國は之れを賓禮す、故に書す〟〔第二冊、五八一頁上〕と訓讀しているが、何かおかしい。『漢書』鼂錯傳に「賓禮長老　愛卹少孤」とあり、また、『周禮』郷大夫に「以禮禮賓之」とあるから、〝之れを賓禮す〟はともかく、〝國は〟が不可解なのである。ここは、「國賓」を一つの言葉と解し、〝公にはまみえなかったけれども、國賓として禮遇したから、書いたのである〟と讀む方がよいのではなかろうか。ちなみに、『周禮』司几筵に「筵國賓于牖前亦如之」とあり、鄭注に「國賓　諸侯來朝　孤卿大夫來聘」とある。

ついでながら、僖公三十年「秋衞殺其大夫元咺及公子瑕」の杜注に「咺見殺稱名者　訟君求直　又先歸立公子瑕　非國人所與　罪之也」とあるのを、野間氏は、〝咺の殺されて名を稱するは、君に訟へて直を求め、又た先づ歸りて公子瑕を立つるも、國人の與〔くみ〕する所に非ざれば、之れを罪するなり〟（第二冊、五八六頁下）と訓讀しているが、おかしい。このように、〝〜も〟と逆接にすると、「非國人所與」だけが罪となり、「訟君求直」と「先歸立公子瑕」とは罪ではなくなってしまう、からである。疏に「以訟君立瑕爲咺之罪狀」とあって、はっきり、「訟君求直」と「先歸立公子瑕」とが罪である、と言っているではないか。だから、正しくは、ここは〝君を訴えてまで正直さを追求し、しかも、先に歸國して公子瑕を立てたため、國人に支持されなかったから、罪責したのである〟と讀まなければならない。

もう一つ。僖公三十年「秋衞殺其大夫元咺及公子瑕」の杜注「瑕立經年　未會諸侯　故不稱君」の疏に「春秋之世　諸侯雖簒弑而立　已列於會　雖復見弑　卽成爲君　齋商人蔡侯班之屬是也」とあるのを、野間氏は、〝春秋時代では、諸侯が簒弑して卽位したとしても、すでに（諸侯の）會合に列席すれば、（前君が）弑されたとしても、その場で君と見なされる。齊の商人・蔡侯班（般）のたぐいがそれである〟（第二冊、五八六頁下）と譯しているが、〝（前君が）弑されたとしても〟がおかしい。これでは、上の「諸侯雖簒弑而立」と重複してしまう。正しくは、〝（當人が）弑されたとしても〟としなければならない。實は、

〝君とみなされる〟とは、事實としては、會合の直後のことだとしても、《春秋》に於いては、當人が殺された時の書法をいうのである〔簒弑した當人は、大抵、その後に殺される〕。このことは、莊公九年・宣公四年・昭公十三年の疏に、繰り返して引かれる〈釋例〉に「諸侯不受先君之命而簒立　得與諸侯會者則以成君書之　齊商人蔡侯般之屬是也　若未得接於諸侯　則不稱爵　楚公子棄疾殺公子比　蔡人殺陳佗　齊人殺無知　衞人殺州吁公子瑕之屬是也」とあることによってわかる。というのも、ここに擧げられている「齊商人」〔文公十四年・文公十八年〕・「蔡侯般」〔襄公三十年・昭公十一年〕・「公子比」〔昭公十三年〕・「陳佗」〔桓公五年・桓公六年〕・「無知」〔莊公八年・莊公九年〕・「州吁」〔隱公四年〕・「公子瑕」〔ここ〕は、いずれもみな、簒弑した當人が後に殺される例であり、話題は、當人が殺された時の書き方である、からである。なお、〈春秋時代〉という現在のテクニカルタームを、疏の譯に安易に使用すべきではない、ということは、拙著『春秋學用語集五編』〔汲古書院〕の【衰亂】の項で既に述べた。

【互見】

僖公三十年の左氏傳文「則有備物之饗　以象其德　薦五味　羞嘉穀　鹽虎形　以獻其功」の疏に「功德互見之耳」とあるのを、野間氏は、〝「功」「德」は互いに示したものである〟〔第二冊、五九二頁上〕と譯しているが、これでは、日本語として意味不明で、不親切である。野間氏も先刻承知だろうが、これは、『禮記』中庸「子曰　吾說夏禮　杞不足徵也　吾學殷禮　有宋存焉」の疏に「故論語云宋不足徵也　此云杞不足徵　卽宋亦不足徵　此云有宋存焉　則杞亦存焉　互文見義」とあるところの「互文見義」をつづめて言ったものと考えられる。ただし、ここは、互いに意味を補足し合うといったような複雑な意味ではなくて、互いに入れ換え可能といったような單純な意味であろう。ちなみに、『禮記』祭統「王后蠶於北郊　以共純服（中略）夫人蠶於北郊　以共冕服」の鄭注に「純服亦冕服也　互言之爾　純以見繒色　冕以著祭服」とある。

【三望】

僖公三十一年「猶三望」の杜注を、野間氏は、「三望分野之星　國中山川　皆因郊祀　望而祭之」と句讀し、〝三望は分野の星なり。國中の山川は、皆な郊祀に因り、望して之れを祭る〟（第二冊、五九四頁上）と訓讀しているが、「分野之星」で切ってはならず、まちがいである。正しくは、〝「三望」とは、分野の星と國内の山・川とを、いずれもみな、郊祀に附隨して、望して祭るのである〟と讀まなければならない。疏に「賈逵服虔以爲三望分野之星國中山川　今杜亦從之」とあり、野間氏もこれを〝賈逵・服虔は、「三望とは分野の星と國中の山川である」と見なしており、いま杜預もまたこれに從ったもの〟と譯しているではないか。

ついでながら、僖公三十一年の左氏傳文「趙衰爲卿」の杜注に「今始從原大夫爲新軍帥」とあるのを、野間氏は、〝今始めて原〔もと〕の大夫より新軍の帥と爲る〟（第二冊、五九七頁下）と訓讀しているが、まちがいである。「原」は、〝もと〟ではなくて、地名であり、それは、僖公二十五年の傳文に「冬晉侯圍原（中略）退一舍而原降　遷原伯貫于冀（杜注　伯貫　周守原大夫也）趙衰爲原大夫」とあるのを見れば、一目瞭然である。

【要盟】

僖公三十二年の左氏傳文「其北陵　文王之所辟風雨也」の疏に引く〈何注〉に「其處險阻隘勢　一人可要百」とあるのを、野間氏は、〝其の險阻隘勢に處り、一人、百を要〔もと〕むべし〟〔第二冊、六〇三頁下〕と訓讀している。莊公十三年の公羊傳文「要盟可犯」の何注「臣約束君曰要　彊見要脅而盟爾　故云可犯」〝臣が君に約束させるのを「要」という。强要されて盟ったから、「やぶってもよい」と言っているのである〟あたりによっているのであろうが、「要盟」の「要」ならともかく、ここの「要」を〝もとむ〟と讀んだのでは、日本語として、意味不明である。ここの「要」は、むしろ、隱公四年の公羊傳文に「一君出　一君要之也」とあり、また、桓公十年の公羊傳文に「公不見要也」とあるところの「要」、つまり、〝待ちうける〟〝待ち伏せする〟の意である〔ちなみに、僖公三十三年の公羊傳文に「然而晉人與姜戎要之殺而擊之　匹馬隻輪無反者」とある〕。かくて、件の何注は、〝そこは、けわしい所で、一人で百人をも待ち伏せできる〟と讀める〔どうしても訓讀したいのなら、〝要〔よう〕すべし〟と、「要」を音で讀むしかあるまい。こういう時、訓讀は、極めて不便であって、下手な訓をあてると、かえって意味不明になってしまう〕。なお、ここに、『淮南子』兵略訓の「一人守隘　而千人弗敢過也」や、左思〈蜀都賦〉の「一人守隘　萬夫莫向」を引くのは、陳腐かも知れない。

ついでながら、僖公三十三年「夏四月辛巳晉人及姜戎敗秦師于殽」の杜注「姜戎　姜姓之戎」の疏に

「襄十四年傳　戎子駒支自陳此事云　謂我諸戎四嶽之裔冑　且此云姜戎　知是姜姓之戎也」とあるのを、野閒氏は、〝襄公十四年傳に戎子駒支自身がこの事を述べて、「我が諸戎は四嶽の裔冑と謂ふ」と言い、しかもこの傳に「姜戎」と言うから、「姜姓の戎」であることが分る〟〔第二冊、六〇四頁下〕と譯しているが、〝この傳〟は、〝ここ〟つまり〝この經〟の誤りである。おそらく、野閒氏は、上の「襄十四年傳」につられたのであろう。

【同陳】

僖公三十三年「夏四月辛巳晉人及姜戎敗秦師于殽」の杜注「不同陳　故言及」の疏を、野閒氏は、「諸戰之陳　共用師不言及者　皆同陳也」〔第二冊、六二五頁上〕と句讀し、〝諸もろの戰陣において、一緒に師を用いて「及」と言わないのは、いずれも戰陣を同じくするものである〟〔第二冊、六〇四頁下〕と譯しているが、おかしい。「共用師」と「不言及」とは、前者が事實、後者が書法であって、本來、別々のもののはずであるのに、野閒氏は、兩者を混同してしまっているのである。正しくは、兩者をはっきり分け、「諸戰之陳共用師　不言及者　皆同陳也」と句讀しなければならない。したがって、ここは、〝戰場で共に師を用いた諸例のうち、「及」と言っていないのは、いずれもみな、陣を同じくした〔ならんで戰った〕場合である〟という意味になる〔つまり、「共用師」と「同陳」とは、同等ではなく、前者は、後者を包含した、より廣い概念である、ということ〕。

ついでながら、僖公三十三年「隕霜不殺草　李梅實」の杜注「周十一月　今九月　霜當微而重　重而不

能殺草　所以爲災」の疏に「夏之九月　霜不應重　重又不能殺草　所以爲災也」とあるのを、野間氏は、〝夏正の九月は霜はまだ繁くないはずで、繁くてもまた「草を殺す」ことはできないから、「災を爲す所以」である〟〔第二冊、六〇五頁下〕と譯しているが、なぜ、「重」を唐突に〝繁く〟と讀んでいるのか、理解に苦しむ〔注の方の〝霜は當に微かなるべくして重く、重けれども草を殺す能はず〟という野間氏自身の訓讀の〝重く〟も、〝しげく〟と讀めというのだろうか〕。たしかに、襄公四年の傳文「武不可重」の杜注に「重猶數也」とあるように、「重」を〝繁く〟と讀む場合も、ないではないが、ここの話は、頻數とは關係がないのだから、普通に〝おもい〟と讀んで、何の支障もないはずである。なお、〝霜が重い〟とは、もちろん、霜が、一回の分量として多い、という意味である〔杜注の「微」の字に注目〕。

【相形】

僖公三十三年の左氏傳文「鄭商人弦高將市於周」の杜注「商　行賈也」の疏に「是商行賈坐　而言行賈者　相形以曉人也」とあるのを、野間氏は、〝「商」は行き、「賈」は坐しているのに、（ここで）「行賈」と言うのは、似たもので理解させせようとしたのである〟〔第二冊、六〇七頁上〕と譯しているが、〝似たもので〟では、意味が曖昧である。はっきりさせるためには、『老子』に「長短相形」〔本によっては「長短相較」に作る〕とあるのを參考にして、〝比較對照して〟とでも譯すべきであろう。つまり、ここで言わんとしているのは、「商　行賈也」という訓詁を見れば、「商」と「賈」という對照的な二つの言葉の意味が同時にわかる、ということである。だから、現實味はないが、「賈　坐商也」という訓詁も、形式上は可能と言える。

【審當】

僖公三十三年の左氏傳文「禮成而加之以敏」の杜注に「敏　審當於事」とあるのを、野開氏は、〝「敏」は審かに事に當るなり〟〔第二冊、六〇九頁上〕と訓讀しているが、おかしい。「當」は、下の「事」につながるのではなく、上の「審」につながるのであり、「審當」を一つの言葉として讀むべきなのである〔つまり、ここの「當」は、「擔當」の「當」ではなくて、「確當」の「當」である、ということ〕。だから、ここは、一應、〝「敏」とは、事に對して審當〔行き屆いて的確〕である、ということである〟という意味に讀める。ただし、〝行き屆いて的確〟というのが、われながら、どうもくどい。僖公二十三年の傳文「辟不敏也」の杜注には、單純に「敏猶審也」とあるから、もしかすると、「審當」は、〝行き屆く〟の意味の連文なのかも知れない。

ついでながら、僖公三十三年の左氏傳文「葬僖公　緩」の杜注に「僖公實以今年十一月薨　并閏七月乃葬」とあるのを、野開氏は、〝僖公は實は今年の十一月を以て薨じ、閏七月を并せて乃ち葬る〟〔第二冊、六一三頁下〕と訓讀しているが、もちろん、これはまちがいで、正しくは、〝僖公は實はこの年に十一月に薨じたから、閏月をあわせると、七箇月たってから葬ったことになる〟と讀まなければならない。なお、疏に「文元年傳曰　於是閏三月　非禮也　故至四月并閏爲七月　禮當五月而葬　今乃七月始葬　故傳曰緩也」とあり、こちらの方は、さすがに野開氏も、〝四月になると、閏月を併せて七箇月である〟と譯している。

【分簡】

僖公三十三年の左氏傳文「葬僖公　緩」の杜注「今在此　簡編倒錯」の疏に「或可編絶之處　三字分簡　彼有葬無公　此有公無葬　後人並添足之　致使彼此共剩一文耳」とあるのを、野間氏は、〝あるいは簡編が途切れたところの三字分の簡に、かしこでは「葬」が有って「公」が無く、ここには「公」が有って「葬」が無かったが、後人がともに附け足して、かれこれ一文字が餘計になるという結果になったのかも知れない〟〔第二冊、六一四頁上〕と譯しているが、支離滅裂である。まず、「三字分簡」というのは、「葬僖公」の三字が別々の簡にわかれている、ということである。下文をみると、「葬僖」と「公」とにわかれていることがわかる〔實は、「彼有葬無公　此有公無葬」とは、正確には、〝かしこには、「葬僖」があって「公」が無く、ここには、「公」があって「葬僖」が無い〟という意味である〕。それから、〝かれこれ一文字が餘計になる〟というのが、意味不明である。ここは、「字」ではなくて「文」であるから、「葬僖公」を指し、「一」は「同」であり、「共剩」は「重複」の意である。つまり、「彼此共剩一文」とは、〝かしことここで、〔「葬僖公」という〕同文が重複している〟という意味である〔もちろん、これは、後人が、かしこの「葬僖」の下に「公」を加え、ここの「公」の上に「葬僖」を加えた結果である〕。

【卒哭】

僖公三十三年の左氏傳文「凡君薨　卒哭而祔　祔而作主　特祀於主」の杜注に「既葬反虞　則免喪　故曰卒哭　止也」とあるのを、野間氏は、疏に引く〈釋例〉に「君既葬反虞　則免喪　故曰卒哭　哭止也」とあるのに從って、「止」の上に「哭」の字を補った上で〔第二冊、校勘記、六三一頁上〕、〝既に葬りて反虞すれば、則ち喪を免る、故に「卒哭」と曰ふ。哭すること止むなり〟〔第二冊、六一四頁下〕と訓讀している。別に、まちがいというわけではないが、筆者には、訓詁の型として、違和感がある。版本上の根據がない校勘は、ひかえねばならないのかも知れないが、筆者には、『釋名』釋喪服に「又祭曰卒哭　卒　止也　止孝子無時之哭　朝夕而已也」とあるのが、どうしても氣になる。つまり、注も〈釋例〉も、本來は「故曰卒哭　卒　止也」だったのではないかと想像したくなるのである。

ついでながら、僖公三十三年の左氏傳文「烝嘗禘於廟」の疏に「於此之時　葬已多日」とあるのを、野間氏は、〝この時には、葬にすでに多日を要しており〟〔第二冊、六一六頁上〕と譯しているが、おかしい。上文に引く〈檀弓〉に「葬日虞」とあるように、「葬」は、一日だけのもので、何日も要するはずがない、からである。上文に「諸侯卒哭在葬後十四日也」とあるのを見れば、「葬已多日」とは、〝葬からすでに日數がたっている〟という意味であることがわかる。

【卽吉】

僖公三十三年の左氏傳文「烝嘗禘於廟」の疏に引く〈釋例〉を、野間氏は、「凡三年喪畢　然後禘　於是遂以三年爲節　仍計除喪　卽吉之月　卜日而後行事　無復常月也」〔第二冊、六二七頁下〕と句讀し、

"凡そ三年の喪が終わり、然る後に禘祭する。そこでそのまま三年を以て節となし、それによって計りて喪を除き、吉の月に卽き、日をトして後に事を行うので、もはや常月は無い"〔第二冊、六一七頁上〕と譯しているが、まちがいである。「除喪卽吉」は、一つの言葉と考えられる〔「卽吉」は、"吉につく"と讀み、日常にもどるの意、つまり、「除喪」の言い換えである〕。したがって、ここは、「仍計除喪卽吉之月」と句讀し、"よって除喪卽吉の月を計り"と譯さなければならない。同様に、下の疏を「除喪卽吉禘遂以三年爲常」〔第二冊、六二七頁下〕と句讀し、"喪を除くとすぐに吉禘をし、そのまま三年を常とする"〔第二冊、六一七頁下〕と譯しているのも、まちがいである。正しくは、もちろん、「除喪卽吉　禘遂以三年爲常」と句讀し、"除喪卽吉すると、禘はそのまま三年を常とする"と譯さなければならない。ちなみに、「吉禘」は、閔公二年の「夏五月乙酉吉禘于莊公」以外にあまり見かけない言葉であり、ここに現われるのは、唐突すぎる。

ついでながら、僖公三十三年の左氏傳文「烝嘗禘於廟」の疏に「如杜此言　昭十五年雖非禘年用禘禮故稱禘也」とあるのを、野間氏は、"杜預のこの言葉の通りだとすると、禘の年ではなくても、禘禮を用いると禘と稱するのである"〔第二冊、六一七頁下〕と譯しているが、原文の「昭十五年」を忘れているため、一般論になってしまっている。實は、一般論は、すぐ上に引く〈釋例〉に、「雖非三年大祭而書禘用禘禮也」として既に述べてあり、ここは、具體例を言っているのである〔冒頭の「如杜此言」に注目〕。野間氏の譯だと、一般論の繰り返しで、トートロジーになってしまう。かくて、ここは、正しくは、"杜預のこの言葉の通りだとすると、昭公十五年の場合、禘の年ではないけれども、禘禮を用いたから、「禘」

と稱している、ということになる〞と譯さなければならない〔〈釋例〉の引用の直前の疏に「昭十五年有事於武宮　計非禘年而爲禘者」という、テーマの提示があって、ここは、その締め括りなのである〕。ちなみに、昭公十五年に「二月癸酉有事于武宮　籥入　叔弓卒　去樂卒事」とあり、疏に「三年一禘　若計襄公之薨　則禘當在二年五年八年十一年十四年　此年非禘年也　若計齊歸之薨　則禘當在十三年十六年此年亦非禘年也」とある〔なお、傳文には「春將禘于武公」とある〕。

もう一つ。僖公三十三年の左氏傳文「烝嘗禘於廟」の疏に「故杜以審諦昭穆　謂之爲禘　明其更無祫也」とあるのを、野間氏は、〝杜預は昭穆をつまびらかにすることを「禘」と言うと見なしたのであり、全く「祫」が無いことを明らかにしたのである〞〔第二冊、六一八頁上〕と譯しているが、「更」に〝全く〞という意味はないから、まちがいである〔野間氏は、日本語で考えてしまっているのではあるまいか。〝一向に〞とか〕。それに、これでは、上文に「左傳無祫語」とあるから、トートロジーになってしまうし、そもそも、上文の「杜解左傳　都不言祫」の理由として、〝全く「祫」が無いことを明らかにする〞ためというのは、極めて奇妙である。正しくは、〝（禘とは）別に「祫」があるわけではない、ということを明らかにした〞と譯さなければならない。ちなみに、上文に「祫禘正是一祭」とある〔「一」は、もちろん「同」の意である〕。

《附錄》　王引之『經義述聞』〈春秋左傳〉抄譯

【始殺而嘗】

杜注曰　建酉之月　陰氣始殺　嘉穀始熟　故薦嘗於宗廟　正義曰　賈服始殺唯據孟秋　不通建酉之月　引之謹案　賈服二家之説是也　月令曰　仲秋之月　殺氣浸盛　此言其盛　非言其始也　月令又曰　孟秋之月　鷹乃祭鳥　用始行戮　是月也　命有司修法制　繕囹圄具桎梏　禁止姦愼罪邪　務搏執　戮有罪嚴斷刑　天地始肅　不可以贏　是陰氣始殺　在建申之月也　月令又曰　孟秋之月　農乃登穀　天子嘗新先薦寢廟　鄭注曰　黍稷之屬　於是始孰　管子輕重己篇　以夏日至始　數四十六日　夏盡而秋始　而黍孰　天子祀於大祖　其盛以黍　黍者　穀之美者也　是嘉穀始孰　嘗於宗廟　亦在建申之月　故春秋繁露曰　嘗者　以七月嘗黍稷也　何得以爲建酉之月乎　且上文啓蟄而郊　杜以爲建寅之月　龍見而雩　爲建巳之月　下文閉蟄而烝　爲建亥之月　皆春夏與冬之孟月　則此當爲孟秋建申之月明甚　正義曰　以上下準之　始殺嘗祭　實起於建申之月　已得之矣　而又云建酉者　言其下限　則曲徇杜氏之失也　正義又曰

　釋例引詩蒹葭蒼蒼　白露爲霜　以證始殺百草　案白露爲霜　則九月霜降時矣　九月斗建戌　不建酉豈酉月始殺之證乎　釋例之説殆不足據　當從古注以爲孟秋

（桓公五年の傳文「始殺而嘗」の）杜注に「建酉之月　陰氣始殺　嘉穀始熟　故薦嘗於宗朝」〝（「始殺」は）建酉の月〔八月〕である。（この月になると）陰氣が始めて殺し、嘉穀〔黍稷の類〕が始めてみのるから、宗廟に薦嘗する〔すすめる〕のである〟とあり、正義に「賈服始殺唯據孟秋　不通建酉之月」〝賈逵・服虔は、「始殺」を孟秋〔七月〕だけとし、建酉の月〔八月〕にまで延ばさない〟とある。私が考えますするに、賈・服の二家の説が正しい。(『禮記』の) 月令に「仲秋之月　殺氣浸盛」とあるが、これは、その盛りを言っているのであって、始まりを言っているわけではない。月令にはまた「孟秋之月　鷹乃祭鳥　用始行戮　是月也　命有司修法制　繕囹圄具桎梏　禁止姦愼罪邪　務搏執　戮有罪嚴斷刑　天地始肅　不可以贏」とある。つまり、陰氣が始めて殺すのは、建申の月〔七月〕でのことなのである。月令にはまた「孟秋之月　農乃登穀　天子嘗新　先薦寢廟」とあり、鄭注に「黍稷之屬　於是始孰」とあり、『管子』輕重己篇に「以夏日至始　數四十六日　夏盡而秋始　而黍孰　天子祀於大祖　其盛以黍　黍者　穀之美者也」とある。つまり、嘉穀が始めてみのり、宗廟にすすめるのもまた、建申の月〔七月〕でのことなのである。だから、『春秋繁露』〔四祭〕に「嘗者　以七月嘗黍稷也」とある。〔それなのに〕どうして、建酉の月〔八月〕とすることが出來ようか。しかも、上文の「啓蟄而郊」を杜預は建寅の月〔一月〕とし、「龍見而雩」を建巳の月〔四月〕とし、下文の「閉蟄而烝」を建亥の月〔十月〕としており、いずれもみな、春・夏・冬の孟月である。だとすれば、ここを孟秋建申の月〔七月〕とすべきことは明白である。正義には「以上下準之　始殺嘗祭　實起於建申之月」〝上下によって考えれば、始めて殺して嘗祭するのは、まちがいなく建申の月〔七月〕からである〟とあり、この點を一應は理解しているのだが、さらに「云建酉者　言其下限」〝「建酉」というのは、その下限を言っているのである〟とあって、無理に杜氏のまちがいに從ってしまっている。正義にはまた「釋例引詩蒹葭蒼蒼　白露爲霜　以證始殺百草」〝〈釋例〉は『詩』の「蒹葭蒼蒼　白露爲霜」〔秦風「蒹葭」〕を引いて、始めて百草を殺すことの證としている〟とある。案ずるに、白露が霜となるとすれば、それは九月の霜が降りる時節である。九月には、斗は戌を指し、酉を指さない。

どうして、酉月に始めて殺すことの證となろうか。〈釋例〉の説は依據するに値しない。古注に從って孟秋〔七月〕とすべきである。

【天之不假易】

十三年傳　見莫敖而告諸天之不假易也　杜注曰　言天不借貸慢易之人　家大人曰　假易猶寛縱也　天不假易　謂天道之不相寛縱也　僖三十三年傳曰　敵不可縱　史記春申君傳　敵不可假　秦策作敵不可易　是假易皆寛縱之意也（賈子道術篇曰　包衆容易之謂裕　是易與寛容同義）廣雅曰　假　敡也　敡與易古字通

（桓公）十三年の傳文に「見莫敖而告諸天之不假易也」とあり、杜注に「言天不借貸慢易之人」〝天は、慢易している人間に力をかさない、という意味である〃とある。家大人〔王念孫〕が言うことには、「假易」は、寛縱と同じである。「天不假易」とは、天道が寛縱しない〔ゆるさない〕ことをいう。僖公三十三年の傳文に「敵不可縱」とある。（また）『史記』春申君傳に「敵不可假」とあるのを、〈秦策〉では、「敵不可易」に作っている。つまり、「假」と「易」とは、いずれもみな、寛縱〔ゆるす〕の意味なのである（『賈子』道術篇に「包衆容易之謂裕」とある。つまり、「易」は寛容と同義なのである）。『廣雅』に「假　敡也」とある。「敡」は「易」と古字では通用する。

【兩政】

十八年傳　竝后　匹嫡　兩政　耦國　亂之本也　杜注竝后曰　妾如后　注匹嫡曰　庶如嫡　注兩政曰　臣擅命　注耦國曰　都如國　引之謹案　杜釋兩政　與上下文異義　非也　政非政事之政　謂正卿也　爾雅曰　正　長也　正卿爲百官之長　故謂之正　襄二十五年傳　齊人賂晉六正　杜彼注曰　三軍之六卿是也　閔二年傳　君與國政之所圖也　賈逵注曰　國政　正卿也（見史記晉世家集解）哀十五年傳　莊公害故政　欲盡去之　杜彼注曰　故政　輒之臣　史記衞世家作莊公欲盡誅大臣　周語　昔先大夫荀伯自下軍之佐以政　趙宣子未有軍行而以政　韋注竝曰　升爲正卿　是正與政通也　兩政者　寵臣之權與正卿相敵也　曰竝　曰匹　曰兩　曰耦　皆相敵之辭　閔二年傳曰　內寵竝后　卽此所云竝后也　曰　嬖子配適　卽此所云匹嫡也　曰　大都耦國　卽此所云耦國也　曰　外寵二政　卽此所云兩政也　政　正卿也　外寵之竝於正卿　亦猶內寵之竝后　嬖子之配適　大都之耦國　故曰　竝后　匹嫡　兩政　耦國　亂之本也　韓子說疑篇曰　孽有擬適之子　配有擬妻之妾　廷有擬相之臣　臣有擬主之寵　此四者　國之所危也　故曰　內寵竝后　外寵貳政　枝子配適　大臣擬主　亂之道也　故周記曰　無尊妾而卑妻　無孽適子而尊小枝　無尊嬖臣而匹上卿　無尊大臣以擬其主也　此尤其明證矣（管子君臣篇　內有疑妻之妾　此宮亂也　庶有疑適之子　此家亂也　朝有疑相之臣　此國亂也　義與韓子同）杜於竝后匹嫡耦國　皆依閔二年傳爲訓　而於兩政　獨曰臣擅命　則誤以政爲政事故耳

（桓公）十八年の傳文に「竝后　匹嫡　兩政　耦國　亂之本也」とあり、杜預は、「竝后」に注して「妾如后」〝妾が后〔きさき〕のようである〟と言い、「匹嫡」に注して「庶如嫡」〝庶子が嫡子のようである〟と言い、「兩政」に注して「臣擅命」〝臣がほしいままに命令を出す〟と言い、「耦國」に注して「都如國」〝大邑が國都のようである〟と言っている。私が考えまするに、杜預の「兩政」の解釋は、上・下と意味が異なっており、まちがいである。「政」は、政事の政ではなく、正卿をいう。『爾雅』に「正　長也」とある。正卿は百官の長であるから、正というのである。襄公二十五年の傳文「齊人賂晉六正」の杜注に「三軍之六卿」とあるのが、これである。閔公二年の傳文「君與國政之所圖也」の賈逵注に「國政　正卿也」とある（『史記』晉世家の〈集解〉に見える）。哀公十五年の傳文「莊公害故政　欲盡去之」の杜注に「故政　輒之臣」とあり、『史記』衞世家では「莊公欲盡誅大臣」に作っている。〈周語〉「昔先大夫荀伯自下軍之佐以政」「趙宣子未有軍行而以政」の韋注には、ならびに「升爲正卿」とある。つまり、「正」と「政」とは通ずるのである。「兩政」とは、寵臣の權力が正卿に匹敵するという意味である。「竝」といい、「匹」といい、「兩」といい、「耦」というのは、いずれもみな、匹敵するという意味の言葉である。閔公二年の傳文に「内寵竝后」とあるのが、ここでいう「竝后」に他ならず、「嬖子配適」とあるのが、ここでいう「匹嫡」に他ならず、「大都耦國」とあるのが、ここでいう「耦國」に他ならず、「外寵二政」とあるのが、ここでいう「兩政」に他ならない。「政」は、正卿である。外寵が正卿に竝ぶのは、内寵が后に竝び、嬖子が適に配し、大都が國に耦するのと同じである。だから、「竝后　匹嫡　兩政　耦國　亂之本也」というのである。『韓子』説疑篇に「孽有擬適之子　配有擬妻之妾　廷有擬相之臣　臣有擬主之寵　此四者　國之所危也　故曰　内寵竝后　外寵貳政　枝子配適　大臣擬主　亂之道也　故周記曰　無尊妾而

卑妻　無孽適子而尊小枝　無尊嬖臣而匹上卿　無尊大臣以擬其主也」とある。これが、とりわけ、その明證である（『管子』君臣篇に「内有疑妻之妾　此宮亂也　庶有疑適之子　此家亂也　朝有疑相之臣　此國亂也」とある。意味は『韓子』と同じである）。杜預は、「竝后」・「匹嫡」・「耦國」については、いずれもみな、閔公二年の傳文によって訓んでいるのに、「兩政」についてだけは、（これによらず）「臣擅命」と言っている。まちがって、「政」を政事としたからである。

【徒人費】

莊八年傳　誅屨於徒人費　引之謹案　徒當爲侍字之誤也　侍人卽寺人（秦風車鄰篇寺人之令　釋文　寺本或作侍　僖二十四年左傳寺人披　釋文　寺本又作侍　昭十年傳寺人柳　釋文　寺又作侍　二十五年傳侍人僚柤　釋文　侍本亦作寺　襄二十九年穀梁傳寺人也　釋文　寺人本又作侍人　又襄二十五年左傳侍人賈擧　昭二十一年傳公使侍人召司馬之侍人宜僚　哀二十五年傳公使侍人納公文懿子之車于池　孟子萬章篇侍人瘠環　竝與寺人同　顏師古匡謬正俗强爲分別　非也）下文鞭之見血　與齊莊公鞭侍人賈擧相類　又曰　費請先入　伏公而出鬭　明是侍人給事宮中者　漢書古今人表作寺人費　是其明證也　下文石之紛如孟陽　皆侍人也　不言侍人者　蒙侍人費之文而省也　若作徒人　則文字相承之理不見　且徧考書傳豈有徒人之官乎　杜於石之紛如孟陽　竝注曰小臣　而徒人費無注　且僖二年齊寺人貂　注曰　寺人內奄官　成十七年寺人孟張　注曰　寺人　奄士　而此獨無注　蓋所見本已誤爲徒人　故疑而闕之也　釋文出徒人費三字　顏師古注漢書寺人費曰　卽徒人費也　廣韻人字注曰　亦複姓　齊有徒人費　元和姓纂

同　皆據誤本左傳也　管子大匡篇作徒人費　亦後人據左傳改之

莊公八年の傳文に「誅屨於徒人費」とある。私が考えまするに、「徒」は、「侍」の字の誤りとすべきである。「侍人」は「寺人」に他ならない（秦風〈車鄰〉篇「寺人之令」の『釋文』に「寺本或作侍」とあり、僖公二十四年の左氏傳文「寺人披」の『釋文』に「寺本又作侍」とあり、昭公十年の傳文「寺人柳」の『釋文』に「寺又作侍」とあり、二十五年の傳文「侍人僚柤」の『釋文』に「侍本亦作寺」とあり、襄公二十九年の穀梁傳文「寺人也」の『釋文』に「寺人本又作侍人」とある。また、襄公二十五年の左氏傳文「侍人賈舉」と、昭公二十一年の傳文「公使侍人召司馬之侍人宜僚」と、哀公二十五年の傳文「公使侍人納公文懿子之車于池」と、『孟子』萬章篇「侍人瘠環」と（の「侍人」）は、ならびに、「寺人」と同じである。顔師古『匡謬正俗』が（「侍」と「寺」とを）無理に分けているのは、まちがいである）。下文の「鞭之見血」は、（襄公二十五年の）齊の莊公が侍人の賈舉を鞭打ったことに似ており、また、「費請先入伏公而出鬭」とあって、（費は）明らかに、おそばにつかえる侍人である。『漢書』古今人表が「寺人費」に作っているのが、その明證である。下文の「石之紛如」と「孟陽」とは、いずれもみな、侍人である。「侍人」と言っていないのは、「侍人費」の文をうけて省略したのである。もし「徒人」に作ると、文字が相承けるという理が見えなくなってしまう。それに、あまねく書傳を調べてみても、「徒人」という官はどこにもない。杜預は、「石之紛如」と「孟陽」とについては、ならびに、「小臣」と注しているが、「徒人費」については、注がない。しかも、僖公二年の「齊寺人貂」には「寺人　內奄官」と注し、成公十七年の「寺人孟張」には「寺人　奄士」と注しているが、ここだけは注がない。おそらく、見た本が既にまちがえて「徒人」となっていたから、疑って、そのままにしておいたのであろう。『釋文』は「徒人費」の三字を掲出し、顔師古は『漢書』の「寺人費」に注して「卽徒人費也」といい、『廣韻』の「人」の字の注に「亦複姓　齊有徒人費」とあり、『元和姓纂』も同じである。いずれもみな、誤本の『左傳』に據ったものである。『管子』大匡篇が「徒人費」に作っているのも、後人が『左傳』によって改めたのである。

【伯父無裏言】

十四年傳　鄭厲公使謂原繁曰　寡人出　伯父無裏言　入又不念寡人　寡人憾焉　杜解無裏言曰　無納我之言　家大人曰　無裏言　謂不通內言於外　非謂無納我之言也　襄二十六年傳　衞獻公使讓大叔文子曰　寡人淹恤在外　二三子皆使寡人朝夕聞衞國之言　吾子獨不在寡人　寡人怨矣　對曰　臣不能貳通外內之言以事君　臣之罪也　不通外內之言　卽所謂無裏言

（莊公）十四年の傳文に「鄭厲公使謂原繁曰　寡人出　伯父無裏言　入又不念寡人　寡人憾焉」とあり、杜預は「無裏言」を解釋して、「無納我之言」〝私を迎え入れるという言葉がなかった〟といっている。家大人〔王念孫〕が言うことには、「無裏言」とは、內の様子を外に知らせないという意味であって、私を迎え入れるという言葉がなかったという意味ではない。襄公二十六年の傳文に「衞獻公使讓大叔文子曰　寡人淹恤在外　二三子皆使寡人朝夕聞衞國之言　吾子獨不在寡人　寡人怨矣　對曰　臣不能貳通外內之言

以事君　臣之罪也」とあって、（この）「不通外内之言」が、所謂「無裏言」に他ならない。

【命之宥　命晉侯宥】

莊十八年傳　虢公晉侯朝王　王饗醴　命之宥　杜注曰　飲宴則命以幣物　宥　助也　所以助歡敬之意　正義曰　命之宥者　命之以幣物　所以助歡也　禮主人酌酒於賓曰獻　賓荅主人曰酢　主人又酌以酬賓曰酬　謂之酬幣　蓋於酬酒之時賜之幣也　引之謹案　杜謂以幣物助歡者　蓋據公食大夫禮　公受宰夫束帛以侑也（侑與宥通）然聘禮曰　若不親食　使大夫各以其爵朝服　致之以侑幣　致饗以酬幣　是侑幣用於食禮　非饗禮所用也　且如杜說　命以幣物以助歡　則傳當云命宥之　不當云命之宥也　尋文究理　殆有未安　今案爾雅曰　酬酢侑　報也　則侑與酬酢同義　命之侑者　其命虢公晉侯與王相酬酢與　或獻或酢有施報之義　故謂之侑　命之侑者　所以親之也　僖二十八年傳　晉侯朝王　王享醴　命晉侯宥　其爲命晉侯與王相酬酢　較然甚明　若謂助以幣帛　則傳但云王享醴宥之　可矣　何須云命晉侯宥乎（杜注曰既饗　又命晉侯助以束帛　以將厚意　失之）又僖二十五年傳　晉侯朝王　王享醴　命之宥　晉語作王饗醴　命公胙侑　胙卽酢之借字　蓋如賓酢主人之禮　以勸侑於王　故謂之酢侑與　而韋注乃以胙爲賜祭肉　時當饗醴　安得有祭肉之賜乎（韋又云　命　加命服也　侑　侑幣　皆失之）傳所言者　饗禮也　而解者乃當以食禮之侑幣　雜以吉禮之賜胙　失傳意矣

莊公十八年の傳文に「虢公晉侯朝王　王饗醴　命之宥」とあり、杜注に「飲宴則命以幣物　宥　助也　所以助歡敬之意」〝酒宴に入ると、（諸侯に）おくりものをする。「侑」は、助である。歡迎の氣持を補助するため（の手立て）である〟とあり、正義に「命之宥者　命之以幣物　所以助歡也　禮主人酌酒於賓曰獻　賓荅主人曰酢　主人又酌以酬賓曰酬　謂之酬幣　蓋於酬酒之時賜之幣也」〝「命之宥」とは、おくりものをあたえるということであり、歡（迎の氣持ち）を補助するため（の手立て）である。禮では、主人が賓に酒をくむのを「獻」といい、賓が主人に荅えるのを「酢」といい、主人が再び賓に酒をくむのを「酬」という。（〈聘禮〉で）「酬幣」というのは、おそらく、再び酒をくむ時に幣（おくりもの）をあたえるからであろう〟とある。私が考えまするに、杜預がおくりものによって歡を助けるというのは、おそらく、〈公食大夫禮〉の「公受宰夫束帛以侑」に據ったのであろう（「侑」は「宥」と通じる）。しかしながら、〈聘禮〉に「若不親食　使大夫各以其爵朝服　致之以侑幣　致饗以酬幣」とある。つまり、侑幣は食禮に用いるのであって、饗禮に用いるものではないのである。それに、杜預の説のように、おくりものをあたえて歡を助けるという意味なら、傳は「命宥之」というはずであって、「命之宥」というはずはない。文の上でも、理の上でも、穩當とは言えない。いま案ずるに、『爾雅』に「酬酢侑　報也」とある。だとすれば、侑は、酬・酢と同じ意味であり、「命之侑」とは、虢公・晉侯に王と酬酢し合うよう命じた、ということであろう。「或獻或酢」（大雅行葦）のように、（一方が）あたえ（もう一方が）お返しをするという義があるから、「侑」というのである。〝侑を命ずる〟のは、親しむため（の手立て）である。僖公二十八年の傳文に「晉侯朝王　王享醴　命晉侯宥」とあり、これが、晉侯に王と酬酢し合うよう命じたという意味であることは、明明白白である。もし、おくりもので補助したという意味なら、傳はただ「王享醴宥之」と言えばよいはずである。どうして、「命晉侯宥」と言う必要があろうか（杜注に「既饗　又命晉侯助以束帛　以將厚意」〝饗禮を行なったうえに、さらに、その補助として、晉侯に束帛をおくって、ねんごろな氣持ちをあらわしたのである〟とあるのは、まちがいである）。また、僖公二十五年の傳文に「晉侯朝王　王享醴　命之宥」とあるのを、〈晉語〉では、「王饗醴　命公胙侑」に作っている。「胙」は、酢の借字に他ならない。おそらく、賓が主人に酢する〔答える〕禮にしたがって、王に侑〔返禮〕を行なったから、「酢侑」と言っているのであろう。ところが、韋注は、「胙」を「賜祭肉」としている。この時は饗醴に當たっているのに、どうして、祭肉の下賜があり得ようか（韋昭はまた「命　加命服也　侑　侑幣」と言っている。いずれもみな、まちがいである）。傳が言っているのは、（あくまで）饗禮である。それなのに、解釋する者は、食禮の侑幣をあてたり、吉禮の賜胙をまじえたりして、傳意をつかみそこねているのである。

【東關嬖五】

二十八年傳　驪姬嬖　欲立其子　賂外嬖梁五與東關嬖五　杜注曰　姓梁名五　在閨闥之外者　東關嬖五別在關塞者　亦名五　皆大夫　爲獻公所嬖倖　視聽外事　引之謹案　外嬖　對內嬖而言（僖十七年傳內嬖如夫人者六人）驪姬　內嬖也　二五　外嬖也　外嬖二字　統二五言之　東關下不當復有嬖字　梁五既稱其姓曰梁　東關五不應獨略其姓　廣韻東字注曰　漢複姓　左傳晉有東關嬖五　則東關爲姓矣　既以東關爲姓　則東關下愈不當有嬖字　如梁五以梁爲姓　而謂之梁嬖五可乎　漢書古今人表　正作東關五

韋昭注晉語亦曰　二五　獻公嬖大夫梁五與東關五也　是古文無嬖字之明證　杜注皆失之

（莊公）二十八年の傳文に「驪姬嬖　欲立其子　賂外嬖梁五與東關嬖五」とあり、杜注に「姓梁名五　在閨闥之外者　東關嬖五　別在關塞者　亦名五　皆大夫　爲獻公所嬖倖　視聽外事」〝（「外嬖梁五」は）姓が梁、名が五で、閨闥〔門戸〕の外にいた者であり、「東關嬖五」は、別に關塞〔國境の關所〕にいた者で、名が同じく五である。いずれもみな、〔卿ではなく〕大夫であったが、獻公に嬖倖〔寵愛〕され、國事に參與していたのである〟とある。私が考えまするに、「外嬖」は、內嬖に對して言っているのであって（僖公十七年の傳文に「內嬖如夫人者六人」とある）、驪姬が內嬖、二人の五が外嬖である。（つまり）「外嬖」の二字は、二人の五をまとめて言っているのであり、（したがって）「東關」の下にもう一度「嬖」の字があるはずはない。（また）「梁五」について、その姓を稱して「梁」といっている以上、「東關五」についてだけその姓を省略するはずはない。『廣韻』の「東」の字の注に「漢複姓　左傳晉有東關嬖五」とあるから、「東關」は姓である。「東關」が姓だとすれば、「東關」の下には、ますます「嬖」の字はあり得ない。「梁五」の場合、梁が姓でありながら、これを「梁嬖五」と言えるだろうか。『漢書』古今人表は、正しく「東關五」に作っている。韋昭も、〈晉語〉に注して「二五　獻公嬖大夫梁五與東關五也」〝「二五」とは、獻公のお氣に入りの大夫の梁五と東關五である〟と言っている。これが、古文では「嬖」の字が無かった明證である。杜注は全くまちがっている。

【五侯九伯】

引之謹案　僖四年傳　五侯九伯　其說有三　史記漢興以來諸侯年表曰　周封伯禽康叔於魯衞　地各四百里　大公於齊　兼五侯地　漢書諸侯王表　作大公於齊　亦五侯九伯之地　蓋謂齊國兼有五侯九伯之地　此一說也　正義曰　鄭元以爲周之制　每州以一侯爲牧　二伯佐之　九州有九侯十八伯　大公爲東西大伯　中分天下者　當各統四侯半　一侯不可分　故言五侯　其伯則各有九耳　此一說也　邶風旄邱正義引服虔注曰　五侯　公侯伯子男　九伯　九州之長　杜預與服同　此又一說也　案下文女實征之　非謂滅其國而有之也　馬班之說　殊非傳意　鄭君之說　則正義以爲校數煩碎　非復人情　服杜以五侯爲公侯伯子男　九伯爲九州之長　案王制曰　八州八伯　鄭志張逸問曰　九州而八伯者何　荅曰　畿内之州不置伯（見王制正義）然則方伯唯八州有之　不得言九伯也　今案　侯伯謂諸侯之七命者　五等之爵　公侯伯子男曰侯伯者　擧中而言　天下之侯不止於五　伯亦不止於九　而曰五侯九伯者　謂分居五服之侯　散列於九州之伯　若堯典五刑有服　謂之五服　五流有宅　謂之五宅　禹貢九州之山川　謂之九山九川也　侯言五伯言九　互文耳　五服卽九州也　又案　子長孟堅言齊有五侯九伯之地者　謂侯爵之國五　伯爵之國九而齊兼有其地也　其說五九則非　其說侯伯則是　蓋當時說左傳者　皆不以侯爲諸侯伯爲方伯也

私が考えまするに、僖公四年の傳文「五侯九伯」については、三つの説がある。『史記』漢興以來諸侯年表に「周封伯禽康叔於魯衞　地各四百里　大公於齊　兼五侯地」とあり、『漢書』諸侯王表は「大公於齊　亦五侯九伯之地」に作っている。おそらく、齊の國は五侯九伯の地を兼有した、という意味であろう。

これが一説である。（左傳の）正義には「鄭元以爲周之制　毎州以一侯爲牧　二伯佐之　九州有九侯十八伯　大公爲東西大伯　中分天下者　當各統四侯半　一侯不可分　故言五侯　其伯則各有九耳」とある。これが一説である。邶風〈旄邱〉の正義に引く服虔注に「五侯　公侯伯子男　九伯　九州之長」とあり、杜預は服虔と同じである。これがもう一説である。案ずるに、下文の「女實征之」は、その國を滅して所有するという意味ではないから、司馬遷・班固の説は傳意とかけ離れている。鄭君の説は、正義が「校數煩碎　非復人情」〝計算が煩瑣で、不自然である〟と批判している。服虔・杜預は、「五侯」を公侯伯子男とし、「九伯」を九州の長としている。案ずるに、〈王制〉に「八州八伯」とあるのについて、『鄭志』に「張逸問曰　九州而八伯者何　荅曰　畿内之州不置伯」とある（〈王制〉の正義にみえる）。だとすれば、方伯は八州にだけあり、「九伯」と言うことは出來ない。いま案ずるに、「侯・伯」とは、七命である諸侯をいう。五等の爵には、公・侯・伯・子・男があるのに、「侯・伯」というのは、中を擧げて言ったのである。天下の侯は五に止まらず、伯もまた九に止まらないのに、「五侯九伯」というのは、五服に分居する侯・九州に散列する伯の意味である。〈堯典〉で、「五刑有服」を「五服」といい、「五流有宅」を「五宅」といい、〈禹貢〉で、九州の山川を「九山」「九川」というようなものである。「侯」に「五」といい、「伯」に「九」というのは、互文であり、五服は九州に他ならない。また案ずるに、子長〈司馬遷〉・孟堅〈班固〉が「齊有五侯九伯之地」と言っているのは、侯爵の國が五つ、伯爵の國が九つ、齊はその土地を兼有した、という意味であり、「五・九」の説明はまちがっているが、「侯・伯」の説明は正しい。おそらく、當時、左傳を説く者は、いずれもみな、「侯」を諸侯とし、「伯」を方伯とする、ことはしなかったのであろう。

【輔車相依】

五年傳　諺所謂輔車相依　脣亡齒寒者　其虞虢之謂也　服注曰　輔　上頷車也　與牙相依（見衞風碩人篇正義）杜注曰　輔　頰輔　車　牙車　家大人曰　釋名曰　輔車　其骨强　所以輔持口也　或曰牙車牙所載也　或曰頷車　頷　含也　口含物之車也　或曰頰車　亦所以載物也　或曰鼸車　鼸鼠之食積於頰人食似之　故取名也　凡繫於車　皆取在下載上物也　然則牙車或謂之頷車　或謂之輔車　輔車是一物不得分以爲二也　杜以輔爲頰　車爲牙車　殆不可通　服謂頷車與牙相依　亦與傳不合　傳云輔車相依不云輔車與牙相依也　此皆因下句言脣齒　遂致以輔車爲頷車耳　余謂脣亡齒寒　取諸身以爲喩也　輔車相依　則取諸車以爲喩也　小雅正月篇　其車既載　乃棄爾輔　正義曰　爲車不言作輔　此云乃棄爾輔則輔是可解脫之物　蓋如今人縛杖於輻以防輔車也　則車之有輔甚明　呂氏春秋權勳篇　宮之奇諫虞公曰　虞之與虢也　若車之有輔也　車依輔　輔亦依車　虞虢之勢是也　云若車之有輔　則爲載物之車而非牙車矣　說文車部　輔字列於轙軜二字之閒云　春秋傳曰　輔車相依（繫傳如是　大徐本刪春秋傳曰輔車相依八字　而移人頰車也四字於前以代之　又退輔字於部末轟字上）從車甫聲　又列一說云　人頰車也（人上脫一曰二字）許引春秋傳輔車相依　以爲從車之正義　而人頰車也下　則不引春秋傳　則春秋傳之取喩於車　不取喩於頰車　較然無疑　服杜二家何不考於小雅呂覽之文而輒以爲牙車乎（虞翻注艮六五亦誤以頰車爲輔車相依之車　見集解）又案　高誘注呂覽云　車　牙車也（各本脫下車字）輔　頰也　全

與杜氏注同　蓋後人以杜注改之也　彼文既言若車之有輔云云　下乃云　先人有言曰　脣竭而齒寒　則取喩之不同類可知　高氏不應不察而以車之有輔爲齒頰之屬也

（僖公）五年の傳文に「諺所謂輔車相依　脣亡齒寒者　其虞虢之謂也」とあり、服注に「輔　上頷車也與牙相依」とあり（衞風〈碩人〉篇の正義にみえる）、杜注に「輔　頬輔　車　牙車」とある。家大人（王念孫）が言うことには、『釋名』に「輔車　其骨强　所以輔持口也　或曰牙車　牙所載也　或曰頷車頷　含也　口含物之車也　或曰頬車　亦所以載物也　或曰鼸車　鼸鼠之食積於頬　人食似之　故取名也凡繫於車　皆取在下載上物也」とある。だとすれば、牙車は、頷車ともいい、輔車ともいう。（つまり）「輔車」は、一つの物であって、二つに分けることは出來ないのである。（したがって）杜預が「輔」を頬（ほお）とし、「車」を牙車（はぐき）としているのは、通用し難い。服虔が〝頷車（あご）と牙とが相依る〟と解しているのもまた、傳と合致しない。傳は「輔車相依」と言っているのであって、「輔車與牙相依」とは言っていないのである。これらは、いずれもみな、下の句に「脣齒」といっていることから、そのまま「輔車」を頷車（あご）としてしまったのである。私が思うに、「脣亡齒寒」は、喩えを身に取ったものであり、「輔車相依」は、喩えを車に取ったものである。小雅〈正月〉篇に「其車既載　乃棄爾輔」とあり、正義に「爲車不言作輔　此云乃棄爾輔　則輔是可解脱之物　蓋如今人縛杖於輻以防輔車也」〝車をつくるには、「作輔」と言わないのに、ここでは「乃棄爾輔」と言っている。とすれば、「輔」は、取り外しのきく物である。おそらく、今の人が杖を輻に縛りつけて車を補強するようなものであろう〟とあるから、車に輔があることは明白である。『呂氏春秋』權勳篇に「宮之奇諫虞公曰　虞之與虢也　若車之有輔也　車依輔　輔亦依車　虞虢之勢是也」とある。「若車之有輔」と言っているから、物を載せる車であって、牙車ではない。『說文』の車部では、「輔」の字を「轙」「軜」の二字の閒に置き、「春秋傳曰　輔車相依」（〈繫傳〉はこのようである。大徐本は「春秋傳曰輔車相依」の八字を刪り、「人頰車也」の四字を前に移して、これに代えている。また、「輔」の字を部の末の「轟」の字の上に退げている）從車甫聲」と言っている。また、一說をならべ、「人頰車也」と言っている（「人」の上に「一曰」の二字が脫落している）。許愼は、春秋傳の「輔車相依」を引いて「從車」の正式な意味とし、「人頰車也」の下では、春秋傳を引いていない。とすれば、春秋傳が、喩えを車に取り、喩えを頰車に取っていないことは、はっきりしていて、疑いが無い。服虔・杜預の二家は、どうして、〈小雅〉や『呂覽』の文をよく考えずに、安易に牙車としてしまったのだろうか（虞翻も、〈艮〉の六五の注で、まちがって、頰車を「輔車相依」の車としている。〈集解〉〔李鼎祚〕にみえる）。また、案ずるに、高誘は、『呂覽』に注して、「車　牙車也（各本ともに、下の「車」の字が脫落している）輔　頰也」と言っていて、杜氏の注と全く同じである。おそらく、後人が杜注によって改めたのであろう。かの文は、（上で）「若車之有輔云云」と言っておいて、下であらためて「先人有言曰　脣竭而齒寒」と言っているのだから、喩えの取り方が同類でないことがわかる。高氏が、このことを察せず、「車之有輔」を齒頰のたぐいとする、はずはない。

【神必據我】

吾享祀豐絜　神必據我　杜注曰　據猶安也　引之謹案　據　依也　邶風柏舟篇　亦有兄弟　不可以據　毛傳曰　據　依也　周語曰　民無據依　晉語曰　民各有心　無所據依　皆其證也　虞公謂神必依我　故宮之奇對曰　鬼神非人實親　惟德是依　又曰　神所憑依　將在德矣

（僖公五年の傳文に）「吾享祀豐絜　神必據我」とあり、杜注に「據猶安也」とある。私が考えまするに、「據」は、依である。邶風〈柏舟〉篇「亦有兄弟　不可以據」の毛傳に「據　依也」とあり、〈周語〉に「民無據依」とあり、〈晉語〉に「民各有心　無所據依」とあるのが、いずれもみな、その證である。虞公が「神必依我」と言ったから、宮之奇が答えて、「鬼神非人實親　惟德是依」と言い、また、「神所憑依　將在德矣」と言っているのである。

【藐諸孤】

九年傳　以是藐諸孤　杜注曰　言其幼稚（今本作幼賤　乃後人所改　時奚齊已立爲大子　不得言賤　正義曰　言年旣幼稚　縣藐於諸子之孤　則注本作幼稚明矣　文選寡婦賦注引注亦作幼稚　今改正）與諸子縣藐　顧氏甯人杜解補正曰　藐　小也　惠氏定宇補注曰　案呂忱字林曰　藐　小兒笑也（文選注）顧君訓藐爲小　亦未當　引之謹案　杜以藐爲縣藐　諸爲諸子　以是縣藐諸子孤　斯爲不詞矣　文選寡婦賦孤女藐焉始孩　李善注　廣雅曰　藐　小也　字林曰　孩　小兒笑也　是小兒笑乃釋孩字（出說文）非釋藐字　俗本文選注脫孩字　而惠遂以藐爲小兒笑　其失甚矣　顧訓藐爲小　是也（藐之言　杪也　眇也

方言 杪眇 小也 廣雅 杪眇藐 小也）但未解諸字 今案 諸即者字也 者與諸古字通 郊特牲曰 不知神之所在 於彼乎 於此乎 或諸遠人乎 或諸即或者（士虞禮注作或者遠人乎）大戴禮衞將軍文子篇 夫子之施教也 先以詩 世道者孝悌 說之以義而觀諸體 者亦諸也 爾雅釋魚 龜 俯者靈 仰者謝 前弇諸（句）果 後弇諸（句）獵 諸亦者也 藐者孤 猶言羸者陽耳（周語 此羸者陽也 韋注 羸 弱也）又詩言 彼茁者葭 彼姝者子 彼蒼者天 有頍者弁 有菀者柳 有芃者狐 有卷者阿 文義竝與此相似

（僖公）九年の傳文に「以是藐諸孤」とあり、杜注に「言其幼稚、（今本が「幼賤」に作っているのは、後人が改めたものである。この時、奚齊は既に大子として立っており、「賤」とは言えない。正義に「言年既幼稚、縣藐於諸子之孤」とあるから、注のテキストが「幼稚」に作っていたことは、明らかである。『文選』寡婦賦の注もまた、この注を引いて「幼稚」に作っている。今ここで改正する）與諸子縣藐」〝その幼さが諸子と縣藐している〔かけはなれている〕、ということである〟とある。顧氏甯人〔顧炎武〕の『杜解補正』には「藐 小也」とあり、惠氏定宇〔惠棟〕の『補注』には「案呂忱字林曰 藐 小兒笑也（文選注）顧君訓藐爲小 亦未當」とある。私が考えまするに、杜預は、「藐」を縣藐とし、「諸」を諸子としているが、「以是縣藐諸子孤」では、意味のある文にならない。『文選』寡婦賦「孤女藐焉始孩」の李善注に「廣雅曰 藐 小也 字林曰 孩 小兒笑也」とある。つまり、「小兒笑」は、「孩」の字を釋しているのであって（『說文』から來ている）、「藐」の字を釋しているわけではないのである。俗本の『文選』

注が「孩」の字を脱落させているのを、そのままに、惠氏は「藐」を「小兒笑」としているのであり、ひどいまちがいである。顧氏が「藐」を「小」と訓じているのが正しい（「藐」は、杪であり、眇である。『方言』に「杪眇　小也」とあり、『廣雅』に「杪眇藐　小也」とある）。ただ、「諸」の字を解釋していない。いま案ずるに、「諸」は「者」の字に他ならない。「者」と「諸」とは、古字では通用する。〈郊特牲〉に「不知神之所在　於彼乎　於此乎　或諸遠人乎」とあるが、「或諸」は「或者」に他ならない（〈士虞禮〉の注では「或者遠人乎」に作っている）。『大戴禮』衞將軍文子篇に「夫子之施教也　先以詩　世道者孝悌說之以義而觀諸體」とあるが、「者」もまた「諸」である。『爾雅』釋魚に「龜　俯者靈　仰者謝　前弇諸果　後弇諸獵」とあるが、「諸」もまた「者」である。「藐者孤」は、「羸者陽」というのと同じである（〈周語〉に「此羸者陽也」とあり、韋注に「羸　弱也」とある）。『詩』に「彼茁者葭」と言い、「彼姝者子」と言い、「彼蒼者天」と言い、「有頍者弁」と言い、「有菀者柳」と言い、「有芃者狐」と言い、「有卷者阿」と言うのも、文義がならびにこれと似ている。

【受下卿之禮】

管仲受下卿之禮而還　家大人曰　受上當有卒字　上文管仲辭上卿之禮　是欲受下卿之禮也　王雖不許而管仲終不敢以上卿自居　故曰　卒受下卿之禮而還　若無卒字　則與上文不相應矣　自唐石經始脫卒字　而各本皆沿其誤　杜注　卒受本位之禮　卒受二字卽本於正文　白帖五十九　太平御覽人事部六十四引此竝作卒受下卿之禮　史記周本紀同

〔僖公十二年の傳文に〕「管仲受下卿之禮而還」とある。家大人〔王念孫〕が言うことには、「受」の上に「卒」の字がなければならない。上文で管仲は上卿の禮を辭退しており、ということは、下卿の禮を受けたいと思っていたのである。王がそれを許さないにもかかわらず、管仲は最後まで上卿の地位を自分に認めようとしなかった。だから、「卒受下卿之禮而還」と言っているのである。もし「卒」の字がなければ、上文と呼應しなくなる。唐石經が始めて「卒」の字を脱落させて以來、各本はいずれもみな、その誤りを踏襲しているのである。杜注には「卒受本位之禮」とあり、「卒受」の二字は、正文〔傳の本文〕にもとづいたものに他ならない。『白帖』五十九と『太平御覽』人事部六十四は、ここを引いて、ならびに「卒受下卿之禮」に作っている。『史記』周本紀も同じである。

【感憂以重我】

十五年傳　且晉人感憂以重我　引之謹案　重字　義不可通　重疑當作動　謂晉大夫反首拔舍以感動我也
　杜注不釋重字　釋文重字無音　至下句重其怒也　始云　重其　直用反　則此句作動不作重可知　動字易曉　故杜不加訓釋　若是重字　則文義難解　不得無注矣　動惟徒孔切一音　人所共知　故不須作音　若是重字　則有直龍直隴直用三切之異　不得無音矣　左傳動字　釋文皆不作音〔如桓五年旝動而鼓　文十二年使者目動而言肆　宣十一年謂陳人無動　釋文皆無音　其他亦然〕以是知其爲動也　唐石經始誤爲重

（僖公）十五年の傳文に「且晉人感憂以重我」とある。私が考えまするに、「重」の字では意味が通じない。「重」は「動」に作るべきであろう。晉の大夫は、髮を亂し野宿したことで、私を感動させた、という意味である。杜注は「重」の字を釋しておらず、『釋文』も（ここの）「重」の字には音注がなく、下句の「重其怒也」に至って始めて「重其　直用反」と言っているから、ここの句は「動」に作り、「重」には作っていなかったことがわかる。「動」の字はわかりやすいから、杜預は訓釋を加えなかったのであり、もし「重」の字であったなら、文義がわかりにくいから、注がないはずがない。（また『釋文』についても）「動」が徒孔の切というただ一つの音であることは誰でも知っているから、音をつける必要がなかったのであり、もし「重」の字であったなら、直龍と直隴と直用との三つの異なる反切があるから、音注がなくてはすまされない。左傳の「動」の字には、『釋文』にいずれもみな音がつけられていない（たとえば、桓公五年の「擔動而鼓」と、文公十二年の「使者目動而言肆」と、宣公十一年の「謂陳人無動」とには、『釋文』にいずれもみな音注がない。その他も同様である）。かくして「動」であったことがわかるのである。唐石經が始めて「重」にまちがえたのである。

【懷公命無從亡人】

二十三年傳　九月晉惠公卒　懷公命無從亡人　期　期而不至　無赦　家大人曰　懷公下脫立字　則與上句不相承　唐石經已然　而各本皆沿其誤　凡諸侯卽位　必書某公立　此不書立　亦與全書之例不符　太

平御覽人事部五十九治道部二　兩引此文　皆作懷公立命無從亡人　則宋初本尚有未脱立字者　史記晉世家云　九月惠公卒　大子圉立　是爲懷公　乃令國中諸從重耳亡者與期　期盡不到者盡滅其家　其文皆出於左傳　史記之大子圉立　卽左傳之懷公立也　則傳文原有立字明矣

（僖公）二十三年の傳文に「九月晉惠公卒　懷公命無從亡人　期　期而不至　無赦」とある。家大人〔王念孫〕が言うことには、「懷公」の下に「立」の字が脱落しているから、上句とつながらなくなっている。唐石經がすでにそうであり、（その後の）各本はいずれもみな、その誤りを踏襲している。一般に、諸侯が即位した場合は、必ず「某公立」と書くのであって、ここで「立」を書いていないのは、左傳全體の書例とも符合しない。『太平御覽』人事部五十九と治道部二とは、ふたつながらこの文を引いているが、いずれもみな「懷公立　命無從亡人」に作っている。とすれば、宋初の本の中には、まだ「立」の字が脱落していないものもあったのである。『史記』晉世家に「九月惠公卒　大子圉立　是爲懷公　乃令國中諸從重耳亡者與期　期盡不到者盡滅其家」とあるのは、いずれもみな、左傳が出自の文章である。（つまり）『史記』の「大子圉立」は、左傳の「懷公立」に他ならない。とすれば、傳文に本來「立」の字があったことは明白である。

【弔二叔之不咸】

昔周公弔二叔之不咸　故封建親戚以蕃屏周　杜注曰　弔　傷也　咸　同也　周公傷夏殷之叔世　疏其親

戚以至滅亡　故廣封其兄弟　正義曰　昭六年傳曰　夏有亂政而作禹刑　商有亂政而作湯刑　周有亂政而
作九刑　三辟之興　皆叔世也　彼叔世爲三代之末　知此二叔亦二代之末世也　二代之末　疏其親戚以至
滅亡　周公創其如此　故制禮設法　親其所親　廣封兄弟　以自蕃衞也　鄭衆賈逵皆以二叔爲管叔蔡叔
傷其不和睦而流言作亂　故封建親戚　鄭元詩箋亦然　案其封建之中　方有管蔡　豈傷其作亂始封建之
馬融以爲夏殷叔世　故杜同之　引之謹案　叔世二字相連爲義　不得去世而稱叔　昭六年傳　三辟之興
皆叔世也　如去世字而云皆叔也　則所謂叔者何所指乎　周語曰　今周德若二代之季矣　晉語曰　雖當三
季之王　不亦可乎　又曰　夫三季王之亡也宜　如去代字而云若二季矣　去王字而云雖當三季三季之亡
則文義不明　以是推之　二代之叔世　不得但稱爲二叔明矣　而云二叔二代之末世　其不可通一也　傷夏
殷之叔世疏其親戚　則當云弔二叔世之親戚不咸　其義乃著　今不明言親戚而但曰不咸　則所不咸者何人
何事乎　二十二年傳　吾兄弟之不協　焉能怨諸侯之不睦　如去兄弟二字而但云吾之不協　其可曉乎　其
不可通二也　馬杜二家之說　未爲允當　當以鄭賈之義爲長　詩序　常棣　燕兄弟也　閔管蔡之失道　故
作常棣焉　箋曰　周公弔二叔之不咸而使兄弟之恩疏　召公爲作此詩而歌之以親之　正義曰　咸　和也
（咸與諴同　說文和也）言周公閔傷管蔡二叔之不和睦　流言作亂　用兵誅之　致令兄弟之恩疏　曹植求
通親親表亦云　昔周公弔管蔡之不咸　廣封懿親以藩屛王室　是也　二叔卽管蔡　而下文封建又有管蔡者
　二叔雖誅而其國不除　仍封建其後嗣（正義謂管蔡是武王封　以武王克殷　周公爲輔　故歸之周公　非
也）定四年傳　管蔡啓商　惎閒王室　王於是乎殺管叔而蔡蔡叔　其子蔡仲改行帥德　周公舉之以爲己卿
士　見諸王而命之以蔡　是也　管叔之後復封　雖無明文　而管蔡並在周公封建之列　則不除其國可知

史記管蔡世家曰　管叔誅死　無後　非也　管蔡始封在武王時　至作亂被誅　仍封建其後　親親之道也
上云二叔　下云管蔡　意義本不相礙　何須訓爲二代之叔世乎

（僖公二十四年の傳文に）「昔周公弔二叔之不咸　故封建親戚以蕃屏周」とあり、杜注に〝「弔」は、傷〔いたむ〕である。「咸」は、同である。周公は、夏・殷（二代）が、その末世に、親戚を疏んじて、滅亡するに至った、ことをいたんだから、廣く自分の兄弟を封じた、ということである〟とあり、正義に〝昭公六年の傳文に「夏有亂政而作禹刑　商有亂政而作湯刑　周有亂政而作九刑　三辟之興　皆叔世也」とある。かしこの「叔世」は三代の末であるから、ここの「二叔」もまた二代の末世であることがわかる。二代の末に親戚を疏んじて滅亡するに至り、周公はそのような結果をいたんだから、禮法を制定し、親を親として、廣く兄弟を封じ、自らの蕃衞とした、ということである。鄭衆と賈逵とは、いずれもみな、二叔を管叔・蔡叔とし、彼らが仲よくせず、デマを流して亂をおこした、ことをいたんだから、親戚を封建したのである、と解している。鄭玄の詩箋も同様である。案ずるに、（下文で）周公が封建した中に、管・蔡ははっきりと入っている。亂をおこしたことをいたんだからそれらを封建した、などということがあり得ようか。馬融が夏・殷の叔世としているから、杜預もこれに同調したのである〟とある。私が考えまするに、「叔世」の二字は相つらなって意味をなしているのであり、「世」をとり去って「叔」と（だけ）稱することは出來ない。昭公六年の傳文「三辟之興　皆叔世也」について、もし、「世」の字をとり去って「皆叔也」と言ったとすれば、所謂「叔」は何を指すのかわからない。〈周語〉に「今周德若二代之季矣」

とあり、〈晉語〉に「雖當三季之王　不亦可乎」とあり、また、「夫三季王之亡也宜」とあるが、（これらについて）もし、「代」の字をとり去って「若二季矣」と言い、「王」の字をとり去って「雖當三季」「三季之亡」と言ったとすれば、文の意味が不明である。ここから類推して、二代の叔世を、單に「二叔」と稱することは出來ない、ということは、明白であるのに、「二叔」は二代の末世であると主張する。理解に苦しむ第一の點である。（また）夏・殷がその末世に親戚を疏んじたことをいたんだのなら、「弔二叔世之親戚不咸」と言って始めて、意味がはっきりする。（ところが）今ここでは、「親戚」と明言せずに、ただ「不咸」と言っているから、誰が何について咸することをしないのか、わからない。二十二年の傳文「吾兄弟之不協　焉能怨諸侯之不睦」について、もし、「兄弟」の二字をとり去って、單に「吾之不協」とだけ言ったとすれば、意味がわかるだろうか。理解に苦しむ第二の點である。馬融・杜預の二家の說は適當とは言えない。鄭衆・賈逵の解釋がまさっていると考えるべきである。（その證據に）〈詩序〉に「常棣　燕兄弟也　閔管蔡之失道　故作常棣焉」とあり、鄭箋に「周公弔二叔之不咸而使兄弟之恩疏　召公爲作此詩而歌之以親之」とあり、正義に「咸　和也（「咸」は諴と同じ。『說文』では、諴は和である）言周公閔傷管蔡二叔之不和睦　流言作亂　用兵誅之　致令兄弟之恩疏」とあり、また、曹植〈求通親親表〉に「昔周公弔管蔡之不咸　廣封懿親以藩屏王室」とある。「二叔」が管・蔡に他ならないとして、下文で、（周公が）封建した中に、また管・蔡があるのは、二叔は誅したけれども、その國はなくさず、そのまま後嗣を封建したのである（正義が〝管・蔡は武王が封じたのだが、武王が殷に克った際、周公が輔佐したから、封建の功を周公に歸屬したのである〟と言っているのは、まちがいである）。定公四年の傳文に

「管蔡啓商　惎閒王室　王於是乎殺管叔而蔡蔡叔　其子蔡仲改行帥德　周公擧之以爲己卿士　見諸王而命之以蔡」とあるのが、そうである。管叔の後嗣がまた封ぜられたことについては、明文はないけれども、管と蔡とが、周公が封建したものの中に並列されていることから、その國はなくされなかったことがわかる。『史記』管蔡世家に「管叔誅死　無後」とあるのは、まちがいである。管・蔡が始めて封ぜられたのは武王の時であり、亂をおこして誅せられても、そのまま後嗣を封建したのは、親親の道からである。上に「二叔」と言い、下に「管蔡」と言っても、その意味がもともと互いの妨げにはならない。どうして〝二代の叔世〟と訓ずる必要があろうか。

【曰稱舍於墓】

二十八年傳　聽輿人之謀　曰稱舍於墓　正義曰　此謀字或作誦　涉下文而誤耳　謂涉下文輿人之誦曰而誤也　家大人曰　曰字亦涉下文而衍　鄭注射義曰　稱猶言也　輿人之謀　言舍於墓也　稱上不當復有曰字　唐石經已誤衍　通典兵十五　太平御覽兵部四十五　引此皆無曰字

（僖公）二十八年の傳文「聽輿人之謀　曰稱舍於墓」について、正義に「此謀字或作誦、涉下文而誤耳」とある。下文の「輿人之誦曰」にかかわってまちがえた、という意味である。家大人〔王念孫〕が言うことには、「曰」の字もまた、下文にかかわって衍したのである。〈射義〉の鄭注に〝「稱」は、言と同じである〟とある。（つまり）「輿人之謀　言舍於墓」ということであり、「稱」の上にさらに「曰」の字があるはずがない。唐石經がすでにまちがって衍している。『通典』兵十五と『太平御覧』兵部四十五とは、ここを引いて、いずれもみな、「曰」の字がない。

【以亢其讎】

背惠食言　以亢其讎　杜注曰　亢猶當也　讎謂楚也　家大人曰　杜訓亢爲當　故以讎爲楚　其實非也（周官馬質　綱惡馬　鄭司農曰　綱讀爲以亢其讎之亢　亢　御也　禁也　則自先鄭已誤解）此言亢者扞蔽之意　亢其讎　謂亢楚之讎也　楚之讎　謂宋也　亢楚之讎者　楚攻宋而晉爲之扞蔽也　晉語曰　未報楚惠而抗宋　是其明證矣（韋注　抗　救也　說文　抗　扞也　抗與亢通　列子黄帝篇釋文曰　抗或作亢）凡扞禦人謂之亢　爲人扞禦亦謂之亢　義相因也　昭元年傳曰　苟無大害於其社稷　可無亢也　又曰　吉不能亢身　焉能亢宗（杜注　亢　蔽也）二十二年傳曰　無亢不衷　以獎亂人　皆是扞蔽之義

（僖公二十八年の傳文）「背惠食言　以亢其讎」の杜注に〝「亢」は、當〔あたる〕と同じである。「讎」とは、楚のことをいう〟とある。家大人〔王念孫〕が言うことには、杜預は、「亢」を當と訓んじたから、「讎」を楚としているのだが、實はまちがっている（『周官』馬質「綱惡馬」について、鄭司農は〝「綱《カウ》」は、「以亢其讎」の「亢《カウ》」に讀む。「亢」は、御であり、禁である〟と言っている。とすれば、先鄭からすでに誤解していたのである）。ここで「亢」と言っているのは、扞蔽〔おおいまもる〕の意である。「亢其讎」とは、楚の讎をまもることをいい、楚の讎とは、宋のことをいう。（つまり）楚の讎をまもるとは、楚が宋を攻めているのに、晉は宋の扞蔽〔まもり手〕となっている、ということである。〈晉語〉に「未報楚惠而抗宋」とあるのが、その明證である〔韋注に「抗　救也」とあり、『説文』に「抗　扞也」とある。「抗」は「亢」と通ずる。『列子』黄帝篇の〈釋文〉に「抗或作亢」とある〕。一般に、人を扞禦する〔人をこばむ〕ことを「亢」といい、人の扞禦となる〔人をまもる〕こともまた「亢」といい、意味は關連している。昭公元年の傳文に「苟無大害於其社稷　可無亢也」とあり、また、「吉不能亢身　焉能亢宗」〔杜注〝「亢」は、蔽である〟〕とあり、二十二年の傳文に「無亢不衷　以奬亂人」とあるのは、いずれもみな、扞蔽〔おおいまもる〕の意である。

【必死是閒】

三十二年傳　殽有二陵焉　其南陵　夏后皐之墓也　其北陵　文王之所辟風雨也　必死是閒　余收爾骨焉

杜解必死是閒云　以其深險故　引之謹案　杜意謂蹇叔以二殽深險故　料其子必死是閒　此非傳意也　必死是閒　余收爾骨者　言汝必在此閒戰死　不可在他處　死有定所　乃可收爾骨也　三十三年公羊傳　百里子與蹇叔子送其子而戒之曰　爾卽死　必於殽之嶔巖　吾將尸爾焉〔穀梁傳略同〕呂氏春秋悔過篇　蹇叔謂其子曰　女死不於南方之岸　必於北方之岸　爲吾尸女之易　皆其證矣　宣十二年傳　逢大夫指木謂其二子曰　尸女於是　事亦與此相類

〔僖公〕三十二年の傳文に「殽有二陵焉　其南陵　夏后皐之墓也　其北陵　文王之所辟風雨也　必死是閒

余收爾骨焉」とあるが、杜預は「必死是間」を解して「以其深險故」と言っている。私が考えまするに、杜預が言わんとする意味は、〝蹇叔は、二殽が深く險しいから、其子はきっとそこで死ぬだろうと推測した〟ということであり、これは傳の正しい意味ではない。「必死是間　余收爾骨」とは、（正しくは）〝おまえは必ずそこで戰って死ね。他のところではだめだ。死場所がきまっていて始めて、おまえの骨を拾ってやれる〟という意味である。三十三年の公羊傳文に「百里子與蹇叔子送其子而戒之曰　爾卽死　必於殽之嶔巖　吾將尸爾焉」（穀梁傳文もほぼ同じ）とあり、『呂氏春秋』悔過篇に「蹇叔謂其子曰　女死不於南方之岸　必於北方之岸　爲吾尸女之易」とあるのが、いずれもみな、その證據である。宣公十二年の傳文に「逢大夫指木謂其二子曰　尸女於是」とあるのも、ここと類する事件である。

【不替孟明孤之過也】

不替孟明　孤之過也　大夫何罪　且吾不以一眚掩大德　家大人曰　不替孟明下有曰字　而今本脫之　不替孟明四字及曰字　皆左氏記事之詞　自孤之過也以下　方是穆公語　上文穆公鄉師而哭　既罪己而不罪人矣　於是不廢孟明而復用之　且謂之曰　孤之過也　大夫何罪云云　大夫二字專指孟明而言　與上文統言二三子者不同　若如今本作不替孟明孤之過也　則不替孟明亦是穆公語　穆公既以不替孟明爲己過　則孟明不可復用矣　下文何以言大夫無罪　又言不以一眚掩大德乎　然則不替孟明曰五字　乃記者之詞　而大夫何罪云云　則穆公自言其所以不替孟明之故也　自唐石經始脫曰字　而各本遂沿其誤　秦誓正義引此無曰字　亦後人依誤本左傳刪之　文選西征賦注云　左氏傳曰　秦伯不廢孟明　曰　孤之罪也（此引傳文

改替爲廢　取其易曉　而過字作罪　則涉上文孤之罪也而誤）白帖五十九　出一眚二字　而釋之云　孟明敗秦師　秦伯不替　曰　吾不以一眚掩大德　二書所引　文雖小異　而皆有曰字　足正今本之誤

（僖公三十三年の傳文に）「不替孟明　孤之過也　大夫何罪　且吾不以一眚掩大德」とあるが、家大人（王念孫）の言うことには、「不替孟明」の下に「曰」の字があったのを、今本では脫落させている。「不替孟明」の四字及び「曰」の字は、いずれもみな、左氏の記事の詞（地の文）であり、「孤之過也」以下がまさしく穆公の言葉なのである。上文で、穆公は〝軍隊に向かって哭し〟、自分を罪し、人を罪していないが、その上にここで、〝孟明を廢せずにまた用い、かつ彼に〝私の過ちである。大夫（あなた）に何の罪があろう云云〟と言ったのである。「大夫」の二字は專ら孟明を指して言っているのであって、上文でまとめて「二三子」と言っているのとは同じでない。もし、今本のように、「不替孟明　孤之過也」に作れば、「不替孟明」もまた、穆公の言葉になってしまう。穆公が孟明を廢さなかったことを自分の過ちとした以上、孟明をまた用いるはずはない。下文でどうして、「大夫何罪」と言い、さらに「不以一眚掩大德」と言うことが出來ようか。とすれば、「不替孟明曰」の五字は、記者の詞（地の文）であり、「大夫何罪云云」は、穆公が、孟明を廢さなかったわけを、自ら言っているのである。唐石經が始めて「曰」の字を脫落させて以來、各本はそのまま、その誤りを踏襲している。〈秦誓〉正義にここを引いて「曰」の字が無いのもまた、後人が誤本の左傳によって削除したのである。『文選』西征賦の注に「左氏傳曰　秦伯不廢孟明曰、孤之罪也」（ここで傳文を引いて、「替」を「廢」に改めているのは、わかりやすくしたのだが、

「過」の字を「罪」に作っているのは、上文の「孤之罪也」にかかわって、まちがえたのである）とあり、『白帖』五十九は、「一眚」の二字を出し、これを釋して、「孟明敗秦師　秦伯不替　曰　吾不以一眚掩大德」と言っている。二書の引用は、文が少し違うが、いずれもみな、「曰」の字があり、今本の誤りを正すに充分である。

【殺女而立職】

宜君王之欲殺女而立職也　陳氏芳林攷正曰　韓非子作廢女（內儲說）上云黜商臣　似作廢字爲允　然江芈怒　故甚其辭　讀者正不必泥也　又曰　唐劉知幾史通言語篇引作廢女　引之謹案　韓子及史通竝作廢是也　上言黜商臣　下言能事諸乎　則此文本作廢女而立職　明矣　若商臣被殺　又誰事王子職乎　列女傳節義傳載此事曰　大子知王之欲廢之也　遂興師圍王宮　亦其一證也　廢字不須訓釋　故杜氏無注若是殺字　則與上下文不合　杜必當有注矣　自唐石經始從誤本作殺　而史記楚世家亦作殺　則後人依左傳改之耳　若謂江芈怒而甚其詞　則曲爲之說也　古字多以發爲廢　傳文蓋本作發　發殺形相近　因誤而爲殺矣（說苑說叢篇　智者不妄爲　勇者不妄發　今本發誤作殺）

（文公元年の傳文）「宜君王之欲殺女而立職也」について、陳芳林『攷正』は、〝『韓非子』では「廢女」に作っている（內儲說）。上に「黜商臣」とあるから、「廢」の字に作るのが適當のようではある。しかしながら、江芈が怒りにまかせて大げさに言ったとも考えられるから、讀者はあまり拘泥しない方がよい〟と言い、また、〝唐の劉知幾『史通』言語篇の引用では「廢女」に作る〟と言っている。私が考えまするに、『韓子』及び『史通』がならびに「廢」に作っているのが、正しい。上で「黜商臣」と言い、下で「能事諸乎」と言っているのだから、ここの文が本來「廢女而立職」に作っていたことは、明らかである。もし商臣が殺されたなら、他の誰が王子職に仕えるのだろうか。『列女傳』節義傳がこの事件を載せて「大子知王之欲廢之也　遂興師圍王宮」と言っているのもまた、證據の一つである。「廢」の字は訓釋が必要ないから、杜預に注が無いのであって、もし「殺」の字ならば、上下の文と合致しないから、杜預には必ず注があるはずである。唐石經が始めて誤本に從って「殺」に作って以來、『史記』楚世家もまた「殺」に作っている。とすれば、後人が左傳によって『史記』を改めたのである。〝江芈が怒りにまかせて大げさに言った〟などというのは、無理なこじつけである。古字では、「廢」を「發」と書くことが多い。傳文はおそらく、本來は「發」に作っていたのであり、「發」と「殺」とは形が似ているため、誤って「殺」にしてしまったのである（『說苑』說叢篇の「智者不妄爲　勇者不妄發」について、今本は、「發」をまちがえて「殺」に作っている）。

【秦穆公】

三年傳　君子是以知秦穆公之爲君也　校勘記曰　石經無公字　足利本亦無　案下文云　秦穆有焉　四年傳　其秦穆之謂矣　六年傳　秦穆之不爲盟主也宜哉　皆無公字　諸刻本有者　疑衍文　家大人曰　此說是也　秦穆之稱　亦猶齊桓晉文　後人不知古人省文之例　故輒加公字耳　太平御覽人事部八十三　治道

部十一　引此皆無公字

〈文公〉三年の傳文「君子是以知秦穆公之爲君也」について、〈校勘記〉に、〝石經には「公」の字が無く、足利本にもまた無い。案ずるに、下文に「秦穆有焉」と言い、四年の傳文に「其秦穆之謂矣」と言い、六年の傳文に「秦穆之不爲盟主也宜哉」と言っていて、いずれもみな、「公」の字が無い。諸刻本に（「公」の字が）あるのは、おそらく衍文であろう〟とある。家大人〔王念孫〕が言うことには、この説は正しい。「秦穆」という呼び方は、「齊桓」・「晉文」と同じである。後人は、古人の省文の例を知らなかったから、そのたびに「公」の字を加えてしまったのである。『太平御覽』人事部八十三と治道部十一とは、ここを引いて、いずれもみな、「公」の字が無い。

【郕邽】

十二年傳　郕大子以夫鍾與郕邽來奔　杜注曰　郕邽亦邑　杜春秋地名說成地曰（成與郕同）文十二年成圭　或曰邑　或曰玉闕　太平御覽皇親部十二引服虔注曰　郕圭　邑名也　一曰　郕邦之寶圭　大子以其國寶與地夫鍾來奔也　引之謹案　寶圭之說是也　郕大子以郕圭來奔　猶莒大子僕以其寶玉來奔耳（見十八年）　郕爲伯爵　當執躬圭　圭爲郕國之寶　故謂之曰郕圭　猶王子朝所用之圭稱成周之寶圭也（見昭二十四年）　若以圭爲郕之邑名　則夫鍾亦是郕邑　何獨於圭而曰郕乎　且郕大子所挾之邑　則爲郕邑可知　又何須加郕字以明之乎　襄之二十一年　邾庶其以漆閭丘來奔　昭之五年　莒牟夷以牟婁及防茲來奔　三

十一年　邾黑肱以濫來奔　不聞稱爲邾漆邾濫莒牟婁也　以是言之　郕圭必非邑名　說文　邽　隴西上邽也　而不云郕邑　是左傳古本無作郕邽者　左傳舊解亦無訓邑名者　自杜氏誤從邑名之解　而後世傳寫者遂加邑作邽（釋文　邽音圭　則所見本已誤）於是郕圭之爲寶玉　莫有能知之者矣

（文公）十二年の傳文「郕大子以夫鍾與郕邽來奔」について、杜預の注は〝「郕邽」もまた、邑である〟と言い、杜預の〈春秋地名〉は、成地を説明して（「成」は「郕」と同じ）、〝文公十二年の「成圭」は、邑ともいわれ、玉闕ともいわれる〟と言っている。（また）『太平御覧』皇親部十二に引く服虔の注は、〝「郕圭」は、邑の名である。一説に、郕邦の寶圭である。大子は自國の寶と夫鍾という地とをもって來奔したのである〟と言っている。私が考えまするに、寶圭の説が正しい。郕の大子が郕圭をもって來奔したのは、莒の大子僕が自國の寶玉をもって來奔した（十八年に見える）のと同じである。郕は伯爵で、躬圭をもつはずである。（つまり）圭は郕國の寶だから、これを「郕圭」と言うのであり、王子朝が用いる圭を「成周之寶圭」と稱する（昭公二十四年に見える）のと同じである。もし、圭を郕の邑名とすると、夫鍾もまた郕の邑なのに、どうして、圭についてだけ「郕」と言うのだろうか。それに、郕の大子がもって來た邑ならば、郕の邑にきまっているのに、どうして、「郕」の字を加えてそれを明らかにする必要があろうか。襄公二十一年に「邾庶其以漆閭邱來奔」とあり、昭公五年に「莒牟夷以牟婁及防茲來奔」とあり、三十一年に「邾黑肱以濫來奔」とあるが、「邾漆」「邾濫」「莒牟婁」と稱する例は聞かない。このことからすれば、「郕圭」は絶對に邑ではない。『説文』には「邽　隴西上邽也」とあって、「郕邑」とは言っていない。

つまり、左傳の古本には、「郕邽」に作るものは無かったのである。左傳の舊解にもまた、邑名と訓ずるものは無かった。杜預がまちがって邑名という解釋に從って以來、後世の傳寫する者が、そのまま「邑」を加えて「邽」に作ったのである（『釋文』には「邽音圭」とあるから、見た本がすでにまちがっていたのである）。かくて、「郕圭」が寶玉であることは、知る者がいなくなった。

【克減侯宣多】【咸黜不端】

十七年傳　克減侯宣多　而隨蔡侯以朝于執事　杜注曰　減　損也　難未盡而行　言汲汲于朝晉　引之謹案　上文云　敝邑以侯宣多之難　寡君是以不得與蔡侯偕　若難猶未盡　亦不能朝于晉矣　減謂滅絕也　管子宙合篇曰　減　盡也　說文曰　𠟭　減也　從刀尊聲　史記趙世家曰　當道者謂簡子曰　帝令主君射熊與羆　皆死　簡子曰　是　且何也　當道者曰　晉國且有大難　帝令主君減二卿　是減爲滅絕也　甫減侯宣多而即朝于晉　言不敢緩也　減與咸　古字通　周書君奭篇　咸劉厥敵　與此同義　傳訓咸爲皆　非是（說見前咸劉厥敵下）昭二十六年傳　則有晉鄭咸黜不端　咸黜亦滅絕之意　謂晉文殺叔帶　鄭厲殺子穨也　正義曰　咸　諸本或作減（月令水泉咸竭　呂氏春秋仲冬紀咸作減　減與竭皆消滅也　因而滅人亦謂之減）王肅注訓咸爲皆　亦非是

（文公）十七年の傳文に「克減侯宣多　而隨蔡侯以朝于執事」とあり、杜注に〃「減」は、損（よわめる、おさえる）である。（つまり）内亂が終結しないうちに行った、ということであり、（要するに）晉に朝するのに汲汲とした、ということを言っているのである〃とある。私が考えまするに、上文に「敝邑以侯宣多之難　寡君是以不得與蔡侯偕」とある。（したがって）もし内亂がいまだに終結していないのだとすると、依然として晉に朝することは出來ないはずである。「滅」とは、滅絶をいう。『管子』宙合篇に「滅盡也」とあり、『説文』に「𠟃　滅也　從刀尊聲」とあり、『史記』趙世家に「當道者謂簡子曰　帝令主君射熊與羆　皆死　簡子曰　是　且何也　當道者曰　晉國且有大難　帝令主君滅二卿」とあって、つまり、「滅」は滅絶なのである。侯宣多を絶滅するとすぐに晉に朝したのであり、ぐずぐずしなかったということである。「滅」と「咸」とは、古字では通ずる。〈周書〉君奭篇に「咸劉厥敵」とあるのは、ここと同義であり、傳が「咸」を皆と訓じているのは、正しくない（説は、前の「咸劉厥敵」の項に見える）。昭公二十六年の傳文に「則有晉鄭咸黜不端」とあるが、「咸黜」もまた、滅絶の意で、晉の文公が叔帶を殺し、鄭の厲公が子積を殺した、ことをいう。正義には「咸　諸本或作滅」とある〈月令〉に「水泉咸竭」とあるが、『呂氏春秋』仲冬紀では、「咸」を「滅」に作っている。滅と竭とは、いずれもみな、消滅だから、同様に、人を滅すこともまた「滅」というのである）。王肅の注が「咸」を皆と訓じているのもまた、正しくない。

【舍于翳桑】【翳桑之餓人】

宣二年傳　宣子田於首山　舍于翳桑　杜注曰　翳桑　桑之多蔭翳者　注意蓋謂　桑多蔭翳　故宣子與靈輒休止其下　引之謹案　下文曰　翳桑之餓人也　則翳桑當是地名　僖二十三年傳曰　謀於桑下　以此例

之　若是翳桑樹下　則當曰舍于翳桑下　翳桑下之餓人　今是地名　故不言下也　春秋地名　或取諸草木　若公會齊侯鄭伯于老桃（隱十年傳）齊侯宋人陳人蔡人郲人會于北杏（莊十三年）晉師軍于廬柳（僖二十四年）戰于大棘（宣二年）諸侯之師至于棫林（襄十四年）師逆臧孫至于旅松（十七年）游吉奔晉及酸棗（三十一年）此類不可枚擧　其以桑名者　虢公敗戎于桑田（僖二年）入桑泉（二十四年）禦諸桑隧（成六年）晉敗狄于采桑（僖八年）及晉語敗狄于稷桑　是也　且傳凡言舍于者　若出舍于睢上（成十五年）甯子出舍于郊（襄二十六年）成子出舍于庫（哀十四年）舍于昌衍之上（僖二十九年）退舍于夫渠（成十六年）舍于五父之衢（定八年）舍于蠶室　舍于庚宗（哀八年）句末皆地名　其曰吳師克東陽而進舍于五梧（哀八年）五梧地名　亦取諸草木矣　使謂舍于五梧爲在梧樹之下　其可乎　自公羊氏傳聞失實　始云活我於暴桑下　而呂氏春秋報更篇（曰　趙宣孟將上之絳　見骫桑之下　有餓人）淮南人閒篇（曰　趙宣孟活飢人於委桑之下）史記晉世家（曰　初盾常田首山　見桑下有餓人　又盾問其故　曰　我桑下餓人）竝承其誤　杜不能釐正　而又臆爲之說　非也　余友馬進士器之亦云　翳桑蓋地名

宣公二年の傳文「宣子田於首山　舍于翳桑」について、杜注は〝「翳桑」とは、桑で、（枝・葉が繁茂して）かげを多くつくるものである〟と言っている。注の意味はおそらく、桑にかげが多かったから、宣子と靈輒とが、その下で休息した、ということであろう。私が考えまするに、下文に「翳桑之餓人也」とあるから、「翳桑」は地名のはずである。僖公二十三年の傳文に「謀於桑下」とあって、ここから類推すれば、桑のこかげの場合は、「舍于翳桑下」「翳桑下之餓人」と言うはずで、今ここは地名だから、「下」と言わないのである。〈春秋〉の地名には、草木から取ったものがある。例えば、「公會齊侯鄭伯于老桃」（隱公十年傳）・「齊侯宋人陳人蔡人郕人會于北杏」（莊公十三年）・「晉師軍于廬柳」（僖公二十四年）・「戰于大棘」（宣公二年）・「諸侯之師至于棫林」（襄公十四年）・「師逆臧孫至于旅松」（十七年）・「游吉奔晉及酸棗」（三十一年）など、枚擧にいとまがない。「桑」を名としたものには、「虢公敗戎于桑田」（僖公二年）・「入桑泉」（二十四年）・「禦諸桑隧」（成公六年）・「晉敗狄于采桑」（僖公八年）、そして、〈晉語〉の「敗狄于稷桑」がある。それに、傳が一般に「舍于」と言う場合は、例えば、「出舍于睢上」（成公十五年）・「甯子出舍于郊」（襄公二十六年）・「成子出舍于庫」（哀公十四年）・「舍于昌衍之上」（僖公二十九年）・「退舍于夫渠」（成公十六年）・「舍于五父之衢」（定公八年）・「舍于蠶室」「舍于庚宗」（哀公八年）のように、句末はいずれもみな地名である。「吳師克東陽而進　舍于五梧」（哀公八年）の「五梧」という地名も、やはり草木から取ったものである。それを、「舍于五梧」とは、梧樹の下でである、などと言うことが出來るだろうか。公羊氏が傳聞によって事實を見失い、始めて「活我於暴桑下」と言って以來、『呂氏春秋』報更篇（「趙宣孟將上之絳　見骫桑之下　有餓人」とある）、『淮南』人閒篇（「趙宣孟活飢人於委桑之下」とある）、『史記』晉世家（「初盾常田首山　見桑下有餓人」とあり、また、「盾問其故　曰　我桑下餓人」とある）は、ならびにその誤りを踏襲している。杜預も、それを改正できずに、あて推量で解説しており、まちがいである。私の友人である進士の馬器之（馬宗璉）もまた、〝翳桑は地名であろう〟と言っている。

【遂自亡也】

杜注曰　輒亦去　引之謹案　此謂盾亡　非輒亡也　自宣子田于首山　至不告而退　明盾得免之由　盾既免　遂出奔　出奔出於己意　不待君之放逐　故曰自亡　有亡乃有復　故下文言宣子未出山而復　而大史謂之亡不越竟也　若以此爲輒亡　則傳尚未言盾亡　下文何以遽云未出山而復乎　史記晉世家　誤以靈輒爲示眯明　云明亦因亡去　又云盾遂奔　不知遂自亡也　卽謂盾奔　非謂輒亡去也　杜氏蓋因史記而誤　穀梁傳敘此事　亦云趙盾出亡至於郊

（宣公二年の傳文「遂自亡也」について）杜注に「輒亦去」とある。私が考えますするに、ここは、盾が逃げたことをいっているのであって、輒が逃げたことをいっているのではない。「宣子田于首山」から「不告而退」までは、盾が免れることが出來たわけを説明しているのである。盾は免れると、そのまま出奔した。（つまり）出奔はおのれの意志であり、君が放逐するのを待ったわけではないから、「自亡」と言っているのである。〝亡〟があって始めて〝復〟があるのだから、下文で「宣子未出山而復」と言い、太史がこれを「亡不越竟」と言っているのである。もし、ここを輒が逃げたことと解すると、傳はまだ盾が逃げたことを言っていない、ということになり、下文でどうして唐突に「未出山而復」と言うことがあろうか。『史記』晉世家は、靈輒を誤って示眯明とし、「明亦因亡去」と言い、さらに「盾遂奔」と言っている。（つまり）「遂自亡也」が、とりもなおさず盾が奔ったことをいうのであって、輒が逃げたことをいうのではない、ということを理解していない。杜氏はおそらく、『史記』によって誤ったのであろう。〈穀梁傳〉も、この事件を敘述して、やはり「趙盾出亡至於郊」と言っている。

【攻靈公】

趙穿攻靈公於桃園　釋文　趙穿攻　如字　本或作弑　引之謹案　攻本作殺　殺字隷或作煞　上半與攻相佀　又因上文伏甲將攻之而誤爲攻耳　趙穿殺靈公　故大史書曰　趙盾弑其君　若但攻之而已　則殺與否尚未可知　大史何由而書弑乎　杜注宣子未出山而復曰　聞公殺而還（釋文　聞公殺　申志反　蓋殺有如字及申志反二音　故別之曰申志反　左傳釋文　殺音申志反者　凡十三見　竝與此同　今本注及釋文俱改殺爲弑　非也　隱四年經　衞州吁弑其君完　釋文　弑音試　凡弑君之類皆放此　可以意求　不重音　釋文已云弑不重音　不應於此又音申志反也）公殺正謂趙穿殺靈公　則杜所據本作殺明甚　釋文攻如字　亦當作殺如字　今本作攻者　後人以已誤之傳文改不誤之釋文也　殺又音試　故別之曰如字　隱十一年傳反譖公于桓公而請弑之　釋文弑作殺云　音試　一音如字　莊三十二年傳　不書殺　諱之也　釋文　殺音試　一音如字　僖九年經　晉里克殺其君之子奚齊　釋文　殺如字　又作弑（今本作誤爲音）傳同　公羊音試　二十四年傳　將焚公宮而弑晉侯　釋文弑作殺云　音試　又如字　三十三年傳注　冀芮欲殺文公釋文　殺音試　或如字　襄二十一年傳注　終有弑殺之禍　釋文　殺申志反　又如字　二十二年傳　吾與殺吾父　釋文　殺如字　一音試　定四年傳　將弑王　釋文弑作殺云　如字　又申志反　是其例矣　不直曰殺如字而云趙穿殺如字者　以別於上文注之國以殺　下文注之聞公殺　皆音申志反也　若攻字　無申志反之音　直云攻本或作弑可矣　何須別之曰如字乎　且傳言攻者多矣　釋文皆不作音　何獨於此攻字而云如字乎　其爲後人所改明矣　鈔本北堂書鈔政術部十一引此　正作趙穿煞靈公於桃園　煞卽殺字也（陳禹

譔本改從今本左傳作攻）史記十二諸侯年表　晉靈公十四年趙穿殺靈公　晉世家　盾昆弟將軍趙穿襲殺靈公於桃園　亦皆言殺　本於左傳也　唐石經始誤爲攻　而諸本從之　遂使文義不明　當據書鈔釋文以正之　羣書治要載此傳作攻　蓋後人以今本改之也　魏徵與虞世南陸德明同時　斷無虞陸作殺而魏獨誤攻之理　亦當據書鈔釋文以正之　晉語　趙穿攻公於桃園　攻字亦後人所改

（宣公二年の傳文）「趙穿攻靈公於桃園」について、〈釋文〉に「趙穿攻　如字　本或作弑」とある。私が考えまするに、「攻」は、本來、「殺」に作っていた。「殺」の字は、隷書では「煞」に作ることがあって、上半分が「攻」と似ており、また、上文に「伏甲　將攻之」とあることから、誤って「攻」にしてしまったのである。趙穿が靈公を殺したから、大史が「趙盾弑其君」と書いたのであって、もし、攻めただけなら、殺したかどうかはわからず、大史は何を根據に「弑」と書くことが出來よう。杜預は「宣子未出山而復」に注して、「聞公殺而還」と言っている〈釋文〉に「聞公殺　申志反」とある。おそらく、「殺」には、如字と申志反との二つの音があるから、これを區別して「申志反」と言ったのであろう。左傳の〈釋文〉には、「殺」を申志反と音するものが全部で十三箇所みられるが、いずれもみな、ここと同じである。今本の注及び〈釋文〉が、ともに「殺」を「弑」に改めているのは、まちがいである。隱公四年の經文「衞州吁弑其君完」について、〈釋文〉に「弑音試　凡弑君之類皆放此　可以意求　不重音」とある。〈釋文〉が「弑不重音」と言っている以上、ここでまた「申志反」と音するはずはない）。「公殺」とは、まさしく趙穿が靈公を殺したことをいうから、杜預が據った本が「殺」に作っていたことは、きわめて明白である。〈釋文〉の「攻如字」も、「殺如字」に作るべきである。今本が「攻」に作っているのは、後人が、誤った傳文によって、誤っていない〈釋文〉を改めたのである。「殺」には、試の音もあるから、これを區別して、「如字」と言ったのである。隱公十一年の傳文「反譖公于桓公而請弑之」について、〈釋文〉が、「弑」を「殺」に作って、「音試　一音如字」と言い、莊公三十二年の傳文「不書殺　諱之也」について、〈釋文〉が「殺音試　一音如字」と言い、僖公九年の經文「晉里克殺其君之子奚齊」について、〈釋文〉が「殺如字　又作弑（今本は「作」を誤って「音」としている）傳同　公羊音試」と言い、二十四年の傳文「將焚公宮而弑晉侯」について、〈釋文〉が、「弑」を「殺」に作って、「音試　又如字」と言い、三十三年の傳文の注「冀芮欲殺文公」について、〈釋文〉が「殺音試　或如字」と言い、襄公二十一年の傳文の注「終有弑殺之禍」について、〈釋文〉が「殺　申志反　又如字」と言い、二十二年の傳文「吾與殺吾父」について、〈釋文〉が「殺　如字　一音試」と言い、定公四年の傳文「將弑王」について、〈釋文〉が「弑」を「殺」に作って、「如字　又申志反」と言っているのが、その例である。單に「殺如字」と言わずに、「趙穿殺如字」と言っているのは、それによって、上文の注の「國以殺」と、下文の注の「聞公殺」とが、いずれもみな、申志反と音する、のと、區別したのである。もし「攻」の字ならば、申志反という音はないから、單に「攻本或作弑」と言うだけならともかく、どうして、區別して「如字」と言う必要があろうか。それに、傳で「攻」と言うものは多いが、〈釋文〉は、いずれもみな、音をつけていない。どうして、ここの「攻」の字についてだけ、「如字」と言うのだろうか。後人が改めたものであることは、明らかである。鈔本『北堂書鈔』政術部十一は、ここを引いて、正しく「趙穿殺靈公於桃園」に作っている。「殺」

は、「殺」の字に他ならない（陳禹謨本は、今本左傳に従って、「攻」に改めている）。『史記』十二諸侯年表に「晉靈公十四年趙穿殺靈公」とあり、晉世家に「盾昆弟將軍趙穿襲殺靈公於桃園」とあって、やはり、いずれもみな「殺」と言っているのは、左傳にもとづいたのである。唐石經が始めて誤って「攻」として以來、諸本はこれに従い、そのまま文義をわからなくしてしまった。『書鈔』と〈釋文〉によって正すべきである。『羣書治要』がここの傳文を載せて「攻」に作っているのは、後人が今本によって改めたのである。魏徵は、虞世南・陸德明と同時代なのだから、虞・陸が「殺」に作り、魏だけが「攻」に誤るわけがない。これもまた、『書鈔』と〈釋文〉によって正すべきである。〈晉語〉「趙穿攻公於桃園」の「攻」の字も、やはり、後人が改めたものである。

【鬭穀於菟】

楚人謂乳穀　謂虎於菟　故命之曰鬭穀於菟　引之謹案　傳凡言命之曰某者　皆名也　未有連姓言之者　鬭字蓋涉他篇鬭穀於菟而衍　自朱梁補石經已然　而各本皆沿其誤　漢書敘傳　楚人謂乳爲穀　謂虎爲於檡（與菟同）故名穀於檡　論語公冶長篇皇疏　此兒爲虎所乳　故名之曰穀於菟也（穀　奴口反　說文　穀　乳也　從子㱿聲　作穀者借字耳）皆無鬭字

（宣公四年の傳文に）「楚人謂乳穀　謂虎於菟　故命之曰鬭穀於菟」とある。私が考えまするに、凡そ傳で「命之曰某」と言う場合は、いずれもみな、名であって、姓を連ねて言っているものはない。「鬭」の字は、おそらく、他篇の「鬬穀於菟」にかかわって誤衍したのであろう。朱梁の時の補石經からして既にそうであり、各本はいずれもみなその誤りにしたがっている。『漢書』敘傳に「楚人謂乳爲穀　謂虎爲於檡（「菟」と同じ）故名穀於檡」とあり、『論語』公冶長の皇疏に「此兒爲虎所乳　故名之曰穀於菟也」（「穀」は、奴口の反。『説文』に〝穀は乳である。子に從い、殸聲である〟とある。「穀」に作っているのは、借字）とあって、いずれもみな「鬬」の字が無い。

【無動】

十一年傳　謂陳人　無動　動字杜氏無注　引之謹案　動謂驚懼也　昭十八年傳　將有大祥　民震動　震動猶震驚也　商頌長發篇　不震不動　鄭箋曰　不可驚憚也　爾雅曰　震驚　懼也　震　動也　文十五年公羊傳　其實我動焉爾　何注曰　動懼失操　宋衷注春秋緯曰　驚　動也（見文選羽獵賦注　今俗語猶云驚動）義竝相通　史記陳世家作謂陳曰無驚　是其證矣　孟子盡心篇　王曰無畏　文義與此相似

（宣公）十一年の傳文に「謂陳人　無動」とあるが、「動」の字について、杜氏には注が無い。私が考えまするに、「動」とは、驚懼する〔おそれる〕ことをいう。昭公十八年の傳文に「將有大祥　民震動」とあり、「震動」は震驚と同じである。〈商頌〉長發篇に「不震不動」とあり、鄭箋に「不可驚憚也」とある。『爾雅』に「震驚　懼也」とあり、（また）「震　動也」とある。文公十五年の公羊傳文に「其實我動焉爾」とあり、何注に「動懼失操」とある。宋衷が〈春秋緯〉に注して「驚　動也」と言っている（『文選』羽獵賦の注に見える。今の俗語でも、なお「驚動」という)。意味はみな相通ずる。『史記』陳世家が「謂陳曰無驚」に作っているのが、その證據である。(なお)『孟子』盡心篇に「王曰無畏」とあって、文章も意味もこことよく似ている。

【縣公】

諸侯縣公皆慶寡人　杜注曰　楚縣大夫皆僭稱公　引之謹案　縣公猶言縣尹也　與公侯之公不同　如謂楚僭稱王　其臣僭稱公　則楚官之貴者無如令尹司馬　何以令尹司馬不稱公　而稱公者反在縣大夫乎　襄二十五年傳　齊棠公之妻　東郭偃之姊也　杜注曰　棠公　齊棠邑大夫　齊之縣大夫亦稱公　則公爲縣大夫之通稱(正義謂其家臣僕呼之曰公　傳卽因而言之　非也　作傳者非其臣僕　何爲與臣僕同稱)非僭擬於公侯也　若以爲僭　則公尊於侯　齊君但稱侯　豈有其臣反稱公者乎　鄉飲酒禮　諸公大夫　鄭注曰　大國有孤四命　謂之公　則孤卿得稱公　亦非公侯之公也

(宣公十一年の傳文に)「諸侯縣公皆慶寡人」とあり、杜注に「楚縣大夫皆僭稱公」とある。私が考えますに、「縣公」は、縣尹と言うようなものであって、公侯の「公」とは違う。もし、楚が「王」を僭稱し、その臣が「公」を僭稱したというのなら、楚の官職の中で令尹司馬ほど貴いものはないのに、どうして、令尹司馬が「公」を稱さず、かえって縣大夫が「公」を稱するのだろうか。襄公二十五年の傳文に「齊棠公之妻　東郭偃之姊也」とあり、杜注に「棠公　齊棠邑大夫」とあって、齊の縣大夫もまた「公」を稱している。とすれば、「公」は、縣大夫の通稱であって（正義が〝その家の臣僕が「公」と呼んだのを、傳はそのまま使ったのである〟と言っているのは、まちがいである。傳を作った者はその臣僕ではないのに、どうして臣僕と同じ呼稱を用いようか）、公侯を僭擬した〔まねた〕のではない。もし僭であるとすれば、「公」は「侯」より尊く、齊君でも「侯」と稱しているだけなのに、その臣がかえって「公」を稱することがあり得ようか。（なお、『儀禮』）鄉飲酒禮に「諸公大夫」とあり、鄭注に「大國有孤四命　謂之公」とある。とすれば、孤卿は「公」を稱することが出來るのであり、（この「公」も）やはり、公侯の「公」ではない。

【旅有施舍】【施舍已責】【魏絳請施舍】【施舍可愛】【施舍寬民】【施舍不倦】【喜有施舍】

引之謹案　古人言施舍者有二義　一爲免繇役　地官小司徒　凡征役之施舍　鄭注曰　施讀爲弛　鄉師辨其可任者與其施舍者　注曰　施舍謂應復免不給繇役　是也　一爲布德惠　蓋古聲舍予相近（舍古音暑見唐韻正）施舍之言賜予也　宣十二年左傳　旅有施舍　謂有所賜予使不乏困也（若地官遺人　野鄙之委積　以待羇旅　委人　以甸聚待羇旅　是也）成十八年傳　施舍已責　襄九年傳　魏絳請施舍輸積聚以貸　三十一年傳　施舍可愛　昭十三年傳　施舍寬民　又施舍不倦（又十九年傳　王施舍不倦）二十五年傳　喜有施舍　周語　縣無施舍（施舍　若遺人郊里之委積　以待賓客　及廬有飲食　路室有委　候館有積　是也）又聖人之施舍也議之（施舍謂賜予窮困之人　下文喜怒取與　則謂因怒而奪　因喜而與　以其人之功罪定之也）又布憲施舍於百姓　晉語　施舍分寡　楚語　明施舍以道之忠（忠謂惠愛也　吳語曰

忠恵以善之　是也　韋注以爲忠恕　失之）皆謂賜予之也　杜注施舍不倦曰　施舍猶云布恩徳　得傳意矣
　而其他則以施爲施惠　舍爲不勞役　强分施舍爲二　非也　韋注縣無施舍曰　所以施舍賓客負任之處
（此誤作休息解）注聖人之施舍曰　施　予也　舍　不予也　注布憲施舍曰　施　施惠　舍　舍罪也　注
施舍分寡曰　施　施徳也　舍　舍禁也　注明施舍以道之忠曰　施己所欲　原心舍過　同一施舍而前後屢
易其説　蓋古訓之失傳　久矣

私が考えまするに、古人が「施舍」と言う場合、二つの意味がある。一つは、〝繇役を免除する〟という意味で、〈地官〉小司徒「凡征役之施舍」の鄭注に「施讀爲弛」とあり、郷師「辨其可任者與其施舍者」の注に「施舍謂應復免不給繇役」とあるのが、これである。もう一つは、〝徳恵を布く〟という意味である。思うに、古音では、「舍」と「予」は近い（「舍」の古音は暑である。『唐韻正』に見える）から、「施舍」は賜予なのである。（したがって）宣公十二年の左氏傳文に「旅有施舍」とあるのは、〝物をあたえて困窮しないようにさせる〟という意味である（〈地官〉遺人の「野鄙之委積　以待羇旅」、委人の「以甸聚待羇旅」などが、これに相當する）。成公十八年の傳文に「施舍已責」とあり、襄公九年の傳文に「魏絳請施舍輸積聚以貸」とあり、三十一年の傳文に「施舍可愛」とあり、昭公十三年の傳文に「施舍寛民」とあり、また、「施舍不倦」とあり（さらに、十九年の傳文に「王施舍不倦」とある）、二十五年の傳文に「喜有施舍」とあり、〈周語〉に「縣無施舍」とあり（「施舍」は、遺人の「郊里之委積　以待賓客」及び「廬有飲食　路室有委　候館有積」などが、これに相當する）、また、「聖人之施舍也議之」とあり（「施舍」

は、困窮している人に物をあたえることをいう。下文の「喜怒取與」とは、怒りによって奪い、喜びによって與え、その人の功罪によって定める、という意味である）、また、「布憲施舍於百姓」とあり、〈晉語〉に「施舍分寡」とあり、〈楚語〉に「明施舍以道之忠」とあり（「忠」とは、惠愛をいう。〈吳語〉に「忠惠以善之」とある。韋注が「忠恕」としているのは、まちがいである）、いずれもみな、賜予する〔あたえる〕ことをいう。杜預が「施舍不倦」に注して「施舍猶云布恩德」と言っているのは、傳意にかなっているが、その他の箇所で、「施」を「施惠」とし、「舍」を「不勞役」とし、（つまり）無理に「施」と「舍」を分けて二つにしているのは、まちがいである。韋昭は、「縣無施舍」に注して「所以施舍賓客負任之處」といい（これは、まちがって、〝休息〟の意に解している）、「聖人之施舍」に注して「施　予也　舍　不予也」といい、「布憲施舍」に注して「施　施惠也　舍　舍罪也」といい、「施舍分寡」に注して「施　施德也　舍　舍禁也」といい、「明施舍以道之忠」に注して「施己所欲　原心舍過」といっていて、同じ「施舍」なのに、前後でしばしば說明をかえている。おそらく、はやくに古訓が傳わらなくなっていたのであろう。

【故使子孫無忘其章】

夫武　禁暴戢兵保大定功安民和衆豐財者也　故使子孫無忘其章　杜注曰　著之篇章　使子孫不忘　正義曰　杜以文承武王克商作頌之後　又連四篇詩義　故以爲著之篇章　劉炫云　能有七德　故子孫不忘章明功業　横取下文京觀爲無忘其章明武功　以規杜失　非也　家大人曰　劉以章爲章明功業　是也　凡功之

顯著者　謂之章　魯語曰　今一言而辟境　其章大矣　晉語曰　以德紀民　其章大矣　韋注竝云　章　著也　義與此章字同　使子孫無忘其章　卽上文所云示子孫以無忘武功　則章者正章明功業之謂　非謂篇章也　功業卽指禁暴以下七德而言　故下文曰　武有七德　我無一焉　何以示子孫　若云使子孫無忘其篇章

則末矣

（宣公十二年の傳文に）「夫武　禁暴戢兵保大定功安民和衆豐財者也　故使子孫無忘其章」とあり、杜注に「著之篇章　使子孫不忘」とあり、正義に〝杜預は、この文が「武王克商作頌」の後を承け、また、四篇の詩の意味に連なっていることから、「著之篇章」としたのである。劉炫が「七德をもっているから、子孫が功業を章明〔あきらか〕にすることを忘れない」と言い、勝手に下文の「京觀」を取って、武功を章明にすることを忘れないとし、これによって杜預のまちがいを正すのは、誤りである〟とある。家大人〔王念孫〕が言うことには、劉炫が「章」を〝功業を章明にする〟としているのが、正しい。一般に、功の顯著なるものを「章」という。〈魯語〉に「今一言而辟境　其章大矣」とあり、〈晉語〉に「以德紀民　其章大矣」とあり、韋注にいずれも「章　著也」とあって、意味は、ここの「章」の字と同じである。「使子孫無忘其章」は、上文にいう「示子孫以無忘武功」に他ならず、とすれば、「章」は間違いなく〝功業を章明にする〟の意であって、〝篇章〟の意ではない。〝功業〟とは、「禁暴」以下の七德を指して言うのであり、だから、下文に「武有七德　我無一焉　何以示子孫」とあるのである。〝子孫にその篇章を忘れないようにさせる〟というのは、正しくない。

【又可以爲京觀乎】【不可以終】

家大人曰　古何字通作可　襄十年傳　下而無直　則何謂正矣　釋文　何或作可　誤也　陳氏芳林考正曰　古文可爲何字之省　未應遽斥爲誤　昭八年　若何弔也　釋文　何本或作可　齊策　可往矣（姚本如是　鮑本作何）宗廟亡矣　韓策　夫爲人臣者　言可必用　盡忠而已矣　石鼓文　其魚隹可（隹古惟字）可字竝與何同　史記陸賈傳　何乃比於漢　說苑奉使篇何作可　皆其證也　宣十二年傳　今罪無所　而民皆盡忠以死君命　又可以爲京觀乎　宋十行本明閩本監本毛本可皆作何　唐石經宋淳熙本岳本皆作可　或曰作何者誤　余謂可卽何字也　此言古之爲京觀　所以懲有罪也　今晉寔無罪　則將何以爲京觀乎　既曰何以和衆　何以豐財　何以示子孫　又曰　何以爲京觀　四何以文同一例（爾雅釋邱疏引此亦作何）唐石經作可者　何之借字耳　非有兩義也　又襄三十一年傳　民所不則　以在民上　不可以終　案不可以終本作可以終世　可卽何字也　上既言不能終矣　此又言何以終世　作問詞以申明之　正與上文相應也　僖十一年傳　禮不行則上下昏　何以長世　文義正與此同　下文言令聞長世　又與終世相應也　唐石經及各本皆作不可以終者　傳寫脫去世字　僅存可以終三字　後人又誤讀可爲可否之可　遂於可上加不字耳　漢書五行志載此文　正作何以終世（宋景祐本如是　今本作不可以終　乃後人以左傳改之）志文本於劉歆　蓋歆所見傳文本作可以終世　而可卽何之借字　故引傳直作何也

家大人〔王念孫〕が言うことには、昔、「何」の字は通じて「可」に作った。襄公十年の傳文「下而無

直　則何謂正矣」について、〈釋文〉に〝「何」を「可」に作るテキストは誤りである〟とあるが、陳芳林〈考正〉は〝古文では「可」は「何」の字の省略形であるから、簡單に誤りときめつけてはならない〟と言っている。昭公八年（の傳文）「若何弔也」について、〈釋文〉に〝「何」は、「可」に作るテキストもある〟とあり、〈齊策〉に「可往矣（姚本はこのようであり、鮑本は「何」に作っている）宗廟亡矣」とあり、〈韓策〉に「夫爲人臣者　言可必用　盡忠而已矣」とあり、〈石鼓文〉に「其魚隹可（「隹」は、「惟」の古字である）」とあって、「可」の字がすべて「何」と同じであり、（また）『史記』陸賈傳「何乃比於漢」の「何」を、『說苑』奉使篇では「可」に作っているのが、いずれもみな、その證據である。宣公十二年の傳文「今罪無所　而民皆盡忠以死君命　又可以爲京觀乎」について、宋の十行本・明の閩本・監本・毛本は、いずれもみな、「可」を「何」に作り、唐の石經・宋の淳熙本・岳本は、いずれもみな、「可」に作っている。「何」に作るのは誤りである、と言う人もいるが、私の考えでは、「可」は「何」の字に他ならない。ここは〝昔、京觀を作ったのは、有罪を懲らすためであり、今、晉には少しも罪がないのだから、どうして京觀を作ることがあろうか〟という意味である。上に「何以和衆」・「何以豐財」・「何以示子孫」とあり、ここにまた「何以爲京觀」とあって、四つの「何以」が文として同型なのである（『爾雅』釋邱の疏はここを引いて、やはり「何」に作っている）。唐石經が「可」に作っているのは、「何」の借字であって、二つの意味があるわけではない。また、襄公三十一年の傳文に「民所不則　以在民上　不可以終」とあるが、案ずるに、「不可以終」は本來「可以終世」に作っていたはずで、「可」は「何」の字に他ならない。上で既に「不能終」と言っているのを、ここでまた「何以終世」と言い、疑問の型で說明したのであり、上文と正確に呼應している。僖公十一年の傳文に「禮不行則上下昏　何以長世」とあるのは、文章も意味も、こことぴったり同じである。下文に「令聞長世」とあるのも、「終世」と呼應している。唐石經及び各本が、いずれもみな、「不可以終」に作っているのは、傳寫の際に「世」の字が脱落し、「可以終」の三字だけが殘っていたのを、後人がさらに、「可」を誤讀して「可否」の「可」とし、ついでに「可」の上に「不」の字を加えた結果である。『漢書』五行志は、この文を載せ、正しく「何以終世」に作っている（宋の景祐本がこのようである。今本が「不可以終」に作っているのは、後人が左傳によって改めたのである）。五行志の文は劉歆にもとづく。おそらく、劉歆が見た傳文は本來「可以終世」に作っていたが、「可」は「何」の借字に他ならないから、傳を引くのに、（借字はやめて）直接「何」に作ったのであろう。

【亢大國之討】

十三年傳　晉以衞之救陳也　討焉　孔達曰　我則爲政　而亢大國之討　將以誰任　我則死之　家大人曰　亢　當也（襄十四年左傳　晉禦其上　戎亢其下　呂氏春秋離俗篇　豈亢責也哉　高杜注竝曰　亢　當也　字通作伉　呂氏春秋士節篇　身伉其難　高注　伉　當也）大國之討　謂晉討衞之救陳也　言我寔掌衞國之政　而當晉之討　不得委罪於他人也　十二年宋伐陳　衞孔達救陳　曰　若大國討　我則死之　是其證也　杜訓亢爲禦　以亢大國之討爲禦宋討陳　皆失之

（宣公）十三年の傳文に「晉以衞之救陳也　討焉　孔達曰　我則爲政　而亢大國之討　將以誰任　我則死之」とある。家大人〔王念孫〕が言うことには、「亢」は當である（襄公十四年の左氏傳文「晉禦其上戎亢其下」と『呂氏春秋』離俗篇「豈亢責也哉」について、高注と杜注は、ならびに「亢　當也」と言っている。字は通じて「伉」に作る。『呂氏春秋』士節篇「身伉其難」の高注に「伉　當也」とある）。「大國之討」とは、晉が衞の陳救援をとがめることをいう。〝私こそ衞國の政をつかさどっている者だから、晉のとがめに當たる。罪を他人にゆだねることは出來ない〟という意味である。十二年に宋が陳を伐ち、衞の孔達が陳を救援した際、「若大國討　我則死之」と言っているのが、その證據である。杜預が、「亢」を訓じて禦となし、「亢大國之討」を〝宋が陳を討つのをふせいだ〟としているのは、いずれもみな、まちがいである。

【此物】

十五年傳　羊舌職說是賞也　曰　周書所謂庸庸祗祗者　謂此物也夫　杜注曰　物　事也　引之謹案　物類也（桓六年傳　是其生也　與吾同物　宣十二年傳　百官象物而動　昭元年傳　言以知物　九年傳　事有其物　晉語　如草木之產也　各以其物　韋杜注竝曰　物　類也）言周書所謂庸庸祗祗者　其謂此類也夫　前六年傳　周書曰　殪戎殷　此類之謂也　十二年傳　史佚所謂毋怙亂者　謂是類也　皆其證

（宣公）十五年の傳文に「羊舌職說是賞也　曰　周書所謂庸庸祗祗者　謂此物也夫」とあり、杜注に「物事也」とある。私が考えまするに、「物」は類である（桓公六年の傳文「是其生也　與吾同物」、宣公十二年の傳文「百官象物而動」、昭公元年の傳文「言以知物」、九年の傳文「事有其物」、〈晉語〉「如草木之產也　各以其物」について、韋注と杜注は、ならびに「物　類也」と言っている）。〝〈周書〉に「庸庸祗祗」とあるのは、この類を言うのである〟という意味である。前の六年の傳文に「周書曰　殪戎殷　此類之謂也」とあり、十二年の傳文に「史佚所謂毋怙亂者　謂是類也」とあるのが、いずれもみな、その證據である。

【欲於鞏伯】【豈不欲吳】

余雖欲於鞏伯　其敢廢舊典以忝叔父　引之謹案　欲猶好也（好　呼報反）言余雖愛好鞏伯　不敢廢舊典而以獻捷之禮相待也　古者欲與好同義　凡經言耆欲　皆謂耆好也　言欲惡　皆謂好惡也　秦誓　我尚不欲　越語　吾不欲匹夫之勇　皆謂不好也　論語言欲仁欲善　孟子言可欲之謂善　亦皆與好同義　故孟子所欲有甚於生者　中論夭壽篇　作所好　荀子不苟篇　欲利而不爲所非　韓詩外傳　作好利矣　又昭十五年傳　蔡人逐朝吳　朝吳出奔鄭　王怒　謂費無極曰　余唯信吳　故寘諸蔡　女何故去之　對曰　臣豈不欲吳　亦謂豈不好吳也　杜解欲於鞏伯云　欲受其獻　解豈不欲吳云　非不欲善吳　皆失之

（成公二年の傳文に）「余雖欲於鞏伯　其敢廢舊典以忝叔」とある。私が考えまするに、「欲」は好と同じである（「好」は、呼報の反、つまり、〝このむ〟の意）。〝私は鞏伯がすきだが、舊典を廢して獻捷の禮で待遇するわけにはゆかない〃という意味である。昔、「欲」は好と同義であった。凡そ、經で「耆欲」と言うのは、いずれもみな、耆好の意であり、「欲悪」と言うのは、いずれもみな、好悪の意である。〈秦誓〉に「我尚不欲」とあり、〈越語〉に「吾不欲匹夫之勇」とあるのは、いずれもみな、「不好」の意である。『論語』に「欲仁」「欲善」と言い、『孟子』に「可欲之謂善」と言っているのも、やはり、いずれもみな、好と同義である。だから、『孟子』に「所欲有甚於生者」とあるのを、『中論』夭壽篇は「所好」に作り、『荀子』不苟篇に「欲利而不爲所非」とあるのを、『韓詩外傳』は「好利」に作っているのである。また、昭公十五年の傳文に「蔡人逐朝呉　朝呉出奔鄭　王怒　謂費無極曰　余唯信呉　故寘諸蔡　女何故去之　對曰　臣豈不欲呉」とあるのも、やはり、〃呉がきらいなわけではない〃という意味である。杜預が「欲於鞏伯」を解して〃その獻捷を受けたかった〃といい、「豈不欲呉」を解して〃呉をよしとしたくないわけではない〃といっているのは、いずれもみな、まちがいである。

【赦罪】

十三年傳　我襄公未忘君之舊勳　而懼社稷之隕　是以有殽之師　猶願赦罪於穆公　引之謹案　赦與釋同（魏策　信陵君使使者謝安陵君曰　無忌　小人也　困於思慮　失言於君　敢再拜釋罪）釋　解也　故杜注曰　晉欲求解於秦　釋赦古同聲　故說文赦從攴赤聲　赤釋聲相近也　又昭五年傳　豎牛禍叔孫氏　使亂大從　殺適立庶　又披其邑　將以赦罪　赦亦與釋同　謂分叔孫氏之邑以賂南遺　將以自釋其罪也　家語正論篇　作以求舍罪　舍亦與釋同（周官占夢　乃舍萌于四方　注　舍讀爲釋　古者釋菜釋奠多作舍字

鄉飲酒禮　主人釋服　大射儀　獲而未釋獲　古文釋竝作舍）

（成公）十三年の傳文に「我襄公未忘君之舊勳　而懼社稷之隕　是以有殽之師　猶願赦罪於穆公」とある。私が考えまするに、「赦」は釋と同じである（〈魏策〉に「信陵君使使者謝安陵君曰　無忌　小人也　困於思慮　失言於君　敢再拜釋罪」とある）。「釋」は解である。だから、杜注は「晉欲求解於秦」と言っているのである。「釋」と「赦」は、昔、同音であった。だから、『說文』に「赦　從攴赤聲」とあって、「赤」と「釋」は音が近いのである。また、昭公五年の傳文に「豎牛禍叔孫氏　使亂大從　殺適立庶　又披其邑將以赦罪」とあって、「赦」は、やはり、釋と同じであり、〝叔孫氏の邑を分けて南遺におくり、自分でその罪をとこうとした〟という意味であるが、『家語』正論篇は「以求舍罪」に作っており、「舍」もまた釋と同じである（『周官』占夢に「乃舍萌于四方」とあり、注に「舍讀爲釋」とある。昔、「釋菜」「釋奠」は、「舍」の字に作ることが多かった。〈鄉飲酒禮〉に「主人釋服」とあり、〈大射儀〉に「獲而未釋獲」とあるが、古文では、「釋」をならびに「舍」に作っていた）。

【應且憎】

君有二心於狄（有與又同）曰　晉將伐女　狄應且憎　是用告我　杜注曰　言狄雖應荅秦　而心實憎秦無信　家大人曰　廣雅　應　受也　言狄人受君之言　且憎君之無信　是以來告我也　周語　班先王之大物以賞私德　其叔父實應且憎　以非余一人　韋注曰　應猶受　言晉文雖當私賞　猶非我一人也　晉語　若

以君官從子之私　懼子之應且憎也　注曰　外應受我　内憎其非　是凡言應且憎者　皆謂受且憎　非謂應荅也（周頌賚篇曰　我應受之　襄十三年左傳曰　應受多福　逸周書祭公篇曰　應受天命　是應與受同義　康誥曰　應保殷民　言受保殷民也　僖十二年左傳曰　余嘉乃勳　應乃懿德　言受乃懿德也　管子小匡篇曰　應公之賜　死且不朽　言受公之賜也）

（成公十三年の傳文に）「君有二心於狄（「有」は「又」と同じ）曰　晉將伐女　狄應且憎　是用告我」とあり、杜注に〝狄は、秦に應荅したけれども、内心、秦に信義がないことを憎んでいた、ということである〟とある。家大人〔王念孫〕が言うことには、『廣雅』に「應　受也」とある。〝狄人は、（一方では）君の言を受けつつ、（一方では）君に信がないことを憎んでいたから、こちらに報告してきた〟という意味である。〈周語〉に「班先王之大物以賞私德　其叔父實應且憎　以非余一人」とあり、韋注に〝「應」は受と同じである。晉の文公は私賞をうけたとしても、私を非難する、という意味である〟とある。〈晉語〉に「若以君官從子之私　懼子之應且憎也」とあり、注に〝表向きは私を應受し、内心ではその非を憎む〟とある。つまり、凡そ「應且憎」と言うのは、いずれもみな、〝受けつつ憎む〟という意味であって、〝應荅する〟という意味ではない、ということである〈周頌〉賚篇に「我應受之」とあり、襄公十三年の左氏傳文に「應受多福」とあり、『逸周書』祭公篇に「應受天命」とある。つまり、「應」は「受」と同義である、ということである。（だから）〈康誥〉に「應保殷民」とあるのは、〝殷の民を受保する〟という意味であり、僖公十二年の左氏傳文に「余嘉乃勳　應乃懿德」とあるのは、〝なんじに受けた恩德〟という意味であり、『管子』小匡篇に「應公之賜　死且不朽」とあるのは、〝公の賜を受ける〟という意味である）。

【疏行首】【問盟首】

引之謹案　成十六年傳　塞井夷竈　陳於軍中　而疏行首　杜注曰　疏行首者　當陳前　決開營壘　爲戰道　案下文曰　將塞井夷竈而爲行也　則塞井夷竈　正所以疏行首　非決開營壘之謂也　首當讀爲道　疏通也　謂通陳列隊伍之道也　井竈已除　則隊伍之道疏通　無所窒礙矣　又襄二十三年傳　季孫召外史掌惡臣而問盟首焉　注曰　盟首　載書之章首　案盟詞　簡約無篇章（下文毋或如云云　是也）不得云章首　首亦當讀爲道　盟道　盟惡臣之道也　古字首與道通　逸周書芮良夫篇　予小臣良夫稽道　羣書治要作稽首　史記秦始皇紀　追首高明　索隱曰　會稽刻石文首作道

私が考えまするに、成公十六年の傳文に「塞井夷竈　陳於軍中　而疏行首」とあり、杜注に〝「疏行首」とは、陳の前面で、營壘を（一部分）きりひらいて、戰道をつくる、ということである〟とある。案ずるに、下文に「將塞井夷竈而爲行也」とあり、とすれば、「塞井夷竈」がまさに「疏行首」の手段なのであるから、（「疏行首」は）〝營壘をきりひらく〟という意味ではない。「首」は、道と讀むべきであり、「疏」は、通である。（つまり、「疏行首」とは）隊伍をならべる道を通ずる、という意味である。井戸とかまどが除去されれば、隊伍の道は疏通し、障礙がなくなるのである。また、襄公二十三年の傳文に「季孫召外史掌惡臣而問盟首焉」とあり、注に〝「盟首」は、載書の章首である〟とある。案ずるに、盟詞は、簡約で、篇章が無い（下文の「毋或如云云」がそうである）から、「章首」とは言えない。「首」は、やはり、道と讀むべきであり、「盟道」とは、悪臣（逃亡者）に對する詛盟の道（やり方）である。古字では、「首」と「道」は通ずる。『逸周書』芮良夫篇に「予小臣良夫稽道」とあるのを、『羣書治要』では「稽首」に作っている。（また）『史記』秦始皇紀「追首高明」の〈索隱〉に「會稽刻石文首作道」とある。

【閒蒙甲冑】

君之外臣至従寡君之戎事　以君之靈　閒蒙甲冑　杜注曰　閒猶近也　釋文　近　一本作與　音預　家大人曰　訓閒爲近　於義無取　一本作與　是也　言以君之靈　得與蒙甲冑也　莊十年傳　肉食者謀之　又何閒焉　昭二十六年傳　諸侯釋位　以閒王政　杜注竝曰　閒猶與也　是其證　韓子亡徵篇曰　上閒謀計　下與民事

（成公十六年の傳文に）「君之外臣至從寡君之戎事　以君之靈　閒蒙甲冑」とあり、杜注に「閒猶近也」とあり、〈釋文〉に「近　一本作與　音預」とある。家大人（王念孫）が言うことには、「閒」を近と訓んだのでは、意味をなさない。「與」に作る一本が正しい。〝君のおかげで、甲冑を身につけるのにあづかる（甲冑の列に加わる）ことが出來た〟という意味である。莊公十年の傳文に「肉食者謀之　又何閒焉」とあり、昭公二十六年の傳文に「諸侯釋位　以閒王政」とあり、杜注に、いずれも「閒猶與也」とあるのが、その證據である。『韓子』亡徵篇に「上閒謀計　下與民事」とある。

【爲事之故】

爲事之故　敢肅使者　杜注曰　言君辱命來問　以有軍事　不得荅　故肅使者　家大人曰　杜以事爲軍事

非也　事謂楚子使人來問之事　晉語曰　爲使者故　敢三肅之　是其明證矣

（成公十六年の傳文に）「爲事之故　敢肅使者」とあり、杜注に〝君がかたじけなくも辭命を賜わり、來ておくりものを下さったのに、軍事があるため、荅えることが出來ないから、使者に肅拜する、ということである〟とある。家大人〔王念孫〕が言うことには、杜預が「事」を軍事としているのは、まちがいである。「事」とは、楚子が人をよこしておくりものをした事をいう。〈晉語〉に「爲使者故　敢三肅之」とあるのが、その明證である。

【官不易方】

十八年及襄九年傳竝曰　官不易方　杜前注曰　官守其業　無相踰易　後注曰　方猶宜也　引之謹案　方

常也　恒象傳曰　雷風恒　君子以立不易方　謂不易常也（檀弓　左右就養無方　內則　博學無方　論

語里仁　遊必有方　鄭注竝曰　方猶常也）周語　官不易方　韋注曰　方　道也　道與常義相近　晉語

官方定物　注曰　方　常也　物　事也　立其常官　以定百事

〈成公〉十八年及び襄公九年の傳文に、ならびに「官不易方」とあり、前者の杜注に〝(それぞれの)官が自分の役目を(きちんと)守り、互いにそれをこえたりかえたりすることがなかった〟とあり、後者の注に〝「方」は宜と同じである〟とある。私が考えまするに、「方」は常である。〈恒〉の象傳に「雷風恒君子以立不易方」とあるのは、〝常をかえない〟という意味である(〈檀弓〉の「左右就養無方」、〈内則〉の「博學無方」、『論語』里仁の「遊必有方」について、鄭注には、ならびに「方猶常也」とある)。〈周語〉の「官不易方」について、韋注に「方　道也」とあり、「道」と「常」とは意味が近い。〈晉語〉の「官方定物」について、注に「方　常也　物　事也　立其常官　以定百事」とある。

【師不陵正　旅不偪師】【官之師旅】【百官之正長師旅】

引之謹案　經傳言師旅者　有二義　一爲士卒之名　小司徒　五卒爲旅　五旅爲師　是也　一爲羣有司之名　宰夫　掌百官府之徵令　辨其八職　一曰正　掌官灋以治要　二曰師　掌官成以治凡　三曰司　掌官灋以治目　四曰旅　掌官常以治數　是也　襄十年左傳　官之師旅　不勝其富　十四年傳　今官之師旅無乃實有所闕　以攜諸侯　晉語　陽人有夏商之嗣典　有周室之師旅　樊仲之官守焉　皆謂掌官成官常者

官之師旅　猶言羣有司也　周室之師旅　卽官守也　蓋樊仲之官守　所守者嗣典也　其官則師旅也　三句一貫　故下文但曰　其非官守也　其大小之差　則旅卑於師　師又卑於正　故八職師旅在正之下　成十八年傳　師不陵正　旅不偪師　言小不加大也　襄二十五年傳　百官之正長師旅　先正長而後師旅也　楚語　天子之貴也　唯其以公侯爲官正　而以伯子男爲師旅　言公侯之統伯子男　猶官正之統師旅也　乃杜

注師不陵正旅不偪師曰　師　二千五百人之帥也　旅　五百人之帥也　注官之師旅曰　師旅之長　注百官之正長師旅曰　師旅　小將帥也　韋注伯子男爲師旅曰　帥師旅也　皆不知師旅爲羣有司之名　而誤以爲帥師旅者　夫帥師旅者　豈得遂謂之師旅乎　至韋注周室之師旅曰周室之師衆　則又誤以爲人衆之名矣
又案　宰夫之一曰正　左傳之師不陵正　百官之正長　楚語之官正　亦謂羣有司也　詳見宰夫一曰正下

私が考えまするに、經傳で「師旅」と言う場合、二つの意味がある。一つは、士卒の名稱で、〈小司徒〉に「五卒爲旅　五旅爲師」とあるのが、これである。もう一つは、羣有司の名稱で、〈宰夫〉に「掌百官府之徵令　辨其八職　一曰正　掌官灋以治要　二曰師　掌官成以治凡　三曰司　掌官灋以治目　四曰旅　掌官常以治數」とあるのが、これである。襄公十年の左氏傳文に「官之師旅　不勝其富」とあり、十四年の傳文に「今官之師旅　無乃實有所闕　以攜諸侯」とあり、〈晉語〉に「陽人有夏商之嗣典　有周室之師旅　樊仲之官守焉」とあるのは、いずれもみな、官成や官常をつかさどる者をいう。（つまり、傳文の）「官之師旅」は、羣有司というのと同じなのである。（晉語については）「周室之師旅」は、「官守」に他ならず、「樊仲之官守」は、おそらく、守るものが「嗣典」であり、その官が「師旅」であって、三句は一貫しており、だから、下文に「其非官守」とだけあるのである。その大小の差は、旅は師よりひくく、師は正よりひくい。だから、（小司徒の）八職のうちで、師・旅は正の下にあり、成公十八年の傳文に「師不陵正　旅不偪師」とあるのは、小が大をしのがない、という意味なのである。（また）襄公二十五年の傳文に「百官之正長師旅」とあって、「正長」を先にし、「師旅」を後にしており、〈楚語〉に「天子之貴

也　唯其以公侯爲官正　而以伯子男爲師旅」とあるのは、公侯が伯子男を統べるのは、官正が師旅を統べるのと同じである、という意味なのである。それなのに、杜預は、「師不陵正　旅不偪師」に注して〝「師」は、二千五百人の帥であり、「旅」は、五百人の帥である〟と言い、「官之師旅」に注して〝師旅の長〟と言い、「百官之正長師旅」に注して〝「師旅」は、小將師である〟と言い、韋昭は「伯子男爲師旅」に注して〝師旅をひきいる〟と言っている。いずれもみな、「師旅」が羣有司の名稱であることを知らず、誤って師旅をひきいる者としたのである。そもそも、師旅をひきいる者を、どうしてそのまま「師旅」と言えようか。（なお）韋昭が「周室之師旅」に注して〝周室之師衆〟と言っているのは、やはり誤って人衆の名稱としたのである。また案ずるに、〈宰夫〉の「一曰正」、左氏傳の「師不陵正」「百官之正長」、〈楚語〉の「官正」もまた、羣有司をいう。詳細は、〈宰夫〉の【一曰正】の下に見える。

【親我無成　鄙我是欲　不可從也】

八年傳　楚子囊伐鄭　子駟子國子耳欲從楚　子孔子蟜子展欲待晉　子展曰　小國無信　兵亂日至　亡無日矣　雖楚救我　將安用之　親我無成　鄙我是欲　不可從也　不如待晉　家大人曰　親我無成四句　承上雖楚救我將安用之而言　言楚之親我　有始無終　而其心且欲以我爲鄙邑　故楚不可從　不如待晉也

杜注　以親我爲晉親鄭　鄙我是欲爲鄭欲與楚成　不可從爲子駟不可從　皆失之

（襄公）八年の傳文に「楚子囊伐鄭　子駟子國子耳欲從楚　子孔子蟜子展欲待晉　子展曰　小國無信　兵

亂日至　亡無日矣　雖楚救我　將安用之　親我無成　鄙我是欲　不可從也　不如待晉」とある。家大人〔王念孫〕が言うことには、「親我無成」以下の四句は、上の「雖楚救我　將安用之」を承けて言ったものであり、〝楚は、こちらと親しくしたとしても、長つづきせず、内心、こちらを屬邑にしようとしている。だから、楚に從ってはならず、晉を待つべきである〟という意味である。杜注が「親我」を〝晉が鄭と親しくする〟と解し、「鄙我是欲」を〝鄭が楚と和平しようとしている〟と解し、「不可從」を〝子駟には從えない〟と解しているのは、いずれもみな、まちがいである。

【多遺秦禽】【多取費焉】【多殺國士】

十四年傳　吾令實過　悔之何及　多遺秦禽　杜注曰　軍帥不和　恐多爲人所禽獲　家大人曰　多讀爲亦祇以異之祇　祇　適也　言我若不歸　則適爲秦所禽獲而已　多與祇　古同聲而通用　襄二十九年傳　多見疏也　正義祇作多云　多見疏　服虔本作祇見疏　解云　祇　適也　晉宋杜本皆作多　論語子張篇　多見其不知量也　何注曰　適足自見其不知量　引之謹案　定十五年傳　存亡有命　事楚何爲　多取費焉　多亦讀爲祇　言服事楚國　何益之有　適自取貢獻之費而已　昭十三年傳曰　祇取辱焉　二十六年傳曰　祇取誣焉　定四年傳曰　祇取勤焉　哀十四年傳曰　祇取死焉　文義正相合也　哀八年傳　不足以害吳　而多殺國士　不如已也　多亦讀爲祇　言不足以害吳　而適傷魯之國士也　哀十三年傳曰　無損於魯　而祇爲名　文義正相合也

（襄公）十四年の傳文に「吾令實過　悔之何及　多遺秦禽」とあり、杜注に〝軍師が仲違いすれば、秦にたくさん捕虜にされるおそれがある〞とある。家大人〔王念孫〕が言うことには、「多」は「亦祇以異」〔論語〕の「祇」と讀む。「祇」は、適〔ただ〕である。（つまり）〝私がもし歸らなければ、ただ秦に捕虜になったというだけのことだ〞という意味である。「多」と「祇」は、昔、同音で、通用した。襄公二十九年の傳文「祇見疏也」について、〈正義〉は、「祇」を「多」に作り、〝「多見疏」を、服虔本は「祇見疏」に作り、「祇」は適であると解している。晉・宋の杜本はいずれもみな「多」に作る〞と言っている。『論語』子張篇「多見其不知量也」の何晏注に〝ただ自分の身のほど知らずを暴露するだけである〞とある。私が考えまするに、定公十五年の傳文「存亡有命　事楚何爲　多取費焉」の「多」もまた祇と讀む。〝楚國に服事しても、何ら役に立たない。ただ貢獻の費用を無駄にするだけである〞という意味である。昭公十三年の傳文に「祇取辱焉」とあり、二十六年の傳文に「祇取誣焉」とあり、定公四年の傳文に「祇取勤焉」とあり、哀公十四年の傳文に「祇取死焉」とあって、文も義もこれとぴったり合致する。哀公八年の傳文「不足以害吳　而多殺國士　不如已也」の「多」もまた祇と讀む。〝吳に損害を與えることは出來ず、ただ魯の國士をそこなうだけである〞という意味である。哀公十三年の傳文に「無損於魯　而祇爲名」とあって、文も義もこれとぴったり合致する。

【商旅于市】

商旅于市　杜注曰　旅　陳也　陳其貨物　以示時所貴尚　正義曰　商人見君政悪　陳其不正之物　以諫

君也　引之謹案　旅讀鴻臚之臚（司儀　皆旅擯　鄭司農曰　旅讀爲旅于泰山之旅　謂九人傳辭　後鄭讀爲鴻臚之臚　臚陳之也　士冠禮　旅占　古文旅作臚　史記六國表　臚於郊祀　索隱曰　案臚字訓陳也出爾雅文　今爾雅作旅　正義曰　臚音旅　祭名　又陳也　漢書敘傳　大夫臚岱　鄭氏曰　季氏旅於泰山是也　顏師古曰　旅　陳也　臚亦陳也　臚旅聲相近　其義一耳　叔孫通傳　大行設九賓　臚句傳　蘇林曰　上傳語告下爲臚　下告上爲句　韋昭曰　大行　今之鴻臚　應劭注百官表曰　鴻臚者　鴻聲臚傳之也　莊子外物篇　大儒臚傳）陳言也　傳言也　晉語　風聽臚言於市　韋昭注曰　臚　傳也　采聽商旅所傳善惡之言　是也　周語曰　庶人傳語　此傳上文曰　士傳言　竝與臚言同義　韋注庶人傳語曰　庶人卑賤　見時得失不得達　傳以語王也　杜注士傳言曰　士卑不得徑達　聞君過失　傳告大夫　然則商人亦卑賤不能徑達　故傳言于市　以待上之風聽與　漢書賈山傳　古者聖王之制　史在前書過失（卽上文史爲書）工誦箴諫（上文同）瞽誦詩諫（卽上文瞽爲詩）公卿比諫（卽上文大夫規誨）士傳言諫過（卽上文士傳言）庶人謗於道（卽上文庶人謗）商旅議於市（卽此句）彼文皆取此傳爲之　而末云商旅議於市　則是以旅爲商　殆由誤讀傳文而然（正義曰　易云商旅不行　旅亦是商　此文連于市　若以旅爲商　直云商旅于市則文不成義）然於市之上增一議字　亦足證商人之以言諫　而非以貨諫矣

（襄公十四年の傳文に）「商旅于市」とあり、杜注に〝「旅」は、陳〔ならべる〕である。自分の商品をならべて、その時々に何が貴ばれているかを示す〟とあり、正義に〝商人は、君の政治がまちがっているのを見ると、その不正の物を（市に）ならべることによって、君を諫める〟とある。私が考えまするに、

「旅」は「鴻臚」の「臚」と讀む〈《司儀》〉の「皆旅擯」について、鄭司農は〝「旅」は「旅于泰山」〈『論語』八佾〉の「旅」と讀む。九人が傳辭することをいう〟と言い、鄭玄は〝「鴻臚」の「臚」と讀む。臚陳するのである〟としている。〈士冠禮〉の「旅占」について、古文では「旅」を「臚」に作っている〈鄭注〉。『史記』六國表の「臚於郊祀」について、〈索隱〉は〝案ずるに、「臚」の字は陳と訓む。『爾雅』に見える〟と言っている。今の『爾雅』は「旅」に作る。〈正義〉は〝「臚」は、音が旅、祭の名である。また陳でもある〟と言っている。『漢書』敘傳の「大夫臚岱」について、鄭氏は〝「季氏旅於泰山」がこれである〟と言い、顔師古は〝「旅」は陳である。「臚」もまた陳である。「臚」と「旅」は、音が近く、意味が同一である〟と言っている。叔孫通傳の「大行設九賓 臚句傳」について、蘇林は〝上が傳語して下に告げるのを「臚」といい、下が上に告げるのを「句」という〟と言い、韋昭は〝「大行」は今の鴻臚である〟と言っている。『莊子』外物篇に「大儒臚傳」とある〉。陳言であり、傳言である。〈晉語〉に「風聽臚言於市」とあり、韋昭注に〝「臚」は傳である。商人たちがうわさする善悪の評判を聞き取り調査する〟とあるのが、これである。〈周語〉に「庶人傳語」とあり、この傳の上文に「士傳言」とあるのは、ならびに「臚言」と同義である。韋昭は、「庶人傳語」に注して〝庶人は卑賤で、時勢の善悪を見ても進言できないから、人にことづてすることで、王に告げるのである〟と言い、杜預は「士傳言」に注して〝士は、身分が低くて、じかに進言できないから、君の過失を聞いた場合、大夫にことづてするのである〟と言っている。とすれば、商人もまた卑賤で、じかに進言できないから、傳に「于市」とあって、上が聞き取りしてくれるのを待つのであろう。『漢書』賈山傳に「古者聖王之制　史在前書過失（上文の「史爲書」にあたる）工誦箴諫（上文と同じ）瞽誦詩諫（上文の「瞽爲詩」にあたる）公卿比諫（上文の「大夫規誨」にあたる）士傳言諫過（上文の「士傳言」にあたる）庶人謗於道（上文の「庶人謗」にあたる）商旅議於市（この句に他ならない）」とあって、かしこの文は、いずれもみな、この傳から取られているが、最後に「商旅議於市」とあるのは、「旅」を「商」としているものであり、おそらく、傳文を誤讀した結果であろう（正義に〝『易』に「商旅不行」とあって、「旅」もまた「商」である。（しかし）ここの文は「于市」につらなっている。もし「旅」を「商」とし、ただ「商旅于市」と言えば、文として意味をなさない〟とある）。しかしながら、「市」の上に「議」の一字を加えている點は、やはり、商人は言葉によって諫めるのであって、品物によって諫めるのではない、ということの證據となる。

おわりに

〈春秋正義序〉に、劉炫を批判して、「又意在矜伐　性好非毀　規杜氏之失凡一百五十餘條　習杜義而攻杜氏　猶蠹生於木而還食其木　非其理也　雖規杜過　義又淺近　所謂捕鳴蟬於前　不知黃雀在其後」とある。今かりに、野開氏を杜氏になぞらえれば、筆者は、惡役の劉炫ということになる。ただし、劉炫もおそらくそうであっただろうが、誰かがこのような役を引き受けなければ、學問の發展はない。筆者が敢えて本書を出版する所以である。

今回も、汲古書院の三井久人社長と編集部の柴田聰子氏には大變お世話になった。この場をかりて、御禮を申し上げたい。なお、本書の一部は、「王引之『經義述聞』〈春秋左傳〉抄譯㈠・㈡」〔『人文學フォーラム』第十五・十六號〕にもとづく。

下町への望鄉の念にかられつつ
はじめての山手にて

岩本　憲司

春秋學用語集（汲古選書57）目次

春秋學用語集　續編（汲古選書61）　目次

春秋學用語集 三編（汲古選書69） 目次

春秋學用語集　四編（汲古選書71）　目次

春秋學用語集　五編（汲古選書74）　目次

春秋學用語集　補編（汲古選書76）　目次

索　引

〔野間文史譯注『春秋左傳正義』疑問箇所索引〕

ゴシック體は、野間文史氏の『春秋左傳正義譯注』（明德出版社、2017年）の頁番號、明朝體は本書の頁番號を示す。

著者略歴

岩本　憲司（いわもと　けんじ）

1947年　東京生れ

1972年　東京大學工學部建築學科卒業

1977年　早稻田大學第一文學部東洋哲學科卒業

1982年　東京大學大學院人文科學研究科中國哲學專攻博士課程修了

現　在　跡見學園女子大學名譽教授

主要著書

『春秋穀梁傳范甯集解』（1988年、汲古書院）

『春秋公羊傳何休解詁』（1993年、汲古書院）

『春秋左氏傳杜預集解　上・下』（2001・2006年、汲古書院）

『春秋學用語集』（2011年、汲古書院）

『春秋學用語集　續編』（2013年、汲古書院）

『春秋學用語集　三編』（2014年、汲古書院）

『春秋學用語集　四編』（2015年、汲古書院）

『春秋學用語集　五編』（2016年、汲古書院）

『「義」から「事」へ――春秋學小史――』（2017年、汲古書院）

汲古選書76

春秋學用語集　補編

二〇一八年九月一三日　發行

著　者　岩　本　憲　司

發行者　三　井　久　人

印　刷　富士リプロ㈱

發行所　汲　古　書　院

〒102-0072　東京都千代田區飯田橋二―五―四

電　話〇三（三二六五）九七六四

FAX〇三（三二二二）一八四五

ISBN978－4－7629－5076－6　C3322

58 台湾拓殖株式会社の東台湾経営―国策会社と植民地の改造―

林玉茹著 森田明・朝元照雄訳 5,940円

59 荘綽『雞肋編』漫談 安野省三著 3,780円

60 中国の愛国と民主 水羽信男著 3,780円

61 春秋學用語集 續編 岩本憲司著 3,240円

62 佯狂―古代中国人の処世術 矢嶋美都子著 3,240円

63 中国改革開放の歴史と日中学術交流 川勝守著 4,860円

64 蘇東坡と『易』注 塘耕次著 3,456円

65 明代の倭寇 鄭樑生著 3,780円

66 日中比較神話学 王小林著 3,780円

67 荘綽『雞肋編』漫談 続篇 安野省三著 3,780円

68 中国逍遥―『中論』・『人物志』訳註他― 多田狷介著 4,860円

69 春秋學用語集 三編 岩本憲司著 3,240円

70 中国の「近代」を問う―歴史・記憶・アイデンティティ 孫 江著 4,860円

71 春秋學用語集 四編 岩本憲司著 3,780円

72 江戸期の道教崇拝者たち

―谷口一雲・大江文坡・大神貫道・中山城山・平田篤胤― 坂出祥伸著 4,860円

73 日中比較思想序論 王小林著 4,644円

74 春秋學用語集 五編 岩本憲司著 3,780円

75 東洋思想と日本 谷中信一著 3,240円

76 春秋學用語集 補編 岩本憲司著 3,780円

(表示は本体価格＋消費税８％／2018年９月現在)

29	陸賈『新語』の研究	福井重雅著	3,240円
30	中国革命と日本・アジア	寺廣映雄著	3,240円
31	老子の人と思想	楠山春樹著	2,700円
32	中国砲艦『中山艦』の生涯	横山宏章著	3,240円
33	中国のアルバ―系譜の詩学	川合康三著	3,240円
34	明治の碩学	三浦叶著	4,644円
35	明代長城の群像	川越泰博著	3,240円
36	宋代庶民の女たち	柳田節子著	3,240円
37	鄭氏台湾史―鄭成功三代の興亡実紀	林田芳雄著	4,104円
38	中国民主化運動の歩み―「党の指導」に抗して―	平野正著	3,240円
39	中国の文章―ジャンルによる文学史	褚斌杰著 福井佳夫訳	4,320円
40	図説中国印刷史	二刷 米山寅太郎著	3,780円
41	東方文化事業の歴史―昭和前期における日中文化交流―	山根幸夫著	3,240円
42	竹簡が語る古代中国思想―上博楚簡研究―	浅野裕一編	3,780円
43	『老子』考索	澤田多喜男著	5,400円
44	わたしの中国―旅・人・書冊―	多田狷介著	4,320円
45	中国火薬史―黒色火薬の発明と爆竹の変遷―	岡田登著	2,700円
46	竹簡が語る古代中国思想（二）―上博楚簡研究―	浅野裕一編	4,860円
47	服部四郎　沖縄調査日記	服部旦編 上村幸雄解説	3,024円
48	出土文物からみた中国古代	宇都木章著	品　切
49	中国文学のチチェローネ―中国古典歌曲の世界―	高橋文治編	3,780円
50	山陝の民衆と水の暮らし―その歴史と民俗―	森田明著	3,240円
51	竹簡が語る古代中国思想（三）―上博楚簡研究―	浅野裕一編	5,940円
52	曹雪芹小伝	周汝昌著 小山澄夫訳	6,480円
53	李公子の謎―明の終末から現在まで―	佐藤文俊著	3,240円
54	癸卯旅行記訳註―銭稲孫の母の見た世界―	銭単士釐撰 鈴木智夫解説・訳註	3,024円
55	政論家施復亮の半生	平野正著	2,592円
56	蘭領台湾史―オランダ治下38年の実情	林田芳雄著	4,860円
57	春秋學用語集	岩本憲司著	3,240円

汲古選書　既刊76巻

1	一言語学者の随想	服部四郎著	5,242円
2	ことばと文学	二刷 田中謙二著	3,355円
3	魯迅研究の現在	同編集委員会編	3,146円
4	魯迅と同時代人	同編集委員会編	2,621円
5	江馬細香詩集「湘夢遺稿」上	二刷 入谷仙介監修 門玲子訳注	2,621円
6	江馬細香詩集「湘夢遺稿」下	二刷 入谷仙介監修 門玲子訳注	3,669円
7	詩の芸術性とはなにか	袁行霈著 佐竹保子訳	2,621円
8	明清文学論	船津富彦著	3,460円
9	中国近代政治思想史概説	大谷敏夫著	3,355円
10	中国語文論集　語学・元雑劇篇	太田辰夫著	5,242円
11	中国語文論集　文学篇	太田辰夫著	3,669円
12	中国文人論	村上哲見著	3,146円
13	真実と虚構—六朝文学	小尾郊一著	3,984円
14	朱子語類外任篇訳注	田中謙二著	2,411円
15	児戯生涯　一読書人の七十年	伊藤漱平著	4,193円
16	中国古代史の視点　私の中国史学（1）	堀敏一著	4,193円
17	律令制と東アジア世界　私の中国史学（2）	堀敏一著	3,984円
18	陶淵明の精神生活	長谷川滋成著	3,460円
19	岸田吟香—資料から見たその一生	杉浦正著	5,184円
20	グリーンティーとブラックティー　中英貿易史上の中国茶	矢沢利彦著	3,456円
21	中国茶文化と日本	布目潮渢著	品　切
22	中国史書論攷	澤谷昭次著	6,264円
23	中国史から世界史へ　谷川道雄論	奥崎裕司著	2,700円
24	華僑・華人史研究の現在	飯島渉編	品　切
25	近代中国の人物群像—パーソナリティー研究—	波多野善大著	6,264円
26	古代中国と皇帝祭祀	二刷 金子修一著	品　切
27	中国歴史小説研究	小松謙著	3,564円
28	中国のユートピアと「均の理念」	山田勝芳著	3,240円